公安内部发行

现代公安培训技术及应用

XIANDAI GONGAN PEIXUN JISHU JI YINGYONG

夏登庆 吴建卫 著

山东人民出版社

国家一级出版社 全国百佳图书出版单位

图书在版编目（CIP）数据

现代公安培训技术及应用/夏登庆，吴建卫著.
—济南：山东人民出版社，2013.5
ISBN 978-7-209-07314-1

Ⅰ.①现… Ⅱ.①夏… ②吴… Ⅲ.①公安—教育工作—研究—中国 Ⅳ.①D631.15

中国版本图书馆 CIP 数据核字(2013)第 093927 号

责任编辑:常纪栋

现代公安培训技术及应用
夏登庆　吴建卫　著

山东出版集团
山东人民出版社出版发行
社　址:济南市经九路胜利大街 39 号　邮　编:250001
网　址:http://www.sd-book.com.cn
发行部:(0531)82098027　82098028
新华书店经销
莱芜市华立印务有限公司印装
规　格　16 开(169mm×239mm)
印　张　14.5
字　数　280 千字
版　次　2013 年 7 月第 1 版
印　次　2013 年 7 月第 1 次
ISBN 978-7-209-07314-1
定　价　29.00 元

如有质量问题,请与印刷厂调换。　电话:(0634)6216033

序

当前,信息技术高歌猛进,日益渗透到各个领域,由此引发了一系列巨大的社会变革,并深刻影响着人们的学习方式、生产方式和生活方式,信息已经成为政治、经济、军事以及社会一切领域赖以生存和发展的基础。公安工作也毫不例外地面临着这种新技术所带来的机遇与挑战,在科技强警理念的指引下,社会公共安全管理的理念、方法、手段以及人民警察的职业素养、知识结构、能力模型必须紧跟社会变革与时俱进,推陈出新,自我适应。

公安工作的现代化、科学化、信息化是时代的必然要求,而打造一支忠于公安事业、坚守职业理念、精通现代科技的公安队伍正是新时代公安培训工作的首要目标。《现代公安培训技术及应用》一书以此目标为宗旨,从培训理念、培训方法和培训管理三个角度,深入细致地阐释了现代教育技术在公安培训工作中的具体应用,给公安培训工作带来了一缕春风。两位青年教师结合国内外警察培训的发展现状,针对基层公安机关的工作特点、民警对自身知识技能的需求、各种业务培训的评价分析等问题进行了大量调查,掌握了丰富的原始资料,在此基础上大胆借鉴教育学、心理学、管理学、现代信息技术和人力资源管理等学科前沿理念,对公安培训的各个方面进行了梳理和展望,提出了一些非常具有针对性、前瞻性的培训理念、行之有效的培训方法和系统科学的培训管理模式。

本书具有三个鲜明的特点:一是前瞻性。书中选取了知识管理、职业生涯管理和现代学习理念三个视角全面审视公安培训工作,针对民警的特点提出的许多先进的培训理念,如终身培训理念、知识建构理念、需求导向理念、团队学习理念、可持续发展理念都是我们今后努力的方向。二是实用性。书中大量介绍基层公安机关的典型做法,以此引出加强公安工作法的研究,并创造性地阐述了虚拟现实技术、视频技术、网络技术、通信技术等尖端技术在公安培训中的应用思路,对切实提升培训效果具有很大的实践指导意义。三是系统性。本书解决了公安培训理念、方法、管理三个紧密联系的问题,将公安培训工作放在一个完整的系统里进行研究,既相互照应又自成体系,构成一个较为完善的公安培训理论框架。

毋庸置疑,教育培训是生产力的重要源泉,而对公安机关来说培训就是其执法能力、打击犯罪能力和服务群众能力的重要来源。但要真正发挥公安培训应有的作用,还需要广大公安教育工作者做出长期的、艰苦的努力。培训几乎是所有组织发展共同关心的话题,培训也是一个非常复杂的系统工程,不是简单的照本宣科、依葫芦画瓢。它需要正确的思维理念、系统的设计开发和科学的管理实施,是一个整合知识资源、技术资源、培训资源的复杂工作。从内在需求来讲,科学的培训必须结合职业的需求和培训对象的心理特点进行因材施教;从外在效果来讲,有效的培训要善于借助现代科学技术,准确、生动、高效地传递知识和技能。在这方面,我国公安培训还需要不断摸索实践,敢于大胆借鉴国际社会尤其是西方发达国家警察培训的先进经验,借鉴军事航空训练、现代企业员工培训的先进经验,转变培训理念,勇于创新,改进培训方法,完善培训管理,切实提升培训质量和效果。

目前,公安学已成为国家一级学科,但其学科体系尚需进一步健全,研究领域也有待继续拓展。本书中,两位作者对现代公安培训技术进行了一些有益的探索,虽然有许多理念和方法尚不成熟完善,但也能起到抛砖引玉的作用。相信本书对各级公安机关及公安院校的培训工作者会大有裨益。

山东警察学院副院长　王培韧

2013 年 5 月

目 录

管理篇

绪 论

党的十八大提出了改善民生、保障民生,以更大的决心和努力,让公平、法制、民主等理念进一步深入人心,让百姓分享更多改革发展成果等一系列治国理念,大力推进依法行政,切实做到严格规范公正文明执法。① 实现社会公平公正,作为执法部门的公安机关责无旁贷。尤其是在社会转型期,我国经济社会的快速发展和各方面利益关系的调整使社会不稳定因素和违法犯罪活动不断增多,各种矛盾纠纷、群体性事件、涉法信访问题不断发生,网络、信息、恐怖主义等新形式犯罪大幅上升,执法环境脆弱、执法难、管理难等问题依然普遍存在。在这种新形势、新理念和新目标下,公安民警的工作任务必将更加繁重,责任更加重大,素质要求更高,心理压力更大。这一切也对公安培训工作提出了更高的要求。

第一节 公安培训工作的现状

一、公安培训历程

中国共产党领导下的公安培训工作最初开始于解放区,1946 年华东局在山东临沂梨杭村成立了第一所警察学校——山东警官学校,为我国的公安培训事业开启了新篇章。60 多年来,公安培训从无到有,从经验挂帅到形成完善的理论和方法体系,其间经历了许多风风雨雨,也凝聚了一代又一代公安教育工作者的心血。可以说,60 多年来,我国公安教育培训事业在摸索中前进,不断实践,勇于创新,走出了一条特色鲜明的职业培训道路,为公安队伍建设做出了巨大的贡献。

特别是近年来,公安培训事业蒸蒸日上,从全国范围的岗位大练兵到不断深入开展的三基工程建设、规范化执法建设、能力年建设,我国公安民警的业务素质、执法理念、执法能力、工作水平都得到了大幅提升,打造了一支政治合格、纪律严明、作风过硬、保障有力的公安队伍,为打击犯罪、维护稳定、保障安全奠定了坚实的基础。

① 胡锦涛:《坚定不移沿着中国特色社会主义道路前进 为全面建成小康社会而奋斗》,人民出版社,2012 年。

(一)我国公安培训工作的主要成绩

1.形成了较为完善的培训体系

当前,我国各级公安机关高度重视培训工作,注重民警的知识更新、业务提高和理念转变,将公安培训作为队伍建设的重要环节和主要措施,有计划、有组织、分门别类地开展了各种各样的培训。

(1)建立了层级分明的培训管理机构。公安部设有人事训练局,专门负责全国公安机关民警培训的总体规划和部署协调工作。各省市公安厅局设有组织教育处或人事训练处负责传达公安部人事训练局的指示精神,部署协调本地区民警培训工作。各市区县公安局也在政治部门下设立专门负责管理教育培训的岗位。可以说,我国各级公安机关都设置了专门的培训管理部门,对民警的业务能力、技能水平、素质状况进行研究分析,为公安队伍建设提供了组织保障。

(2)建立了设施完善的培训基地。除公安院校以外,近年来,各级公安机关狠抓训练基地建设。据调查,地市级以上公安机关基本上都拥有自己的训练基地,甚至许多派出所也配备了丰富的训练设施,为民警教育训练提供专用场所。

(3)建立健全了培训机制。开展公安培训的主要法律依据有《中华人民共和国公务员法》、《中共中央干部教育培训工作条例》、《国家公务员培训规定》,以及公安部制定的《公安机关人民警察训练条令》等。公安部依据有关法规对民警确立了"三大必训"的理念,即初任必训、晋级必训、晋升必训。此外,还对一些特殊岗位的职业技能提出系统的要求。颁布了培训行政法规,并尝试与人事制度相衔接,加强基地、教材和师资建设,形成了统一领导、分级管理、分类培训、多层次、多渠道、多类型的具有行业特色的培训模式,形成了包括初任培训、专业培训、晋升培训、专题实战培训为主体的培训体系。① 此外,有关培训激励约束机制、评估机制、经费投入机制都在进一步完善中。

2.开辟多种培训渠道

当前,公安民警参加培训的渠道非常多,主要有五类。

一是公安院校。主要承担各种专业技能、执法理念、公安理论方面的教育培训,如警衔晋升、公安局长首任培训、各类专题业务培训。公安院校作为普通高校,拥有强大的师资力量和长期从事教育管理的工作经验,对教育培训事业具有系统的思维和方法,设施完备,资源丰富,人才配备合理,管理有方,因此成为公安培训的主要力量。尤其是近几年,公安院校不断深入改革,以贴近公安实战、服务公安工作为主题,对培训工作进行了大胆改革,形成了自己的特色专业,如云南警官学院的禁毒培训、新疆公安专科学校的反恐培训、山东警察学院的执法指挥培训、浙江警察学院的信息化培训,都产生了很好的培训效果。

---

① 张培文:《公安培训制度改革创新研究》,中国人民公安大学学报(社会科学版),2010年3月。

二是地市级警察学校和职业技术学院。主要是由以前的公安中专学校改建而成,负责新警培训,以及各地市公安机关开展的专项业务培训。这类学校由于贴近基层,成为基层民警充电学习的重要场所。

三是普通高校。由公安机关选派基层民警到普通高校参加某一领域的专业知识学习深造,主要以培养公安技术专家为目的,比如针对网监技术、技侦、信息技术、通信技术、刑事检验技术等高科技方面的知识,公安院校无法提供的培训业务,我们可以选派到普通高校进行培训。

四是企业开展的培训。主要是一些开发公安科技装备的企业、组织民警学习有关科技设备的操作使用和开发研制等业务,如大型活动安保工作中,邀请一些安检设备生产厂家对民警进行技术培训。

五是参加国外培训。近年来,公安部每年都选派一部分民警到国外进行交流培训,学习先进的执法理念和工作方法。特别是从2013年开始,欧盟将拨付600万欧元专项资金用于对我国警察的培训,内容涉及警务管理、社会治安管理、执法规范化、刑事侦查技术、打击恐怖主义和有组织犯罪、国际执法合作、培训培训者等25个项目,92个班次,计划培训2300人。

3.创新培训模式

各级公安机关、公安院校、培训中心不断摸索实践,对公安培训工作进行了大胆创新,总结出了许多行之有效的培训模式,有力地促进了公安培训工作。如模拟实战训练、案例教学、情境模拟、仿真演练、视频会议、网络培训、师傅带徒弟、问题式、论坛式、体验式等等。许多培训模式受到了基层民警的欢迎,并产生了很好的效果。

培训模式创新是当前企业培训中比较热门的一个话题,尤其是随着科学技术的不断发展,信息技术在各方面得到综合应用,使培训越来越依赖于现代科学技术。新涌现出的培训模式能够为民警提供更加方便快捷、更加个性化、更富有趣味性、真实性、实战性和有效性的培训,使培训摆脱了课堂和书本的束缚,日益变得丰富多彩。公安培训在理论研究上比企业培训要相对落后,还刚刚处于起步阶段,因此还有很长的路要走。为此,我们要大胆借鉴国内外优秀企业成功的培训模式和培训经验,运用现代培训理论和技术,来解决公安培训中的问题。

(二)当前公安培训体系的弊端

1.培训内容滞后,跟不上实战需要

长期以来,我国公安培训一直跟在公安实战的后面走,只能服从服务于公安实战需要,而离引领公安实战的要求还有很大的距离。无论是公安院校还是培训中心,在培训内容上都明显滞后,培训中缺乏新的思维、新的内容和新的方法,致使公安培训工作如一潭死水,缺乏鲜活的来源。

2.培训方法落后,激发不了学员的兴趣

成人教育不同于青年学生,不仅对培训内容有着较高要求,更是特别注重培训的方法。我们习惯于传统的填鸭式教学，习惯于照本宣科的教学，而忽视了学员自身的特点，致使许多培训流于形式。课堂上缺乏活跃的气息和氛围，学员的学习陷于被动局面。

3.培训信息无法广泛共享

公安培训必须要有足够的信息支撑，而目前大多数培训讲师缺乏基层实战经验，接触不到更多鲜活的案例资料，虽然许多学校要求教师到基层锻炼，却并没有真正实现院校与公安机关的信息共享。其实，各级基层公安机关拥有丰富的工作经验和工作方法，这些方法比教科书上写的不知要生动实用多少倍，却无法被有效地传播，快速地复制。

4.培训机制不够健全

民警参加培训的自觉性还不够，其原因可能因为业务繁忙，没有时间学习，但是与当前的培训机制不够健全有很大关系。这主要表现为民警学与不学一个样，干好干坏一个样，只要不犯错误，当了公务员就是终身制。民警业务能力的提高与自身职业生涯的发展关联度不够紧密。用什么样的方法使民警乐于参加培训，自觉接受更多的培训，增强充电的自觉性，建立健全公安培训激励机制是非常必要的。

二、公安培训管理存在的主要问题

当前公安培训管理主要存在如下问题。

(一)建设上重硬件轻软件

近几年来，各级公安机关对培训的硬件投入非常重视，许多培训基地都配备了星级宾馆和高档休闲娱乐场所，占地面积从几十到几百亩，甚至几千上万亩不等，游泳池、网球场、健身房、公园、树林、运动场、射击场、汽训场、模拟社区等等，设备投入上也不惜重金，花费巨资建设培训基地。然而，这些培训基地的利用率极低，往往成为会务接待、领导休闲、参观考察的重要场所，而真正用来培训的机会极少。基地建成以后，相应的运营制度、模式、机制都无法及时跟上，基层民警也无法从基地建设中受益造成严重的资源浪费。

(二)缺乏科学的培训需求分析

纵观当前的各级各类公安培训，我们发现有的培训项目是根据领导的意图决定的，培训管理部门深入基层了解情况少，掌握的数据严重缺乏，培训项目很少能够反应基层民警的心声，培训的针对性和灵活性不强，尚未形成健全的培训需求调研分析和决策机制。由此导致基层民警一方面不情愿应付各种毫无用处的培训，另一方面需要的专业技能又得不到有效培训。许多培训项目，上级定下来，不管基层需不需要都同样参加，大大浪费了宝贵的培训资源和民警的时间。

(三)培训课程设置不够科学

一个培训项目确定以后，要针对特殊的培训对象，实现培训目标，需要科学的课程设置。然而,当前各级公安机关培训管理部门的培训课程有的在课程设计环节缺乏系统的数据、严格的程序、科学的方法。针对各种培训班究竟应该开设什么课程,这些课程都应该有些什么内容,重点难点是什么,课时如何分配,采取什么样的培训方式,由什么教师来讲授,应该有一系列的数据库做支撑,通过科学分析,进行系统安排。我们离这种精细化的管理还有很远的距离。

(四)培训过程质量控制不力

从当前开展的各种培训来看,培训质量堪忧。大部分基层民警把参加培训当成一项福利。无论从培训教师、学员、管理人员哪个角度看,都普遍存在着应付任务的现象,最后考核的是举办了多少期培训班,培训了多少学员,讲授了多少课时,至于培训的效果如何、质量高低无从知道,各个环节是否管理到位也无从考证。

(五)培训信息不系统

培训搞了很多,也留下了很多信息,每一期培训班都要搞大量的调查,学员调查、教师调查,训前调查、训后调查,还有学员的成绩,培训的记录,取得的成果,班主任做了许许多多的台账,但是这些台账都是一个个的信息孤岛,相互之间不能产生联系,其利用价值极其有限,更不要说信息的挖掘、开发和利用。

三、公安培训管理的发展趋势

其实,公安培训管理完全有条件做得更好。其原因有二:一是公安机关严密的组织性和高度的纪律性,确保了我们在各方面能够保持行动一致,迅速形成集成效应。二是我们花了很大的代价建成了一个强大的内部网络,各种业务数据在公安网上可以任意调用,基本实现了整个公安机关的信息共享平台。那么如何利用好这个平台,提高公安培训管理的水平呢?我们认为,必须做好培训管理这篇文章。

一是培训管理的信息化。信息化是各行各业共同的发展趋势,是新时代的必然要求,公安工作更是高度依赖信息化,信息主导警务是信息时代的必然趋势,同样也是公安培训管理的必然趋势。不会利用信息,就谈不上科学管理。从某种意义上来讲,培训管理就是对培训信息的管理。如何把众多的、散布在公安网上和公安实战工作中的各种信息有机系统地联系起来,针对公安培训业务的需要,采用科学的方法进行提取分析,为培训管理决策奠定基础,这是公安培训管理信息化的重要课题。

二是培训管理的现代化。信息化只是现代化的一部分,要搞好现代化,除了拥有一个科学高效的信息管理平台,方便搜集、提取、分析、整理各种决策信息外,还需要有一个现代化的管理机制,包括现代化的管理思维、管理制度、管理手段、管理队伍。要大胆革新,根据新时代、新形势的要求,引进新的培训思维模式,完善培训管理制度,运用现代化设施装备,建立现代化的培训队伍,这是切实提高培训质量,发挥培训效果的必然选择。

三是培训管理的智能化。公安培训管理是一个非常复杂的系统,它涉及的范围极广，要面对社会上各种人、财、物、信息，要和各个领域打交道，同时自身又分为刑侦、治安、消防、边防、禁毒、网监、经侦、交通、人口等多个警种。因此，培训内容几乎遍及各种学科，而且各行各业相互交叉、变化多端，既有宏观，又有微观，既有自然科学，又有社会科学，既要懂得科技发展、社会经济环境变化规律，又要了解人的心理情绪，掌握各种蛛丝马迹。因此靠人来进行培训决策已经很难做到科学，而必须借助有关软件，能够综合各方面信息进行智能化的管理，如开展定制培训，利用软件对受训者进行测试，并自动制定培训方案，以及在培训方式上采取一些智能化的措施。

此外，公安培训管理还应该具有规范化、制度化、精细化、人性化等趋势，在此不一一列举。

四、公安培训现代化

公安培训现代化就是利用现代技术和现代管理理念、管理方法开展公安培训工作，实现培训高效益、高水平、自动化、信息化等目标。公安培训现代化是我国实施科技强警战略，提高公安队伍战斗力的必然要求，是信息科技高度发展与公安实战不断前进的必备条件。只有通过培训现代化，才能切实提高培训质量，提高民警业务水平和战斗力，跟上科技进步的需要，完成有力打击犯罪、维护社会稳定、巩固执政党地位的三项目标。培训现代化主要体现在以下四个方面。

（一）需求分析现代化

要彻底改变以前由领导拍脑袋决定培训内容的局面，必须从培训需求分析抓起。培训需求分析是做好培训的前提条件，是现代培训必不可少的环节。一个完善的现代化培训管理系统必须具有健全的信息触角，能够敏感全面地触摸到公安业务发展的新需要，结合公安工作环境及公安机关自身建设情况进行自动分析。这就要求建立一个用于培训需求信息搜集、反馈、处理的平台，及时将基层民警在公安实战工作中遇到的问题、困境、难点以及公安工作内外部环境信息反馈到培训管理部门，及时提出培训预警。

（二）项目策划现代化

培训项目是根据培训需求，结合所拥有的培训资源而制定的一个针对特定对象和问题的培训基础方案。培训项目策划的好坏关系到培训的效益和质量，因此，策划方案要尽可能地减少主观性，应由智能化的软件系统通过对海量信息的分析、处理来确定，而不是根据某个人的偏好。该系统应该具有自动识别众多信息的能力，能够从海量的信息中迅速寻找到符合培训目标的各种培训资源，并且进行合理有效的组织。

（三）过程管理现代化

由培训管理软件系统设计好培训项目方案之后，再根据培训的具体目标要求，对实施培训项目的各个环节进行任务细分，并将各种工作标准和要求传送到各个环节中去，进行有效控制。当培训行为与要求发生偏差时，系统能够及时提醒有关人员，并告知受培训者具体的目标要求,提出正确的方法措施。系统对资料搜集、备课、授课、考试、考核、反馈等过程都能够实现自动化记录和人性化整合,如课程资源的系统化,包括各项知识要点、技能要求、操作步骤、教学案例、参考资料、考核方式、试题库等都能够根据需要随时进行整合。

(四)质量控制现代化

系统应该具有这样的功能,能够迅速地对培训过程的各个细节进行量化,并且针对培训的标准要求,及时进行对照评价,以防止培训过程与培训要求发生偏差。质量控制现代化是建立在质量要求标准化的前提下的,因此,系统应该具有尽可能完善细致的培训目标体系,对没有实现目标的培训者和受训者有自动提出警告的功能。同时,能够对培训工作进行科学评价,采用完善的评价指标体系,通过数据的自动生成,利用更加科学合理的评价模型对培训工作的各个方面和环节进行评价。

第二节 公安培训的基本特点

公安培训与其他职业或行业的培训比较有其自身独特之处,只有认识到这一点,我们才能更好地借鉴其他行业培训的先进经验和成熟做法。

一、公安培训的政治性

公安机关是最庞大的一支公务员队伍,据有关数据显示,当前全国拥有公务员近689万人,其中有250万左右的警察,超过了三分之一。因此公安机关人民警察培训是党和国家干部教育培训的重要组成部分,在党和国家干部教育培训体系中处于重要位置。公安培训的政治性主要体现在如下几个方面。

(一)公安培训的政治方向代表着国家的政治方向

公安培训必须坚持正确的政治方向,这个方向就是坚持社会主义制度和人民民主专政,就是要坚持四个忠于,即忠于党、忠于祖国、忠于人民、忠于法律。要忠诚执行党的方针政策,践行党全心全意为人民服务的根本宗旨。各级公安机关必须按照党中央关于干部培训、提高干部素质的总体部署,认真抓好落实。培训中要坚持党的领导,切实提高公安机关维护国家安全的能力、驾驭社会治安局势的能力、处置突发事件的能力和为经济社会发展服务的能力,建立一支政治坚定、业务精通、作风优良、执法公正的高素质、正规化的公安队伍。

(二)政治理论是公安培训必不可少的内容

人民警察必须讲政治,顾大局,这是由人民警察的性质和地位决定的。因此,加强公安机关人民警察政治意识的培养,提高民警政治敏锐性、政治鉴别力,是公安培训的重要任务和主要目标。当然,我们要善于创新政治理论培训的方式方法,彻底扭转政治理论课走过场的局面,要通过有效方式和手段,使民警真正认识到民警政治素质对其职业生涯、警察形象和国家形象的重要性,从而形成自觉学习政治理论的动力。

(三)警察职业道德培训占有重要位置

道德与技术之间并非完全孤立的,相反两者存在密切的联系。可以说,高尚的职业道德修养有助于民警更好地掌握各项技能。许多人觉得这种培训是在浪费民警的宝贵时间,是出于政治需要而强行附加在课程体系中的,其实这是个错误的看法。警察是一支纪律部队,良好的组织纪律,过硬的作风,这是世界上任何国家的警察都需要的一种素质。警察职业道德包含了敬业精神、奉献精神、协作精神一系列人格修养,这也是做好任何工作的前提。

二、公安培训的保密性

公安培训是为开展对敌斗争而进行的学习和训练,培训过程中必然会向学员灌输有关对敌斗争的专业知识和战略战术,许多培训内容一旦被犯罪分子掌握,必然会增强犯罪分子的反侦查能力,因此公安培训具有较强的保密性。

(一)部分培训内容涉及的公安业务具有保密性

在公安培训工作中,有许多涉及公安业务的内容是具有保密性的,比如刑事侦查工作、技侦、网络跟踪、缉毒、反恐、国保等打击犯罪活动的技战术安排、行动部署、工作方案、思维习惯,等等,都不能公之于众。

(二)培训用的一些案例资料可能会涉及个人隐私

公安培训的案例资料有许多是实战工作中的卷宗,甚至会采用一些实际发生的案件进行培训,这些案例往往涉及一些真人真事,应该注意保密,绝不允许轻易外漏。还有一些公安机关发布的文件资料,统计的数据信息也具有保密性,要根据其保密等级进行严格管理。

公安培训的保密性要求对其开放性提出了挑战,在具体培训中,要注意如何处理好保密性与开放性的关系,既要加强与外界交流,同时也要注意系统内部的信息流动。要强调工作纪律,严格保密制度。在邀请系统外专家授课或开发软件、编写教材,与企事业单位进行合作时,更加要把握好分寸。

三、公安培训的复杂性

公安培训的复杂性是由当前对敌斗争和社会治安环境的复杂性决定的。随着经济改革深入,各种社会矛盾日益凸显,各种犯罪分子利用社会矛盾和治安环境实施狡猾的犯罪活动给公安工作带来严峻挑战。所谓"魔高一尺,道高一丈",这就要求警察要掌握更多的本领,要比犯罪分子懂得更多,更机智灵敏,更英勇顽强。公安培训的复杂性主要体现在如下方面。

(一)公安培训涉及的学科众多,主题多变

公安工作本身就是一项横跨多种学科的工作,既有社会管理、心理学、法律法规和程序,还要有体能、技能和身体素质,更要掌握科技手段,可谓文理兼备,文武双全。培训涉及到社会学、法学、心理学、计算机、物理、化学、经济学、管理学、教育学等学科,是众多学科知识的交叉结合。同时,随着社会热点的变化,公安工作的重点也会不断发生变化,由此不断地为公安培训提出新的课题。

(二)公安培训效果的衡量比较复杂

公安培训不同于企业培训,它无法立竿见影地看到培训的效果。培训中所传授的各项技能要通过民警的实战应用才能体现出来,而实际工作本身是变化多端的。公安培训的目标是提高民警的素质,而民警素质是一个综合性的指标,既包括民警的思想道德水平、个性特质,也包括其知识水平、业务能力,还受到工作环境的制约和限制,所以培训效果受到诸多因素的影响。这就要求我们在培训的设计、管理上综合考虑各种因素,以确保培训效果。

(三)培训手段的复杂性

公安培训的对象是一群长期在基层摸爬滚打,与犯罪分子打交道的民警,他们往往都有着丰富的工作经验,见多识广。因此,传统填鸭式、照本宣科的培训方式显然无法适应其要求。他们对培训的内容、方法、形式以及组织管理都有着较高的要求,培训必须不断创新,尤其在培训手段上要大胆借助现代教育技术,采取生动丰富、直观高效的培训手段,才能充分发挥培训效果。

四、公安培训的规范性

公安工作主要是执法和服务,其工作的主要依据就是国家制定的有关法律法规,规范性是公安工作的重要特点,这就决定了公安培训也必须严格规范。

(一)公安培训必须以法律规定为准绳

随着民主法治建设逐渐深入,公安机关大力开展规范化建设,制定了许多规范性的文件,对公安工作的对象、方法、程序、手段等都进行了严格的规范,明确执法岗位和执法主体的职责,分岗、分级、分层设定执法职责、权限和责任,通过完善制度,将执法的每个环节都纳入实时管理。公安培训工作必须紧贴正规化建设的实际。在培训的教学内容、培训方式等方面要严格按照有关法律规定进行授课。

(二)对培训机构、培训讲师都要进行规范化管理

培训机构和培训讲师必须经过公安机关的审核认定,取得一定的资质才允许开展公安培训工作,甚至对培训项目的开发、设计、运行、管理也应纳入规范化管理。

(三)培训标准、要求和内容的规范性

公安工作是一项严肃的执法工作,必须体现透明、公开、公平、公正的原则。因

此,对民警执法工作进行培训时,必须实行统一的口径,要严格按照法律规定的程序、内容和规范的要求进行培训,绝不能随意发挥,更不能主观臆造。

第三节　国外警察培训概述

当前关于警察培训的定位主要有两种,一是学历教育,一是职业教育。两者既有不同,也有交叉。纵观当今世界各国的警察培训,纯粹只搞警察职业培训或者只走学历教育之路的国家和地区并不存在。但是,由于世界各国历史、政治、经济和文化背景不同,警察培训模式也存在差异,主要有两种模式,即侧重职业教育培训模式、学历教育和职业培训并举模式。

一、主要国家警察培训模式比较

(一)美国的警察培训模式

美国的警察培训主要是职业教育,既有职前教育,也有职后培训。职前教育就是学历教育,是一些公共知识和技能的培养,一般由社会大学来完成。通过社会大学的学历教育,使有志于做警察的公民从一开始就具备了文化和教育的高起点,为他们将来能够应对政治多变、文化多元的社会现实,成为合格警察奠定扎实的基础。即使参加工作后,警察想提高自己的学历,也可以通过停薪留职或在职学习,到社会大学接受更高教育。职后培训就是正式成为警察之后,由特定院校开展的警察职业专门化培训,在美国有很多刑事司法学院、犯罪学院、警政学院、司法学院、行政管理学院、公共安全学院等为警察提供专业教育,这些培训一般不进行公共基础知识的传授,而是集中精力在警察业务方面提供专门化培训。

(二)欧洲的警察培训模式

欧洲的警察职业培训有三大主要模式,即英国模式、法国模式和德国模式。英国模式实行的是自由市场模式,就是让市场来运作各种职业培训,警察培训也一样,由各种市场化的培训机构开发出专门针对警察的培训项目或课题,警察可以根据自己的需要,有选择地参加培训。法国模式实行的国家控制模式,主要由警察主管部门根据人力资源发展规划,有计划地安排人员和时间,并依托各种学院开展职业培训。德国模式实行的是双元制,即在岗学习和在职业学校学习相结合。

1.英国的警察培训模式

英国是完全的职业教育,其培训体系有三个层次:一是国家警察学院,即布莱姆希尔警察学院,负责全国高级警官培训;二是苏格兰警察学院,负责苏格兰地区警官和新警培训;三是警察局的培训中心,负责本地区的警察培训。培训的课程也根据警察职业层次的需要分为基础训练、专业训练和晋升训练三个层次。另外,在英国,警察教育也是许多大学的通识教育，许多大学为不从事警察工作的学生也开设警察课程。如剑桥大学在犯罪研究学院开设了警察管理和应用犯罪学的学位课程，主要针对国内外和海外较高级别的警官，以及法律和社会研究工作者。牛津大学开设有公共警务、私人警务、犯罪学、受害人学、刑事审判、警务全球化负面效应与对策、黑社会研究等众多的警察教育课程。此外莱斯特大学也开设了警察指挥与管理、社区安全防范、社会冲突与警务等硕士博士学位课程，该大学还一直是布莱姆希尔警察学院的良好合作伙伴。

2.法国的警察培训模式

法国是以培养对象的等级为标准划分学校类型的，这些学校共分三个层次：一是法国国家高等警察学院，是培训公务员的一类 A 等学校，负责警监的初任培训和继续教育；二是两所国家警察学院，专门对警官进行初任培训和继续教育；三是十四所警察学校和十六个警察培训中心，主要对一般警员进行业务培训和训练。

(三)日本的警察培训

日本的警察教育体系比较完备，纵横交错，形成一个立体交叉的培训系统。除日本警察大学外，全国 47 个都、道、府、县都设有警察学校，对本地区警察进行培训。此外，各层次警察院校也开展不同层次的职业教育培训。

(四)韩国的警察培训

韩国警察教育实行中央与地方集中统一管理模式，中央警察厅设置主管教育部门，统一领导和管理全国警察教育，负责制定全国警察教育的发展战略、总体规划及各类教学计划，管理警察院校和各种训练机构，并组织安排各类警察教育培训与毕业分配等事项。① 韩国的警察院校共有三所，即警察大学、警察综合学校和中央警察学校。此外，各地方警察厅也设有警校，为本厅警察干部开展循环教育，要求警察每月必须进行一次以上的职业培训，每年要进行九次射击训练，每月两次以上体能训练，以及不定期开展各专业的研讨班。

而且，韩国警察非常重视警容风纪教育。他们坚持“业务、教育、晋升”三位一体的培训模式，针对不同培训对象设置了不同的课程体系。

1.总警级别的教育课程

(1)警察修养课有：思想意识课程、刑事政策课程、经济科学课程、社会文化课程、安全保障祖国统一课程；(2)专门业务课有：警察改革课程、生活安定课程、社会安定课程；(3)专题研究与讨论；(4)行政工作实际操作能力训练；(5)指挥官的家庭基本教养与社会奉献活动；(6)身心健康与开阔视野课程。

2.警正、警监课程

指挥官讲座、国政改革、公职人员的使命和作用、警察改革课程促进对策、民生治

① 孙燕：《韩国警察与警务》，第 49 页，群众出版社，2008 年。

安对策、民事刑事责任论、情报化社会和治安行政、侦查指挥论、刑事特别法、警察与地域社会、民间警备应用化方案、互联网犯罪侦查、警官语言艺术、舆论与警察宣传等。

3.学生指导教官课程

青年心理学、指导教官使命与姿态、教育对象商谈、参观教育现场、商谈理论与实际等。

4.教官能力开发课程

教官的使命与姿态、为民亲切俸仕精神、韩国警察改革、外国警察教育、成人教育方法、课堂教学规范用语及教态、参与式教育方法及观摩、教育心理学、教学设计、案例研究法、计算机应用、教授方法与技巧、学习指导、教育评价要领等。①

二、西方国家的警察培训理念

我们发现,西方发达国家和地区的警察教育培训,不只向学员传授知识和技能,更注重传输先进的警务理念,并贯穿培训始终,直接影响其职业生涯,并将其内化为执法理念。以下几种理念值得我们借鉴和思考。

(一)专业理念

这是英国的警察培训注重强化的理念,他们认为警察并非天生具有特殊能力,而是由普通人通过专业的警察职业训练设计和培养出来的。警察之所以具有区别于普通人的力量,就在于专门的警察装备和专业的警察技能训练。这种理念充分体现在训练、教学模式和课程设计、能力评估等各个方面。

(二)尊重人权、保护生命的理念

在英国警察培训中,非常重视尊重人权、保护生命的教育,虽然没有专门的课程,但其思想几乎贯穿于所有课程中,任何教官都会结合授课内容从不同角度加以阐述。

(三)人本化思想

国外警察教育训练中非常重视人本化思想。比如在枪械战术训练课中,就特别强调三点:一是保障人民安全,二是保障警察自身安全,三是保障犯罪嫌疑人的安全。他们在执法中强调 1+1 定律,任何时候,警察都要比犯罪嫌疑人高一层次使用手段,执法中要用装备而不用人擒拿格斗去对付犯罪。澳大利亚在警察教育训练中也非常注重三个安全,即公众安全、犯罪嫌疑人安全和自身安全。

(四)实用和实践先导

美国警察培训强调实用性和实践性,其培训内容一般涉及六个基本领域,即人际交往能力、实施武力和使用武器的能力、刑事司法系统、交流能力、法律能力、巡逻和

① 孙燕:《韩国警察与警务》,第 196 页,群众出版社,2008 年。

刑事侦查能力。在教学中,一般课程的课堂教学与实践各占一半学时,有些专业课的实践达到70%~80%。① 高度重视实用和实践训练是职业培训的必然要求,因为职业培训就是为解决实际问题而开设的,实效是培训的生命力。

(五)经济核算理念

日本警方提出了警察培训的成本核算理念,强调财政投入有获得效益的需求。因此,对所有课程都要进行可行性论证,研究是否有开设的必要,其内容能否被受训者接受,其方法在实际中是否有用,尤其强调培训的质量效果与经济效益的评价。他们把课程视为一种商品,培训的实施者作为商品供方,必须开发出富有市场价值的商品,否则无益于受训者。

三、国外警察培训方法创新

近年来,随着科学技术的不断发展,尤其是计算机信息技术的发展,国外警察培训为了更贴近实战,采取了丰富多彩的教学形式。

(一)虚拟现实教学技术的广泛应用

美国警察培训高度重视现代化教学手段,其中虚拟现实技术在培训教学中得到了广泛应用。如为了搞好射击课教学训练,培训中心设有各种逼真的虚拟现场,包括室内外靶场,模拟街道、商店、银行及各种动态群体人像,让学员在不同现场中进行射击训练,增强实战性。在勘查犯罪现场、审问犯人、解救人质等教学中,都有仿真度极高的实验室、训练场地以及模拟教学设施。教学中,广泛采用电化声像等技术,使环境气氛逼真形象,具有身临其境的感觉。教学中经常采用讨论式、参与式的方法,实现教学互动。在警察训练中,他们大量借鉴军事培训的方法,要求十分严格,甚至采取淘汰制,力求培养出组织纪律观念强、业务精通、身体健康的合格警察。

(二)注意教学法的灵活应用

在日本警察培训中,坚持不断改进培训方法,他们注重运用视听教材,并实行模拟现场实习,采用演示法、讨论法、案例研究法和实际演习法进行有针对性的培训。而法国的教学方法更加灵活,经常采用模拟教学和情景教学。他们的盘查课一般都在校园或公路上模拟进行,由几名学员扮作犯罪嫌疑人开车在道路上行驶,其他学员在教员的指导下,拦截车辆,对嫌疑人进行盘问、检查。整个教学活动非常直观、生动而贴近实战。

(三)现代化教学手段的综合应用

在英国警察培训中,传统的授课方式极少,他们大量采用现代化的教学手段,如计算机、多媒体、校园网等媒体和技术。如布莱姆希尔警察学院拥有世界上最齐全的

① 张培文:《公安机关人民警察培训理论与实践》,第316页,研究出版社,2008年。

警察图书馆，他们的模拟训练室也非常完备，包括民宅、储蓄所、商店、酒吧、吸毒贩毒、法庭等，甚至还有新闻采访模拟室。在这些模拟室中，大量运用了现代光声电及信息技术，使教学手段更加先进，教学效果更加生动有效。

（四）互动教学深入开展

国外的警察教育特别注重教学双方的互动，课堂气氛异常活跃，许多知识点都采用游戏的方式进行教学，教学中有大量的创新思维游戏、团队精神训练游戏，使课堂变得非常生动、轻松、活跃。他们广泛采用论坛式培训、探讨式培训、问题式培训等方法，使培训课堂更加具有针对性、可操作性、趣味性、实用性。

四、警察培训发展趋势

按照联合国教科文组织的定义，培训是为达到某一种或某一类特定工作或者任务所需要的熟练程度，而有计划地传授相关知识、专业技能和工作态度的一项训练活动。警察培训作为一项重要的职业培训，具有如下发展趋势。

（一）培训国际化

随着全球化进程的深入，违法犯罪活动向跨国界、复杂化、组织化方向发展，各种有组织犯罪、恐怖犯罪、洗钱犯罪、毒品犯罪、贩运人口、计算机犯罪等都呈现国际化、全球化的特点，因此国际警务合作日显重要。所谓国际警务合作就是各国间围绕案件侦查进行的合作，包括通讯联络、交流犯罪情报、协查办案、联合侦查、通缉和拘捕入境的逃犯、调查取证、传递法律文书及处理公民的紧急求助等。[①] 近年来，随着国际警务合作的深入发展，警察教育培训方面的交流与合作也得以加强。因为合作需要双方建立互信，增进了解，而加强警察培训的交流与合作可以为国际合作打开无障碍渠道。

（二）培训专业化

培训是一项复杂的业务，从培训理念、培训设计、培训管理到培训实施、培训方法、培训技巧等等诸多环节都需要专门的长期训练才能掌握，因此警察队伍中必须要有一支专业的培训队伍来研究培训工作，实施培训计划。培训的专业化体现在，专业化的培训师资队伍和管理队伍、专业化的培训环境建设、专业化的培训资金投入以及自成体系的警察培训理论体系。

（三）培训系统性

警察培训是一个系统工程，也是一个改造人的工程，绝非靠某个人，抓好某个环节就能达到培训效果，实现提高警察战斗力这一目标。要实现培训目标，必须用系统的思维、系统的方法，充分调动系统内外的一切资源，发挥各环节和各因素的积极性、

① 孔晓溪：《加强和完善我国国际警务合作机制的探讨》，时代报告，2012年6月。

主观能动性和创造性,统筹协调,形成合力。培训归根结底是为实现一定目标,将讲师、学员、教材、环境等要素进行合理、有计划、有系统地安排而形成的一种指导性文件。这个完整的系统包含了培训课程体系、培训制度体系、培训管理体系、培训师资体系、培训流程体系等一系列的子系统。它属于公安机关管理体系的组成部分,而且必须与其相适应。

(四)培训终身性

培训不是一时之需,而是一项永久的工作,也是与警察终生相伴的过程。培训终身性的理念已经越来越深入到世界各国的警察部门和警察个体之中,警察工作的特点决定了警察必须不断适应社会发展的变化,适应犯罪活动的不断变化,适应环境、科技、经济、政治和文化。警察是当前社会最富有挑战性的工作之一,他面对形形色色的人群,和多种多样的环境,这就注定了他必须不断学习,不断训练,否则就会被犯罪分子所超越。

(五)培训开放性

警察培训不能关起门来搞,必须加强交流。现代社会是信息社会,只有不断地与外界交流,获取信息、分享信息,才能实现培训的高效率。一个地方发生了一起案件,肯定会给另一个地方的预防工作带来启发。我们必须鼓励系统内外的信息交流,这种交流包括警察体系内部各区域、各警种、各岗位之间的交流,警察个人之间的交流,也包括警察与体系外的社会各界之间的交流。必须建立一个比较开放的培训系统,能够不断吸收外界的优秀经验、新思维、新方法,为创新各项工作提供新的元素。

理念篇

第一章　知识管理与公安培训理念变革

1998年4月22日，福布斯杂志发表了一篇题为《迎接知识经济》的文章，首次提出了知识管理的概念。随着知识经济时代的到来，网络化、数字化、虚拟化、知识化成为现代经济社会发展的重要特征，而知识成为组织发展的一种战略资源。这一理论的提出，为在职培训教育开启了新天地。

第一节　知识管理基本理论概述

知识管理的理念给企业人力资源管理带来了一系列新思维。21世纪以来，西方发达国家的一些现代企业纷纷实施知识管理，如微软公司、惠普公司、苹果公司等。他们建立起了企业内部的知识管理运行机制和管理系统，很好地推动了企业变革，为企业创新发展注入了新活力，极大提高了企业的核心竞争力。我国对知识管理的理解和运用相对较晚，目前也有少部分企业在努力尝试推行知识管理。公安机关作为国家机器的重要组成部分，知识在执法实践中占据着非常重要的地位，而且这个地位，随着科技的进步、社会的发展、民主的推进，会越来越显著。可以说，在未来社会，没有知识就当不了警察。

一、知识是什么

对于知识的理解，我们经历了一个从狭窄到宽泛的过程。《现代汉语词典》的解释：知识是人们在社会实践中所获得的认识和经验的总和，或专指学术、文化或学问。实际上这个概念已经将知识分成了两类，一类是认识，就是人的头脑对客观世界的认识和反映，它包含了感性认识和理性认识；一类是经验，就是从实践工作中得来的各种业务技能。以往知识传授工作，我们主要将目光盯在了第一类中的理性认识上，也就是各种成熟的理论。在我国的教育系统中，从学校教育到职业教育各个阶段几乎都千篇一律地围绕这种理性认识而开展教学活动，因此这种模式培养出来的学生往往比较循规蹈矩，能够很好地执行现成的规则和规范，但在创新、创造能力上就存在较大欠缺，这是我国教育制度十分明显的一个缺陷。

随着社会的发展，科技的进步，尤其是信息高速公路的快速发展，在信息爆炸时代，知识的外延是以几何级数的方式拓宽的。越来越多埋藏在民间和基层的技艺、技能、经验、技巧成为人们所关注重点，甚至许多迅速成为了重要的资源。尤其是在网络上，几乎每天都在大量地产生、发现、传播着新的知识。如今，知识被认为是和人、财、物一样重要的要素，是一项重要的社会资源。改革开放总设计师邓小平曾经提出过一个响亮的口号："知识就是力量。"他把知识作为生产力的重要要素，放在了很高的位置。到了 21 世纪，西方的经济学家进一步提出了知识经济的概念，其初衷在于发展以信息技术为核心的高科技产业，其实也成为所有行业竞争力的源泉。知识的作用已经得到全世界的公认，可以说正是这些越来越丰富的知识不断推动着人类的进步。

知识其实是一个非常复杂的综合体，1998 年国家科技领导小组在《关于知识经济与国家知识基础设施的研究报告》中将知识定义为"经过人的思维整理过的信息、数据、形象、意象、价值标准以及社会的其他符号化产物"。这个定义基本上涵盖了当今社会所存在的各种形态的知识，既包括自然科学知识，也包括人文社会科学、商业经济活动、社会管理以及日常生活等方面的知识和经验，还包括了取得、掌握、运用、创造知识的知识，以及各种抽象的思维模式等。

知识是人类发展进步的结晶，是社会的重要财富，它具有共享性、累积性、渗透性、扩展性、相对性、重复应用性、指数特性等特点，也是一种极为重要的无形资源。首先，它不像普通物质资源具有独占性和排他性的所有权，而是可以多人共享。也就是，一个人拥有知识并不排除其他人拥有同样的知识，所有受众完全可以共同拥有。其次，知识也不会像物质资源一样越用越少，逐渐被消耗掉，而是可以反复应用的。而且，在反复应用中，还会不断产生新的知识。所以，知识只会是越用越多，并不断增值。知识的累积性是指知识在传递、使用过程中会不断增加，越积越多，不可逆转，一个人所拥有的知识也可以积少成多，通过积累成为这方面的专家。再次，知识具有非常强大的渗透性，知识一旦被人掌握，通过传递和运用，会很快渗透到不同领域、不同部门、不同时空，从而产生巨大的影响力，这种广泛而深入的渗透会导致知识的裂变，从而使知识迅速呈指数式增加。最后，知识具有相对性，它的内涵、外延、载体、存在方式、时效性都会不断变化，在特定的时空范围内其作用、影响、价值都会大不相同。有些知识随着时空的推移会过时，被淘汰。知识还具有扩展性，就是说随着时间的推移和领域的转变，知识会无限度地扩张和延伸，以满足人们无限的需求，这个扩张永无止境。

知识的类型有很多种，世界经济合作与发展组织将知识分为 Know - what（认识性知识）、Know - how（高级技能）、Know - why（系统理解）、Know - who 四种；此外还有许多分类，如个人知识、组织知识和结构化知识；发展中知识、核心知识、基本知识、过期知识。其中，显性知识是可表达的，有物质存在的、可确知的、已被文本化的、可用正常的语言方式传播的知识。隐性知识是难以言明或模仿的，不易被复制的，未被文本化或难以文本化的知识，包括非正式的、难以表达的技能、技巧、经验和诀窍，个人的直觉、灵感、洞察力、价值观和心智模式等。这些知识更为深层，由个体拥有并控制，往往是知识创新和核心竞争力的重要来源。

二、何为知识管理

管理大师德鲁克认为："21 世纪的组织，最有价值的资产是组织内的知识工作者和他们的生产力。"知识作为一种特殊商品，已经成为一种首要资源，也是一个历史的机遇和挑战。可以说人类社会的发展进步本身就是知识的不断积累，人类发展史就是一部知识创新史，社会、科技、政治、经济、文化各个领域无处不散发着知识的光芒。人类历来重视知识的积累和传承，但是，真正将知识提高到管理层面，还是近年来的事情。

关于知识管理的定义有很多种，学者们站在不同的角度有着不同的理解。从知识管理产生的背景来看，知识管理就是一个组织为适应日益增长着的非连续性的环境变化，提高组织的生存和竞争能力而采取的一种应对措施。其主要方法就是把分散在组织内外的、附着在各种载体之上的、零散的知识作为一项资源加以系统规范的管理，将可得到的各种信息通过整理转化为知识，并将这些知识与自己的员工紧密联系起来，使每个员工都能最大限度地贡献其积累的知识，也能享用他人的知识，从提高员工对知识的驾驭能力来提高工作效率，实现组织绩效的最大化。这个概念，从知识管理的环境、目的、任务等方面进行了阐述。而从管理的内容来看，知识管理既包括对知识本身的管理以及与知识有关的各种资源和无形资产的管理，前者就是对知识的创造、加工、获取、存储、传播、应用等过程的管理，后者则是对知识组织、知识设施、知识资产、知识活动、知识人员的全方位和全过程管理。①

不管如何定义，知识管理的对象、目标、过程都是一致的。知识管理的对象就是知识、知识活动、知识设施（或知识载体）和知识员工等四个方面。知识管理的目标就是增强知识发现、创新能力、应用能力和指导实践的能力，通过发挥组织整体的智慧，提高组织的生存和适应能力。知识管理的过程，则包括了知识生成、知识创新、知识收集、知识获取、知识传递、知识应用、知识组织、知识共享等一系列环节的过程。

通过知识与信息的关系分析，我们不难发现，知识管理是建立在信息管理基础上的一种更现代化的理念，它与信息管理存在着必然的联系，具有很大的相似性。可以说，信息管理是知识管理的基础和重要组成部分，而信息管理是实现有效知识管理的保障。但是知识管理比信息管理更为复杂，信息管理往往表现为一系列静态的数据或信息在系统内流动，而知识管理是通过对用户需求的综合、分析，提供更加个性化和系统全面的解决方案，提高知识的获取效率及应用的水平；信息管理仅对信息而不对人进行管理，知识管理则将人放在了核心地位，针对需求，通过建构良好的组织来加强管理。

---

① 马池珠、任剑锋：《现代教育技术前沿概论》，第 208 页，北京师范大学出版社，2009 年。

要做好知识管理,必须加强知识素养,这一素养主要包括如下方面:观念更新是知识管理的基础,创新是知识管理的核心,信息技术是知识管理的重要工具,而文化再造是知识管理的血液。其中,信息素养是知识型组织和知识型员工一项重要的素质。① 这是信息化时代进行知识管理的关键。

三、知识管理做些什么

那么,知识管理究竟做哪些工作呢?下面这个知识管理的流程图很好地说明了知识管理的具体内容。

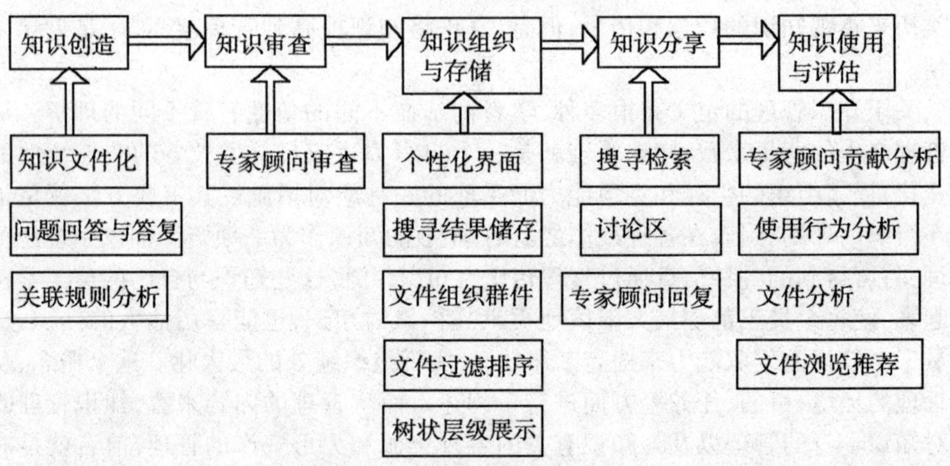

图 1-1　知识管理流程图

从图中我们可以看出,知识管理是一个复杂的、高度信息化的系统,它要求信息处理的速度快、容量大、通道能力强,而且还要具有较强的网络功能。知识管理主要包括知识库的管理、知识的传播、共享、培训教学、协同工作、专家咨询等各个方面。也有学者将知识管理归纳为八大内容:知识定义、知识获取、知识选择、知识储存、知识分享、知识运用、知识创造、知识销售。

一般来讲,知识管理主要有三大核心任务,即知识的转化、知识的共享和知识的创新。

知识转化主要是指实现隐性知识与显性知识之间的转化。一方面,通过有关手段使隐性知识成为更容易理解掌握的显性知识,从而得到更加广泛传播和应用;另一方面,还要将简单的显性知识通过总结、归纳、运用、再创造等手段,转化为复杂的隐性知识,从而取得更多具有核心竞争力的经验、方法和技巧。知识转化的途径通常有四种,即社会化(Socialization)、外化(Externalization)、结合化(Combination)和内化(Internalization)。

① 张一春:《教育技术研究方法》,第 111 页,南京师范大学出版社,2008 年。

知识共享(Creative Commons),就是知识转移、收集、整合、传播、创造等活动,它既是一种知识交换过程,也是一种知识转化过程,是知识传递与知识吸收的统一,主要通过知识的外化和内化实现知识在时空上的转移。知识共享的方式有很多,其中最基本的方法有编码化方法和个人化方法两种。编码化方法是通过组织内部的管理机制和沟通渠道,将个人知识复制为显性知识,并按照统一标准表达成规范的数据库形式,方便用户查询搜索。这种方式往往将知识管理嵌入到组织的业务流程和信息流程中,从而实现工作流程编码化、规范化和标准化。个人化方法则是通过一定方式将没有掌握某种知识的人与该知识的拥有者紧密联系起来,并促使他们直接交流,或通过中间媒介连接,最常见的就是开展各种教学、培训活动。

知识创新是指通过科学探索与生产实践活动,获得新的、关于基础科学或技术科学方面的知识。其突出贡献表现为开拓人类新视野、追求新发现、探索新规律、创立新学说、创造新方法、积累新知识。

知识管理就是这样一个由众多环节紧紧围绕知识流而交织起来的过程,主要包含如下环节:识别、获取、分解、储存、传递、共享、批判。

当前知识管理比较成熟的理论模型主要有三种,即SECI、知识增长阶段论和知识链模型。

(一)SECI模型

这是一种研究如何实现显性知识与隐性知识转化的理论模型。其基本结构如下图:

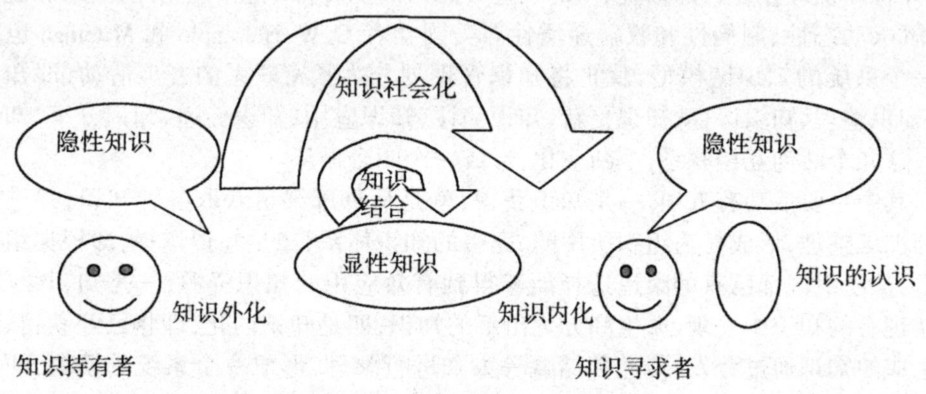

图1-2　SECI模型

这一模型包含了一种动力,两种知识形式,三个社会结合,四个知识创造过程。其中,一种动力指的是知识的传递力,两种知识形式就是隐性知识和显性知识,三个社会结合指个人、群体和情境的结合,四个创造过程包括社会化、外化、结合和内化。这四种知识转化模式是连续的、螺旋式上升的。“社会化”是通过知识管理的参与者开展各种形式的讨论、沟通、交流、模仿和实践等活动来实现隐性知识向显性知识的转化;“外化”主要是通过各种知识之间的联系比较、比拟比喻、归纳推理、判断演绎等方法而实现隐性知识向显性知识的转化;"结合"一般指采用编码、检索、分类、排序、重新界定知识单元等手段实现显性知识向显性知识的转化;"内化"则是通过知识员工对知识的体验、阅读、聆听、实践等方式实现显性知识向隐性知识的转化。

(二)知识增长阶段性框架理论

这是由 Tiwana 提出的一个理论,他将知识增长分为八个依次递进的阶段。

第一,完全忽视知识存在的阶段,即知识尚未被发现。

第二,意识到知识存在,即知识处于隐性状态。

第三,理解并对知识进行评价阶段,即开始对知识进行记录。

第四,按自己理解和评价定义知识阶段,即开始按自己的理解,将那些认为有用的知识记录下来,并移植或结合到原有工作方法中去。

第五,显示处理知识的能力阶段,即开始形成局部处理事务的方法或操作指南。

第六,显示处理知识的个性特征阶段,即将知识与经验相结合。

第七,掌握了原理性的知识阶段,即开始形成具有科学性的逻辑性知识,如程序、原理、算法等。

第八,掌握了全面的知识,即可以灵活应用知识,并产生新的知识。

根据这个理论,在知识管理时可以采取分段管理。

(三)知识链模型

迈克尔·波特首先提出了知识链(K - Chain),他认为知识是一个紧密联系的链条,并将知识链分为内部知晓、内部响应、外部知晓、外部响应四个阶段。知识链具有传播性、动态性、制衡性和收益递增性。美国学者 C. W. Holsapple 和 M. Singh 也提出了一个系统的知识链模型,就是将知识管理划分为紧密联系的九项活动,即知识获取、知识整理、知识保存、知识更新、知识测评、知识应用、知识传递、知识分享、知识创新。这九个活动互相联系,不断演化,形成一个闭合循环。

其中主要活动有五项,一是知识获得,就是从外部渠道获取各种知识,并进行科学的加工整理,形成易为组织所用的、完善的知识体系;二是知识选择,即根据组织的需要,从组织内部已有的渠道选择能够得到有效应用的知识资源;三是知识生成,就是从现有的知识中发现、派生和分化出新的知识;四是知识内化,即将已经获得、选择和生成的知识通过分发、传递和储藏等方式进行整理,形成一个系统的模块,便于理解、掌握和应用;五是知识外化,就是将知识融入到组织的产品中,或者应用到实践中。

四项辅助活动分别是:领导,就是为组织创造有利条件,调用组织内外各种资源,使知识管理更富有成效;合作,就是促进组织内部各种资源的优化整合,将合适的过程和资源在合适的时间带到合适的地点,并充分加以运用;控制,就是对知识的分布、流动进行总体安排,使知识的质量和数量满足各方面的需求,并符合确保组织安全;测量,就是对知识资源、知识生成和知识代谢的价值进行科学的量化评估。

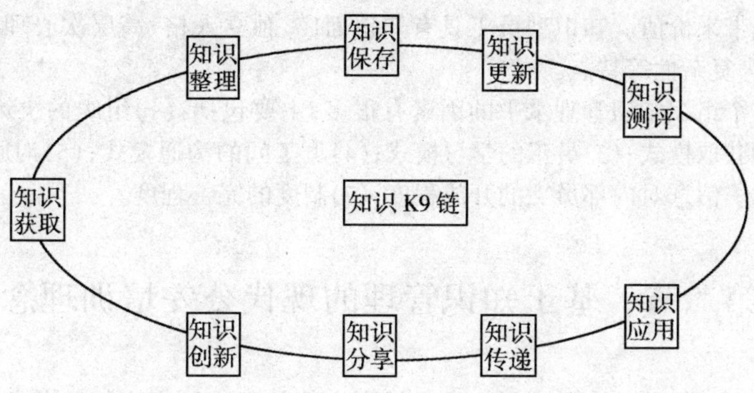

图1-3　知识K9链

知识链模型是非常有用的知识管理方式，它能够促进知识在知识链中传播、扩散、转化、创新、应用和反馈的无限循环，从而为交互性学习带来方便。

四、如何进行知识管理

当前学界对知识管理的理解主要有三个学派，即技术学派、行为学派和综合学派。技术学派认为知识管理就是对各种信息的管理，知识等于对象，知识管理就是借助现代信息管理技术来对知识进行一系列快速而高效的处理，从而促进组织目标的实现；行为学派则认为知识管理实际上就是对人的管理，知识等于一个过程，一般指对知识型员工获取其所需要的动态发展的技能而采取的一系列复杂的、动态的安排；综合学派结合了两派的观点，将对象和过程都纳入管理的范围，认为知识管理不仅要对信息和人分别进行管理，而且要将信息和人有机地结合起来进行管理。

关于知识管理的技术手段有很多，有人做过统计大约有25种技术，其中主要的技术是：组织学习、知识流分析和组织建模、知识管理系统构建、知识获取技术等4类核心技术，具体的还包括知识收集技术、知识共享技术、知识利用技术、知识拓展技术、门户技术、搜索引擎技术、协作技术、E-Learning技术、商业智能技术、内容管理技术、集成技术等等。

为了使知识管理更加有效，还应为组织提供一系列的保障，如组织体系、知识总监、技术体系、资金投入、文化氛围、激励措施、共享网络、动态联盟、评估体系、获取途径等等。因此，我们还必须完善相应的保障机制，尤其是应该建立知识吸纳与外溢机制，知识学习、互动与共享机制，这是进行有效知识管理的基础和前提。

从组织保障上来讲，应该构建学习型组织，大力培养知识型员工。所谓学习型组织就是能够高效地创造、获取和传递知识的现代化组织，同时组织也能够不断修正自身的行为，以适应新的知识和见解。这种组织具有专注、热情、正能量、高质量的关系、高质量的思想等特点。而知识员工就是掌握运用符号和概念，利用知识和信息开展各项工作的人，他们主要通过自己的创意、分析、判断、综合、设计、发明、创造等工作来给组织带来价值。知识型员工具有知识面广、独立人格、高层次心理需求、非职位权力、行为复杂性等特点。

影响一个组织知识管理水平的因素有很多,主要包括:(1)组织的决策模式;(2)外部知识的获取模式;(3)员工的学习模式;(4)员工间的沟通模式;(5)沟通的内容和手段;(6)组织信息对内部员工的开放程度;(7)制度的完善程度。

第二节　基于知识管理的现代公安培训理念

公安培训该做什么?怎么做?公安培训主管部门应该充当何种角色,发挥什么样的作用?如果站在知识管理这个视角下,这一切将会发生巨大的变化。我们认为,在知识管理理念下,公安培训就是通过调研、教学、实践、交流等途径发现、传播、共享、应用公安知识的过程,通过这个过程使广大民警成为知识型警察,使各级公安机关成为知识型机关。

用知识管理的理念审视公安工作,我们会发现公安培训是必需的,而且必须进一步扩大范围,使培训更加系统、长远、实效。

一、以知识管理理念指导公安培训的必要性

公安工作属于社会工作的重要组成部分,其根本目标就是巩固中国共产党的执政地位、维护社会稳定、实现人民的安居乐业。在现代社会下,要完成这三大任务,没有知识是不可能的。

(一)公安工作本身就是知识管理工作

公安工作的核心是执法,而执法的依据和标准就是法律。法律是什么?从某种意义上讲,法律就是人类管理社会、维护社会秩序、确保社会稳定发展的一种知识。公安工作就是要贯彻执行这种知识,通过执法使公民将遵守法律和社会公共秩序变成一种行为习惯。所以,公安民警必须熟练掌握法律知识,同时还要了解各种规章制度、社会管理、社会心理等方面的知识,工作中就是要充分运用这些知识来维护公共安全。由此,还衍生出了一系列公安业务知识,包括刑事侦查、治安管理、刑事科技、调解纠纷、处置群体性事件、舆情控制、网络监察、心理画像、犯罪研究等等众多的知识门类。可见,做好公安工作必须要有大量的知识储备。

1.公安工作对象的要求

公安工作的对象包括群体性事件、暴力恐怖行为、走私贩卖毒品、枪支、侵害人身及财物、网络攻击、各种违法犯罪行为,一切对社会公共安全及人民群众生命财产安全造成危害的行为,都是公安工作的对象,这些对象其本身都具有复杂的行为特点和发展规律,要求公安民警有效把握和控制。需要民警掌握犯罪学、社会学、心理学等

等众多知识。

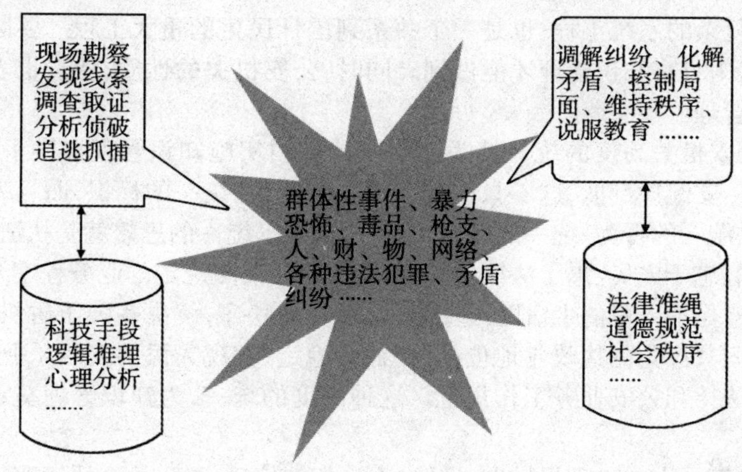

图 1－4　公安工作知识成分

2.公安工作方法要求

根据各种行为对社会危害程度的不同,公安民警将采取不同的行为,包括调解纠纷、化解矛盾、控制局面、维持秩序、说服教育、现场勘察、发现线索、调查取证、分析侦破、追逃抓捕等等,采取的每一种措施都要有的放矢,有理有据,要有合法的程序,科学的态度,同样需要掌握众多的知识。

3.公安工作手段要求

有科技手段、逻辑推理手段、心理分析手段,而采取这些手段时依据法律准绳、道德规范和社会秩序等原则,决不可随心所欲。

(二)公安机关知识管理的目标是培养知识型警察

知识型警察是知识时代的必然要求,其基本表现就是科学执法、理性执法、公平执法,要求警察能够熟练掌握法律知识,合理应用政治、法律、经济、技术等各种手段,正确解决各类矛盾。它与粗暴执法、人情执法、滥用权力相对应,能够确保有效化解矛盾、解决纠纷、准确获取证据、及时侦破案件、稳定社会秩序等良好执法效果。知识型警察代表了公平正义,代表了犯罪分子的天敌,代表了英勇智慧,代表了人民的守护神,他必然是,也必须是经纶满腹的。

(三)知识管理是公安培训工作的终极任务

公安培训是公安知识管理的重要组成部分和主要手段,它就是通过知识的传递,促进知识转化,从而实现知识共享,以推进各种公安知识在公安实践中的应用,达到打击犯罪、维护社会稳定的目的。

二、公安机关实施知识管理具有得天独厚的优势

公安机关是我国公务员队伍中规模最大,最具有组织性、统一性和紧密性的一支

队伍,目前拥有数百万的警察。全面提升这样一支庞大队伍的整体素质和能力确实是一个非常复杂的系统工程,也是一个关系到国计民生的重大工程。要圆满完成这个工程,我认为只有知识管理才能做到。同时,公安机关的性质、特点也表明完全适合实施知识管理。

首先,公安机关高度的统一性为在全国范围内实施知识管理提供了组织保障。公安机关是一支纪律部队,这不只体现在统一的着装、统一的标识,而且表现在他们统一的思想、统一的行为、统一的目标、统一的标准。统一的思想就是执法为民,忠于党、忠于祖国、忠于人民、忠于法律;统一的行为就是按照规定的业务程序开展打击犯罪,维护治安,保护人民的生命财产安全,管理社会秩序,解决各种矛盾纠纷;统一的目标就是巩固共产党的执政党地位,维护社会稳定,实现人民的安居乐业;统一的标准就是国家法律和公安业务工作规范。这种高度的统一,为知识管理奠定了良好的组织基础。

其次,有着强大的内部局域网。经过十多年的信息化建设,金盾工程已经取得了可喜的成绩,全国公安机关基本上实现了互联,实现了部分的信息共享,极大提高了公安机关的办事效率和办案质量。一个系统能够拥有这么强大、囊括了资源、业务、人事、制度、经验等全方位信息共享的网络,在全国这还是第一家。能与之相比肩的恐怕只有银行系统,但是银行系统只是业务联网共享,也没有公安机关这么高度的统一性。目前,全国各级公安机关从省厅、县市局到科室所队,都配备了先进的信息化终端设备,实现了随时随地可上网。这种强大的内部网络,为知识管理提供了扎实的技术保障。

再次,拥有功能齐全、结构合理的公安教育训练体系。目前,全国拥有 30 多所公安院校,其中部属院校有 4 所,每个省都拥有自己的公安院校,而且从公安部、省公安厅到县市公安局都建有自己的培训中心,整个公安系统形成了一个完善的教育培训网络。既能开展全国统一的大轮训、大教育,又能针对地方特点开展特定的、面向问题的专业培训。近年来,全国公安机关相继开展过大练兵、大比武、三基建设等活动,很好地锻炼了培训队伍,完善了培训机制,健全了培训体系。这些条件,为知识管理提供了雄厚的师资队伍和培训资源。

三、知识管理促进公安培训理念的转变

目前,我国公安培训还没有形成一套完整的理念与技术,大部分民警都将参加培训当成休假,通过远离工作岗位,在一个新环境里,补充知识,结交同行,认识朋友,加强沟通交流等方式来缓解工作压力,对培训认识不深刻,不到位,置培训主管部门的良苦用心于不顾。之所以出现这种状况,归根结底是培训理念出了问题。现代公安培训如下理念值得我们关注:

(一)终身教育:知识永远不够用

许多基层民警认为,自己把辖区内的那点事已经摸得一清二楚,没什么需要学习

的,凭着多年的工作经验已经足以应对一切;也有人觉得做公安工作并不需要多少高深的知识,把几条政策法律、办案程序牢记于心,就可以做到以不变应万变。然而,近年来,公安机关时不时地被推到舆论的风口浪尖上,成为社会矛盾的焦点,足以说明,我们公安机关还缺乏很多知识,还需要不断学习。

前几年出现的犯罪嫌疑人的女儿被活活饿死家中事件,还有众多的群体性事件,众多积压未破的案件,众多无谓伤亡,都说明我们的警察需要学习的东西还很多,我们根本没有那种资本可以理直气壮地说自己不需要学习了。公安工作的性质决定了它必须勇敢地面对千变万化的社会,这个社会不是纯洁的世外桃源,也不是思想单一的乌托邦,而是一个由众多矛盾交织在一起的复杂的巨大网络。人民警察也不是一个普通的社会公民,他只要穿上警服就代表着国家和法律,象征着公平与正义,他的行为也不是个人行为,而是组织行为,国家行为,因此他的一举一动必然牵动着社会的神经,吸引着众多的眼球,稍不留意就会成为媒体炒作的热点。简单执法、粗暴执法、暗箱操作的年代已经一去不复返了,警察必须还法律以公正、公平、公开,必须让群众明明白白、心悦诚服,必须随时接受人民和媒体的监督,让一切都在阳光下发挥应有的作用。公安工作成为一种技术,一种艺术,一种智慧。而作为技术、艺术和智慧,必然是知识的结晶。

警察职业尤其需要不断加强知识更新,因为他所面对的是不断发展的社会和不断变化的人。警察工作永远不可能一成不变,因为他的工作对象在变。警察工作也永远不可能一劳永逸,因为社会永远在前进,各种新问题永远层出不穷,新矛盾永远会滋生成长。如果说过去的警察只需要在社区内巡逻、查访、记录,那么今天,警察不仅要懂得高科技,要有一双火眼金睛,还要懂得人情世故,甚至摸清人们的所思所想,钻到别人的心里去。可以说,一个优秀的人民警察所需要具备的知识,宽可以宽到无边无际,深可以深到细致入微。对刑警来讲,每一个案件都是对旧知识、老经验的挑战,对社区民警来讲,每一天都会有意料不到的事情发生。由此可见,学习必将是人民警察终生的话题。实践证明,知识型员工对职业的忠诚度一般都非常高,这种忠诚度越高,他们就会越追求提高自己的终身工作能力。

终身教育的理念是由保罗·朗格朗(Parl Lengrand)于 1965 年在联合国教科文组织第三届成人教育委员会召开的成人教育促进国际会议中首次提出的。这种贯穿于人的一生、贯彻于人的全面发展的终身教育理念,其内涵包括知识、技能、能力和素质以及各种学习活动,它突破了传统学校教育的局限,使教育扩展到人类社会生活的整个空间,从而促进了教育和学习的社会化。而且,终身教育符合社会的发展和进步对个人自我人格不断完善的学习需求,经过 40 多年的发展历程,目前已成为世界各国教育改革和发展的指导原则。

终身教育不可能全部依靠学校教育来完成,从学生走向社会之后,职业培训自然而然地成为了终身教育的主体。

目前,我国社会矛盾呈现多层次、多样化、多变化的特点,维护社会稳定的难度增大，多发性侵财犯罪、严重暴力犯罪、黑恶势力犯罪为重点的刑事犯罪危害加剧，社会治安管理难度加大，各类传统犯罪向互联网发展蔓延，新型网络违法犯罪不断出现，打击难度加大，等等都对警察的终身教育提出了要求。

（二）知识建构：创建学习型组织

知识管理包括个人知识管理和组织知识管理，这其实也是两个相辅相成的部分。个人知识管理是指个人对自己认为重要的知识进行搜集、整理、加工、学习、运用等过程，使其成为自身素养的一部分，获取独到的经验和技能。在运用实践的过程中，能够将散乱的信息片段转化为可以系统应用的东西，依次扩展我们的个人知识架构。但是，组织如果不把个体获取、交换、共享、创新知识的积极性调动起来，组织知识就无从而来，处于组织中的个体也无法从组织中不断更新自己的知识。所以组织知识就表现为调动个人知识获取创新积极性的一系列制度、机制、流程、文化、氛围。两者的区别在于：个人知识是隐性的，组织知识则是显性的。个体通过外化将获得的知识进行排序、增减、分类、综合，然后存入到知识库，而且可以通过多种途径检索，随时随地查找自己所需要的信息，实现知识管理的目的。这个过程其实就是个体知识转化为组织知识的过程。所以，知识要在组织内部有效流通，必须通过个人学习、团队学习和组织学习等有效方式，疏通知识流动的渠道，使组织内部源源不断地获得知识的流入、共享、重组、创新和应用，以此提高组织绩效。

个人知识管理、学习型组织、组织文化和组织记忆，是知识管理的四个重要组成部分。其中，学习型组织就是一个不断创新、进步的组织，在这个组织中，大家可以不断突破自己的能力上限，创造真心向往的结果，培养全新、前瞻而开阔的思维方式，全力实现共同的抱负，以及不断学习如何共同学习。

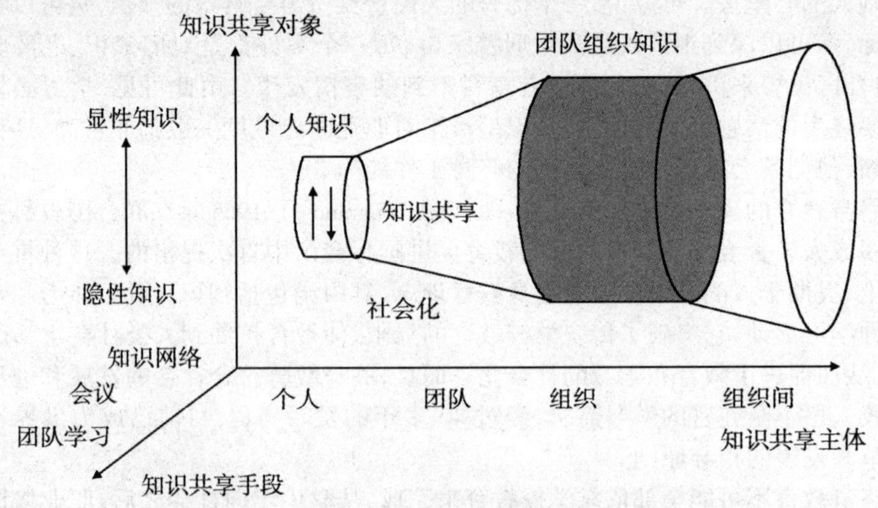

图 1－5　个人知识与组织知识的相互转化

构建学习型组织具有非常重要的意义，它能够鼓励、支持组织成员个人和组织团队通过主动地、不断地学习来提高组织的自身素质和应变能力，以便组织及时根据环境的变化进行变革，永续发展。能够在组织内营造一个有利于实现“知识学习→知识共享→知识整合→知识创新→技术创新→产品和服务创新”的良性循环机制。在学习型组织中，促进知识的有效流动是组织的核心目标，此外还有一些辅助手段，如学习氛围、学习机制和组织沟通等。

公安机关作为一个执法部门，创建学习型组织对提高整体作战能力，改进工作绩效非常重要。因为，只有学习型公安机关才能为员工提供一个无障碍的知识获取、知识共享、知识整合平台，进而提供知识碰撞机会，实现组织的知识创新，并通过对隐性知识的管理，促进隐性知识共享和转化，提高组织智能。

学习型组织需进行五项修炼，即自我超越、改善心智模式、团队学习、建立共同愿景、系统思考，这也是学习型公安机关构建的重点和关键。

（三）需求导向：基于问题式学习

科学有效的培训体系必须是建立在满足学员需求之上的。传统的灌输式学历教育，可以不顾学生的需求，按照预定的课程计划，照本宣科地进行灌输，最后通过考试进行检验。但是，公安培训必须根据学员的工作需要，有针对性地选择内容进行培训。我们知道每个工作岗位上的每一个民警的知识背景、工作经历和工作特点都是不一样的。因此，一个有效的培训体系，需求分析是前提和保障。只有经过需求分析，才能进行有针对性的培训项目设计，继而进行培训课程开发、实施、评估等一系列的工作，真正实现因材施教。所以需求分析是整个培训体系的起点，是决定要不要培训、培训什么、如何培训的关键。

需求分析就是通过科学分析来寻找和发现组织中谁需要学习什么，以帮助其更好地完成工作，紧紧围绕提升组织绩效这个目的，排列出各种培训需求的先后缓急顺序。培训需求分析的焦点并非学习本身、培训计划本身或培训部门必须提供什么，而是根据组织绩效的要求，充分关注员工学习的需求，也就是要充分考虑员工需要学习到什么样的知识、技术、能力和态度等。

需求分析的主要作用体现在五个方面：一是便于寻找组织绩效问题产生的原因。二是确认差距，包括绩效差距和达到一定绩效目标而存在的知识、技术、能力的差距。三是能够了解员工个人需求，赢得组织成员的支持。四是可以建立信息资料库，为培训后的效果评估做准备。五是确定培训的成本与价值。

“缺什么补什么，用什么学什么。”这是职业培训的基本指导思想，面对浩如烟海的知识，公安民警必须有所选择，而选择的依据就是工作的需求。因此，公安培训必须树立需求导向的观念，要根据公安实战的需求和民警个人的特点来制定培训方案，确定培训内容和培训模式、培训方法。要结合公安工作中的问题，增强针对性，提高实效性，面向可持续发展，使公安培训真正做到学以致用，用以见效，切实提高公安机关的实战能力。

在需求导向的前提下,诞生出一种新的教学理念,即基于问题式学习。它是由杜威的教育思想发展而来的,最早主要应用在医学教学领域。其核心思想就是让学员积极地解决实际问题,并建构自己的知识框架。这种理念的好处有:一是能增强学员的学习动机,通过展现问题情景,使学员对各种不协调因素和未知因素产生浓厚的兴趣,随着问题的深入,他们获取的知识也越来越多。二是把学习与实际工作联系起来,切实解决"我为什么要学习这些"、"学习这些能够解决什么问题"。三是能够提高学员的综合思维能力,指导学员在问题情景中进行分析思考、批判和创造,引导他们围绕问题的解决去搜集信息,能够有效提高学员综合思维能力。在这种问题式学习理念的指导下,培训教师的教学工作首先必须设计好问题;然后根据不同学员的特点提供相应的准备资料,并且恰到好处地呈现问题,引导学员进行分析,确定解决问题的已知、未知的知识和技能以及对问题的看法,并让学员界定问题;然后布置各学习小组收集和共享资源,并初步提出一些解决方案,最后根据客观标准、问题情境等条件做出最优判断,并对方案进行陈述。当然,适当的回顾和反思也非常重要。

四、知识管理带来公安培训模式的转变

培训模式就是一系列关于培训目标、内容、方法、资源配置的方式。在公安培训中曾经出现过众多的模式,有传统的灌输式、师傅带徒弟式、立体化模式。当前,利用各种现代教育技术实现传统培训模式的升级,出现了许多新型的培训模式,包括实践社区、视听培训、E - learning、虚拟现实、虚拟教室、移动培训等等。

知识管理给公安培训提供了许多崭新的模式,这些模式突出表现为:第一,培训目标,从信息传递向技能培养的转变。第二,培训内容从"补短"向"扬长"的转变。第三,培训方法从知识学习到知行合一的转变。第四,培训动机从部门发展需要到部门发展需要与学员自我实现相结合的转变。第五,培训的组织从个体单向交流和反馈向团队多向互动的转变。

随着社会的进步,知识更新的速度加快,在对公安民警进行培训时,我们也应该不断加强培训模式的研究,使培训能够迅速有效地改变公安民警的工作方法,提高工作效率和工作水平,从而提高打击犯罪和社会管理的能力。

五、加强公安基础工作研究,开发隐性知识宝库

近年来,我国各级公安机关不断更新工作理念,大胆开展工作创新,探索出了许多优秀的经验和做法,涌现出许多先进典型,比如济南交警、深圳巡警、杭州110、南京天网等行之有效的工作模式,为推动公安工作不断前进提供了鲜活的素材,把隐藏在基层的这些先进做法挖掘出来形成教材是现代公安培训工作的重要任务之一。

(一)成立公安工作法研究中心

所谓公安工作法,就是针对公安工作的某些专题,经过基层公安民警长期实践积

累起来的成熟做法，经过研究者的理性思考，而加以固化的经验。我们认为，加强对公安工作法的研究和推广，是公安培训机构义不容辞的责任。

我们知道，公安工作不同于一般的科学工作，它是一种社会管理，因此群众的摸索实践永远值得我们注意和研究。许多基层老民警长期从事公安工作，在某些专项工作上积累了丰富的经验，这是公安机关一笔宝贵的精神财富，是书本上没有的隐性知识。因此，我们认为有必要成立一个相应组织大力开展公安基础工作研究，从各级基层公安机关的广大民警身边入手，研究各种成功的经验和做法，形成固定的学习资料。

公安工作法研究中心的主要职责就是深入到各级公安机关，了解公安民警的工作状态，进行理性思考和高度的提炼总结，形成可行的经验材料，并负责推广介绍。

（二）构建公安工作法研究库

公安工作法并不是完全公开的一种社会资源，它主要面向公安机关以及相关岗位的民警，大部分工作法并不能在全社会范围内散布，否则会提高犯罪分子的反侦察能力。因此，在对公安工作法进行研究时，必须采取相应的保密措施，应该建立一个工作法研究库，按照一定密级对各种工作法进行管理。如关于社会服务的工作法完全可以公开，而关于破案、抓捕犯罪嫌疑人的工作法则应限制在一定的范围内。

工作法研究库就是一个数据库，主要用来分门别类地存放各种工作经验，并且加以科学管理，使之不断完善。这些工作法需要按照一定的规范去撰写，主要内容包括：工作法名称、编号、简介、适用范围、创始人、主要内容、操作要领、应用情况、整理时间等。

（三）工作法研究方法

对公安工作法的获取、分析、研究可以采取访谈法、观察法、实验法、咨询法、调研法、征集法等科学方法来获取、归纳整理和研究分析。由专门的研究人员深入公安基层对民警进行访谈，观察其工作步骤、要领，分析工作效果，并将这些方法进行归纳整理，再投入实践中进行检验，经过多次实验可行后，确定为一种研究方法进行推广。

采用申报制，也是一种可行的方法。即由基层公安机关或民警个人进行申报，将自己的工作方法形成书面文字，由专家进行评审，对可行的方法进行再试验，最后确定是否推广。对于这种申报制，应该辅之以相应的激励制度，获得批准的民警或单位给予适当的物质奖励和精神奖励。精神奖励主要采取工作法命名制，对那些成熟可行的工作法，可以创始人或创始单位的名称命名，在全国进行推广，这也是对基层单位和民警的一个巨大鼓舞。

【案例】

民警马兴强的五字工作法

济南市平阴县公安局民警马兴强在从事农村警务工作时总结警务区工作经验,用“勤、快、细、实、熟”五个字来归纳自己的工作方法。

一、“勤”字悄悄走进群众心中

将“勤”作为一种日常工作习惯,在工作中,勤下警务区、勤走访、常走访,让自己真正成为警务区生活的一分子,才能真正打牢工作根基。

开展警务区警务工作,关键是走进群众,取得警务区群众的信任和支持。这件事听起来很平常,但要做好并不容易。马兴强刚到太和警务区工作时,面对的是陌生的环境、陌生的群众,入户难、各类情况很难掌握。如何打开工作局面?他从“勤”字入手,每天坚持和警务区群众沟通交流,把工作做到警务区群众的家里。在最初的入户访查中,白天警务区群众都忙于工作、下地,家里经常没人,还有一些警务区居民由于防范心理强,对民警入户有些抵触情绪,马兴强吃过不少闭门羹。为此,他精心研究,选准切入点,因情施策。一是和群众一起劳动时进行走访座谈;二是利用和群众闲谈的机会约访;三是主动把村民请到警务室、派出所参观,尽最大可能建立与警务区群众的沟通渠道。每次入户走访前,他都通过村委会、已走访的家庭等多种途径,对拟走访住户进行调查摸底。走访中要站在群众的角度思考问题,和群众建立共同语言,使入户访查工作更加具有亲和力和针对性,使群众对民警的印象更深。为了让警务区群众与自己尽快熟悉,他将自己的照片、姓名、联系方式、服务群众栏、法律法规栏、警情提示栏、意见反馈栏印制在警民联系栏上,并悬挂在辖区醒目位置,方便了辖区群众与民警的联系沟通。这些办法虽然简单,但效果明显,在“大娘、大妈”、“刚下地回来啊”等日常问候中,迅速和警务区群众熟识。

2011年7月,马兴强在东阿镇东泰压缩机厂走访中,了解到在该厂务工的东阿镇东黑山村村民姜某(文盲)刑满释放后至今没补录户口。得知此事后,他迅速找到姜某了解情况。1983年姜某因愚昧无知误信神汉谣言,为其父亲治“摆子病”,用酒瓶将父亲打死,犯故意伤害罪,被法院判处有期徒刑十五年。判刑后根据当时的户籍管理规定,姜某被注销了户口。十五年期满后,刑满释放回家的姜某,由于内心充满愧疚,另外因为被公安机关打击处理过,便对公安机关怀有抵触情绪,即使没有户口给他的日常生活带来很多麻烦,他还是不愿意到公安机关解决户口问题。掌握到以上情况后,马兴强主动找到姜某谈心,与户政科取得联系,汇报了姜某的实际情况,为姜某解决户口问题。8月9日将姜某户口手续送到平阴县公安局户政部门报批,并在审批当日将姜某户口恢复完毕送到他手中。姜某接到户口后还以为自己是在做梦,他不敢相信警察说到做到,而且还帮助他跑腿办证。马兴强以实际行动赢得了辖区群众信任和好评。

二、"快"字化解群众矛盾

"快"就是对各种矛盾纠纷要及时处理。警务区民警每天面对的都是一些琐碎事,但这些小事看似不起眼,但"量变导致质变",小问题的解决,及时清除了隐患,可以避免大矛盾的引发,从而创造平安生活。担任警务区民警两年来,群众间发生矛盾纠纷,马兴强总是第一时间赶到,小事当成大事办,把大量的矛盾纠纷化解在了萌芽状态。

2011年11月17日16时19分,东阿派出所接县局指挥中心指令:在东阿镇司桥村有人打架。接警后,马兴强和同事迅速赶赴现场,发现双方正在相互撕扯。他首先及时将双方隔离,稳定情绪。经询问得知,东阿镇司桥村陈某与刘某因家庭琐事发生口角,进而大打出手,而双方父母因看到自己孩子吃亏,纷纷出手相助,打成一团。考虑到此事系群众内部矛盾引发,案件危害性不大,按照"调解也是执法"、"努力把问题化解在当地、解决在萌芽状态"的理念,他和其他民警一道对双方当事人进行了调解。经过多日走访劝说和调解,使双方均认识到自己的错误,最终,双方于11月23日达成谅解,握手言和。

在2012年年初召开的警民恳谈会上,有学生家长提出,学校周边环境较为混乱,放学期间孩子常被欺负,家长不放心。马兴强当即表态,新学期就把这个问题解决。开学第一天,他就和同事们共同走进校园,开展法制宣讲和安全教育。在其他省市连续发生校园安全事件后,他又按照市局统一部署,加大了工作力度,帮助学校严格了安全制度,督促学校安装视频监控系统。

2012年11月,马兴强通过走访得到一条线索,一辆车号为鲁A03Y*5的校车严重超载,学生家长担心出事。马兴强迅速将此情况汇报给所领导,在所长的周密安排下,11月8日16时30分将超员的鲁A03Y*5的校车拦截,经检查,车内共有24个孩子!通过调查询问取证,驾驶员对驾驶面包车严重超员的事实供认不讳。他随即联系其他车辆,将该车上的学生安全送回家,随后将该车移交交警三中队。此次行动受到围观群众和学生家长的一致好评。

三、"细"字打造平安社会环境

如何把警务区警务工作开展好,马兴强从"细"字着眼,动脑筋,想办法。结合警务区实际,创新工作方法,他把重点人口分成三类,第一类是长期在家从事农业的家庭户群体,这类人员工作生活比较稳定,属于放心的群体;第二类是从事打工的工人群体,这些人有固定的工作,属于比较放心的群体;第三类是没有固定工作整天游手好闲群体,对他们进行重点关注,增强工作针对性。通过这种工作方法,马兴强对警务区74名重点人口情况做到了底数清、情况明。

3月24日东阿镇小屯村有群众给马兴强打来电话称本村的赵某没有向东阿派出所报告私自外出。在得知这一情况后,民警迅速对这件事情进行调查,经调查赵某磊系监外罪犯,3月24日在没有向公安机关报告的情况下私自外出。于是马兴强多次登门对赵某的妻子陶某进行思想工作,在民警大量的思想工作下,3月28日赵某在妻子陶某的陪同下主动到东阿派出所交代了未经批准私自外出到济南的违法事实。

四、“实”字构建和谐警民关系

“沙堆效应”，如果用警务理论来解释，就是当“沙堆底部”也就是我们最基层的农村社区，日常治安秩序抓好了，普通人的日子安稳了，治安案件、刑事案件、大案就不难一层一层地降下来……作为一名民警的职责就是保一方平安。而做到这一点必须不断提高警务区警务工作的能力水平，不断提高警务区警务的标准要求，通过扎扎实实的工作，打造平安和谐警务区，赢得群众口碑，凝聚工作合力。

为了加强警务区的治安防控，马兴强建立了22支以村干部为主体的村治安义务巡防队，还把经常活跃在警务区的2名投递员，4名废品收购人员，6名电工，8名护路养护员及30个下夜班群众组织发动起来，鼓励他们参加警务区治安防范工作，发现可疑情况第一时间与民警联系。群防群治组织的建立完善，成为了社区警务工作的“千里眼”和“顺风耳”，2012年以来，太和警务区各类案件发案同比去年下降40%，人民群众安全感和满意度明显增强。

2004年10月30日，东阿镇房某驾驶鲁A809＊7大型货车在临清市临博路30km＋200m处造成重大交通事故后逃逸，致使三人死亡，多人受伤，社会影响极其恶劣。房某肇事后被公安部上网追逃，而房一直在外躲避法律对他的惩罚。马兴强多次到房某家对其亲属晓以情理，讲清利害，阐明法律政策，发放了《致在逃人员家属一封信》。经过连续多次耐心细致的规劝工作，7月11日15时许，犯罪嫌疑人房某在其家属的陪同下主动到东阿派出所投案自首，并如实供述了其交通肇事逃逸的犯罪事实。

五、“熟”字提高群众满意度

警务区警务的每一点成绩，人民群众的每一点赞誉，无不凝结着民警背后的付出和心血。为了更好地服务警务区群众生活，马兴强把各类公安行政业务流程、政策规定熟知熟记，老百姓都说，马警官是个问不倒的“交警通”、“治安通”、“户籍通”。

2011年10月20日19时16分，东阿派出所接平阴县局指挥中心指令：在东阿镇太平村发生一起交通事故，副驾驶座上的乘坐人抢救无效死亡，速将驾驶员控制住。接警后，马兴强和同事迅速赶到东阿镇中心医院，正在询问死者家属及治疗医生时，有群众报警称一男子站在了门诊楼三楼的楼顶想自杀，马兴强迅速爬到门诊三楼楼顶，随即与其展开谈心，稳定其情绪，并了解事情的相关情况。自杀者姜某由于心理上觉得对不起死者及对法律的无知，心里害怕，要跳楼自杀偿命。民警一面稳定其情绪，一面将现场情况向县局指挥中心进行反馈。按照领导安排，他在医院三楼楼顶与姜某交流谈话，从家庭角度对其进行思想攻心，并不时为其讲解法律常识，最终有效避免了一次自杀事件的发生。公安民警和消防官兵的努力受到在场县委县政府领导以及家属、群众的交手称赞，取得了良好的社会效果。

第三节 公安知识管理系统的构建

公安知识管理系统是收集、处理、分享公安机关全部知识的信息系统，就是利用软件对公安机关大量有价值的法律法规、规章制度、工作方案、策划、成果、经验等知识进行分类存储和管理，积累知识资产，促进知识的学习、共享、培训、再利用和创新的一个信息管理系统，主要由网络平台、知识流程、信息系统平台、知识主管 CKO、管理体制及人际网络组成。当前比较成熟的知识管理系统有：HOLA 企业内容管理系统、3Hmis 综合知识管理系统、HollyKM 知识管理系统、edoc2 知识管理平台、蓝凌知识管理专家等。

一、基本保障

要构建公安知识管理系统，首先要提供基本的制度保障和技术保障。

(一)制度保障

1.构建支持知识管理的组织体系

应该在公安机关人事训练部门或组织教育部门设立知识主管，并规定其主要职责。(1)了解公安机关的环境，理解内部的信息需求；(2)通过引导、激励等方式营造一个能够促进学习、积累知识和信息共享的良好环境，使人人能认识到知识共享的好处，并乐于为知识库的完善做贡献；(3)监督保证知识库内容的质量、深度、风格，并及时进行信息更新；(4)保证知识库设施的正常运行，做好安全防范；(5)加强知识集成，不断产生新的知识，促进知识共享。

2.加大对知识管理的资金投入

设立公安知识管理的专项资金，由人事训练部门或知识主管进行调度，大力开展公安知识库建设、知识管理制度建设以及知识管理软硬件建设，支持基层公安机关搜集、管理、使用公安知识。

3.创建有利于知识管理的组织文化

在公安机关内部形成人人重视知识管理，积极为公安知识库提供资源，养成主动通过公安知识管理系统获取知识的习惯。

4.制定鼓励知识创造和转移的激励措施

要充分发动每个部门，每个民警，贡献自己所掌握的知识；要高度重视原有的知识数据，进行批量导入，纳入管理范畴。

5.开发支持知识管理的信息技术，建立内部知识网络

可以建立“公安知识超市”为主题的内部知识网络，以公安网为平台，建立一个覆盖公安知识的网络系统，其内容可包括工作空间、知识管理新闻、事件、知识的搜集、

执法服务、相关网点等。

6.建立知识管理评估系统

知识管理评估指标主要有:人力资本、培训费用、组织学习、员工忠诚度、管理经验、创新资本、研发费用、从事创新的员工比率、知识创新、满意度、服务质量、合作的时间。

(二)技术保障

系统应该采用 JAVA 技术设计,并且能够适应 Unix、Linux、Windows 等多种操作系统,支持 Oracle、DB2、Mysql 等常用数据库。

二、公安知识管理系统的主要功能

当前我国的公安知识管理系统还是一个空白,建立该系统可以借鉴国外跨国公司的一些先进经验,基本的技术和功能模块大同小异。

(一)主要功能

1.整合知识资源

对分散在各级公安机关的规章制度、岗位职责、业务流程、工作标准、经验总结、业务数据、信息系统、数据库、纸质信息资源以及与合作伙伴、公众之间的业务流程的知识资源进行优化选择,并以合理的结构形式对众多知识进行集成和序化。

2.促进知识转化,扩大知识储备

充分发挥知识交流的媒介作用,促进隐性知识与显性知识之间的相互转化,从而实现知识增值、知识创新,并将这些有价值的知识储存起来,防止知识流失,实现知识共享。

3.实现知识与人的连接

通过系统平台,实现三方面的连接,即人向知识的连接、知识向人的连接、需求知识与知识拥有者的连接。

(二)其他功能

1.强大的非结构化知识处理能力。

2.结构化知识处理能力。

3.征询管理系统。

4.便捷的呼叫解答应用。

5.完善的文档及内容管理。

6.权限管理系统。

7.知识维度的自由设定。

8.个人知识门户。

9.知识地图。

10.知识培训。

11.知识统计功能。

12.版本管理功能。

13.人才库管理。

三、公安知识管理系统的构成

公安知识管理系统，主要是为了对知识的整个流程，包括知识需求、知识生产、知识评审、知识获取、知识互动、知识转移、知识激励、知识审计、知识安全、知识应用等10个环节进行管理。

根据知识管理的基本流程，我们认为系统应有以下10个基本模块构成：知识中心、知识地图、专家黄页、你问我答、虚拟团队、我的空间、全文检索、知识统计、知识检索、资源链接。

（一）知识中心

公安知识文档的主要存放仓库，通过系统提供的多维度分类功能，管理和沉淀公安知识，并通过评价、推荐等机制推动知识共享。

（二）知识地图

将知识中心中存储的文档按用户指定方式进行组织，便于浏览。

（三）专家黄页

任何一个在某一领域有特长的民警均可以申请成为专家，用户可以在专家黄页中查找专家，查看专家信息，感知专家在线状态，并连线专家。

（四）你问我答

通过问答方式，促进民警之间的知识交流，在利用知识解决问题的同时，将隐性知识转化为显性知识，形成知识积淀。

（五）虚拟团队

支持民警跨部门、跨地区的交流，可根据兴趣、工作职能或临时性任务自由组建虚拟团队，完成团队内知识交流、学习培训、知识创新、协调工作等活动。

（六）我的空间

用户查看个人资料，进行个人知识管理，处理各项知识管理事务。

（七）全文检索

提供对各模块检索功能，包括相关排度、日期升降排序、记录用户搜索行为、支持搜索导航等。

（八）知识统计

对内部知识管理效果进行统计分析，出具报表，供决策参考。

(九)系统管理

有管理员对系统进行初始化配置和 IT 系统维护。

(十)资源链接

提供各种知识管理的网站,比如中国知网、万方。

第二章 职业生涯管理与公安培训思路转变

职业生涯管理是现代人力资源管理的重要内容。职业生涯规划就是一个人对其一生中所有与职业有关的活动和任务的预期计划和安排。当前,公安民警由于享受着公务员的"铁饭碗"待遇,习惯于用行政级别和职务升迁来衡量职业的成败得失。加上受我国根深蒂固的官本位思想的影响,许多民警一切围绕着上司转,投其所好,见风使舵,极少考虑职业生涯规划。实践证明,这种短视行为不仅严重影响了个人潜能的发展进步,而且影响到整个公安队伍的素质和战斗力。因此,在公安机关加强职业生涯规划迫在眉睫。如果说,知识管理告诉我们为什么必须要培训,那么职业生涯管理则告诉我们应该培训什么。所有的培训项目都应该紧紧围绕职业生涯发展所需要的知识、技能和个性培养而开展,这是毋庸置疑的。

第一节 职业生涯管理概述

职业生涯是指与个人生命周期相伴的主要工作经历,包括个人在职业或组织内部所获得的进步、取得的成功,及其发展的基本趋势。而职业生涯管理,实质上就是关于职业生涯的核心价值取向、发展目标预期、战略阶段规划、实现路径设计以及具体策略调整等一系列活动的总称。① 这种崭新的管理思维为现代人力资源开发开拓了新的视野,它使得一个组织对人力资源的利用与开发更加系统、更加全面、更加长远,而且更加灵活、更加人性化。

一、职业发展理论

随着环境的变化,我们每个人所从事的职业必然是变化发展的。因而了解职业发展的变化规律对做好职业生涯管理有着重要的意义。职业发展理论就是强调用动态的眼光来看人的职业过程,包括职业的选择、决策、阶段、心理结构、作用机制等一系列的问题。关于职业发展阶段的划分,有多种观点,都从不同角度划分了职业发展

① 杜映梅:《职业生涯规划》,第161页,对外经济贸易大学出版社,2005年。

的阶段。

美国职业研究专家施恩将人生的发展分为四个主要阶段:第一阶段,是离开家庭进入成人世界的阶段,一般指从少年到30岁。这一阶段人充满了能量、理想与热情,非常自信。第二阶段,是重估期,就是对自己二十几岁时所做的承诺重新审视并确定新的理想、价值观和行为取向。第三阶段,是持久性承诺期。面临中年过渡或危机,重新审视自己,自我接纳,寻找到问题与结果、理想与现实的平衡点,做出永久性承诺,同时以客观、平和的心态去接受早年抉择产生的后果,开始新的生活方式。第四阶段,是自我满足时期。大约50岁左右,变得持重、宽厚,同时感到体力不支、身心衰弱,可能会有一种岁月如流、时不我待的感觉,不得不为日后的健康和养老做准备。

美国著名的心理学家埃里克逊将成年人的职业发展划分为八个阶段:基本信任VS误信、自主VS羞愧和犹豫、创造VS过错、勤奋VS自卑、身份确定VS角色混淆、亲近行为VS孤立、养育能力VS停滞、自我完善VS失望。

莱维森将成人发展分为四个时期:(1)未成年期,包括儿童和青少年期。(2)成年早期,包括成人早期的过渡时期、成人世界的进入时期、30岁过渡期和安顿时期。(3)中年期,包括中年的过渡时期、中年的进入期、50岁过渡期和中年的顶峰期。(4)成年后期,包括成年后期的过渡时期和成年后期。

混沌理论认为职业发展是一个复杂的适应性实体,它要不断地与外界进行物质、能量和信息的交换。职业发展涉及父母家庭、年龄、性别、社会关系、经济政治环境、能力、兴趣、地理条件等众多因素的影响。并且,这些因素都不是单一的线性存在,它们相互缠绕在一个网络结构中,并以网络化作用方式影响职业发展。当然混沌并不是说无序,它的序主要表现为系统在不同标度下的自相似性,即存在一个分形结构。同时,在职业发展过程中,个体必然要经历一系列的职业相变。而在职业相变的过程中,个体往往倾向于选择其理想中的最佳点,而选择这个最佳点通常要受到三类吸引子的影响,即点吸引子(包括定点吸引子和单摆吸引子)、极限环吸引子、奇异吸引子(混沌吸引子)。

了解职业发展的过程及通道是为了更好地规划自己的职业成长,努力使自己成为最好的专家。组织应该系统及时地向员工阐明组织内各工作岗位的关系、职位的层级关系,并为员工提供必要的培训。为此,组织要建立完善职业咨询体系,职业指导制度,以及工作扩大和岗位轮换有关措施,根据职业发展的不同阶段,加强职业信息传递,进行职业咨询,为员工的职业发展指引道路。

二、职业生涯发展

职业生涯的最初来源是拉丁文的“路径”之意,是个人生命的进程,结合每个人一生所扮演的角色,结合各种职业和工作、休闲等角色,表露个人独特的自我发展形态。既然是职业生涯,那就是一个人在工作生活中经历的职业、工作、职位的变化路径,以及与工作有关的经历、态度、需求、行为。职业生涯发展与职业发展是不同的概念,职业发展针对的是某一个职业(岗位或工种),而职业生涯针对的是员工个人。职业生涯的发展就是指一个人的职业变化过程,传统的职业生涯发展理论将职业生涯划分为四个主要阶段:探索阶段(或准备阶段)、立业阶段、维持阶段和离职阶段。其相互关系如下表所示:

表 2-1　传统职业生涯发展模式

	探索阶段	立业阶段	维持阶段	离职阶段
开发任务	了解个人兴趣、技能,使自己与工作相匹配	进步、成长、安全感、探索生活方式	继续做出成绩,更新技能	退休计划,在工作与非工作计划中找到平衡
开发活动	帮忙、学习、按指令行事	做出独立的贡献	培训、制定政策帮助他人	逐步结束工作
开发关系	学徒	同事	导师	元老
年龄	30岁以下	30-45岁	45-60岁	60岁以上
工作年限	少于2年	2年-10年	10年以上	10年以上

了解职业生涯的发展阶段很有意义,对于不同阶段,职业生涯管理的内容和方式不尽相同。从组织角度讲,探索阶段的管理工作主要包括员工的面试招聘、岗前培训、职业认同、工作分配与安置、内部社会化,并与组织达成心理契约;立业阶段的管理重点则是对员工进行职业咨询和督导、评估员工的工作绩效和潜力、职业定位与晋升、工作轮换与调配、工作再设计及丰富化、增强员工的组织归属感等;维持阶段的任务是对有关岗位进行工作分析和再设计、清理人力资源存量、组织员工的继续教育和再学习、开发新的职位等;离职阶段的工作主要是关于员工的退休咨询服务和对外安置。而从个人角度讲,探索阶段主要是个人进行职业或岗位选择、学会与人相处、了解和适应组织情况、明确职业定位、发展方向和发展路径;立业阶段则要将重点放在寻找自己的职业锚、决定职业方向、把握发展机遇、兼顾专业与全面发展、坚定职业信心;维持阶段要稳定业绩、积累经验、追求荣誉、力求成为年轻人的良师益友、达到职业顶峰;离职阶段的重心是做好交接、以老带新、传授经验、发挥余热、做好退休或继续工作的准备、做好顾问等。

现代职业生涯发展模式主要有两种。

(一)易变性职业生涯模型

任何一个工作有高峰也有低谷,个人会经常从一个工作族转换到另一个工作族,个人的职业生涯由一系列的"探索—试验—掌握—离开"的微小阶段构成。因此,个人可以根据自己的需要彻底改变自己的职业生涯,它突出强调终身学习和自我开发是职业生涯发展的重点。

(二)多元职业生涯模型

存在四种不同的职业生涯模式,即线性的、专家的、螺旋形的、过渡的。线性模式就是通过逐步提升,按部就班、循序渐进地到更高的等级结构中承担更大的责任,拥有更高的职位,获得更大的权力和成就的过程。专家模式,则是因为热爱一个职业,而重视在某个特定领域进行深度研究探索获得系统知识和技能,从学徒到专家,虽然职位很少获得提升,但能够获得更强的能力和更高的稳定性。螺旋形模式,是通过相关职业、专业和学科进行阶段性移动而取得进步,他们善于开展创造性的工作,目标是获得个人成长。过渡模式,就是通过毫不相关的工作或领域之间频繁转换而取得进步,其目标是追求变化和独立性。

实践证明,对于这些模式其实并不存在好与坏之分,适用才是关键。公安机关不同警种,不同岗位往往需要不同的职业发展模式,比如治安管理、行政管理、公安科技等岗位需要传统的线性模式或专家模式,而对于挑战性比较强的刑侦、网监等专业化较强的领域,则需要螺旋形模式和过渡模式等现代职业生涯发展模式。

三、职业生涯管理

职业生涯管理是指组织根据自身的发展目标,结合员工的能力、兴趣、价值观等,确定双方都能接受的职业生涯目标,并通过培训、工作轮换、丰富工作经验等一系列措施,逐步实现员工职业生涯目标的过程。职业生涯管理具有两种模型,即个人导向型和组织导向型。

(一)个人导向型

个人职业生涯管理主要有 8 项活动,即职业生涯调查、认识自己以及环境、目标设定、制定战略、实施战略、接近目标、从工作和非工作渠道获得反馈、职业生涯评估。8 项活动依次不断循环,不断持续发展。

个人的职业生涯可以说千姿百态,各具特色,那么以个人为导向的职业生涯必须根据不同阶段的基本特征及可能出现的典型情况,进行有效预防与管控,做到未雨绸缪。比如,针对警察职业生涯,有其自身的特点:职业的稳定性、高度应激性、高压力容易导致职业倦怠、职业高原现象的存在等。那么对警察就不能像企业员工一样管理,其职业技能、职业生涯发展路径、职业生涯阶梯的宽度、速度和长度等方面都有其独特性。

(二)组织导向型

公安培训的主体是公安机关和民警,其核心就是如何使两者目标一致。组织职业生涯管理正是为解决组织目标与个体目标之间的矛盾而提出的。

组织职业生涯管理通过为组织内个人构建职业开发与职业发展的平台,帮助个人进行一系列与职业生涯相关的活动来最大限度地开发个人的潜能,以求组织的持续发展,实现组织目标。

组织职业生涯管理对于组织的作用表现在:(1)营造良好的用人环境,实现人力资源的优化整合,达到人尽其才、才尽其用的目的;(2)充分发挥内部员工适应性强的优势,为员工发展提供畅通的职业上升通道;(3)确保员工的能力和目标与组织同步发展,以适应组织的发展和变革;(4)采取多种手段,充分调动员工的积极性,帮助其实现对组织的承诺,并享受到组织发展带来的好处,重点要留住具有核心竞争力的优秀员工,以更好地实现组织的目标。组织职业生涯管理对于个人的作用表现在:(1)通过职业管理活动,可使员工在组织中学到更多有用知识,从而增加自身的核心竞争力;(2)通过组织职业生涯管理,能更好地认识自己,挖掘自身潜能,提升综合素质,为组织做出更多贡献;(3)能满足个人的归属需要、尊重需要和自我实现的需要,进而提高生活质量,增加个人的满意度。

职业生涯管理与人力资源管理的关系如下:

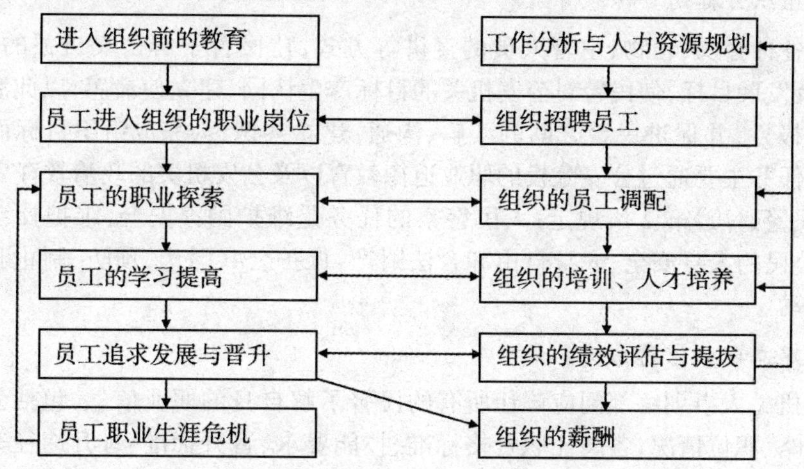

图 2-1　职业生涯管理与人力资源管理的关系图

四、职业锚

职业锚就是在个人工作过程中依循个人需要、动机和价值观经过不断搜索,所确定的长期职业贡献区或职业定位。锚的作用就像固定船的位置一样,个人的职业生涯也可以通过职业锚加以确定,并执著追求终生。麻省理工大学著名的职业指导专家施恩教授将职业锚分为五种类型:创造型、管理型、技术功能型、安全型和自主独立型。还有人将它分得更细,包括技术型、管理型、自主型、安全型、创业型、服务型、挑战型、生活型等等。研究这些类型有助于我们提高员工的职业匹配度,这是人力资源管理和培训工作的重要任务,它需要从培训需求调研、培训对象推选和分类、培训课程设计、培训方法创新、培训师资配置和培训效果评估等环节共同努力。首先要了解每个人"做过什么、会做什么、想做什么、能做什么",来分析其职业锚属于何种类型,然后采取相应的措施,为其制定相应的职业发展通道,并进行科学规划和实施。

职业锚对员工具有强大的驱动功能、后发功能和识别功能。关于职业锚的测试，有一套比较成熟的方法，通过问卷调查，基本上能够准确地判断出员工职业锚的类型。

五、公安机关职业生涯管理内容

警察的职业生涯管理就是要围绕一个警察成长的主要过程进行有效设计，确定组织发展目标，帮助民警开展职业生涯规划与开发，开展公安工作绩效评估，对民警进行职业生涯发展评估，调适民警个人工作与职业生涯的关系，为民警提供必要的教育、训练、轮岗等发展机会，促使民警实现自身的职业生涯目标。

所以公安机关职业生涯管理的内容主要包括以下几个方面。

(一)组织目标的宣传教育

通过各种会议、刊物、主管人员的宣讲等方式，让民警了解公安机关的性质、职能、任务及发展目标，使民警对公安机关的目标产生认同，建立使命感，以此激发民警内在的积极性，并促进民警之间的了解、沟通，建立共识，为完成组织目标而共同奋斗。这项任务主要通过公安院校的职业道德教育以及公安机关的政治教育来实现。

《人民警察法》第 2 条规定：人民警察的任务是维护国家安全，维护社会治安秩序，保护公民的人身安全、人身自由和合法财产，保护公共财产，预防、制止和惩治违法犯罪活动。

(二)建立职业信息系统

公安机关人事训练部门应该让所有的民警了解自身的职业信息，包括公安工作的发展战略、职位情况，各岗任职资格标准、技能要求、晋升标准、晋升途径等方面的信息。尽可能做到公开、透明、系统，使每个民警都能明确自己在公安机关的角色定位及发展空间。

这一系统应该包括如下工作：(1)职位分析。即根据公安机关的性质，对各部门、岗位的工作内容、程序、环境、待遇等进行详细描述，并形成工作说明书。(2)职位变动制度。建立公平、公正、公开的晋升制度，明确晋升标准，并对民警工作进行科学的绩效评估。(3)内部信息公开制度。及时公布组织发展战略规划、职位空缺等信息。(4)建立民警电子档案系统。这个系统应该实施动态化管理，将民警个人的人口信息、个人工作素质、愿望、工作状况等信息及时更新，便于组织掌握，也便于自身寻找差距。

(三)建立民警职业生涯发展评估中心

民警个人对自身的定位有时不是十分准确，这时就需要组织的帮助。而民警职业生涯发展评估中心就是承担此任务的，通过专家咨询辅导，协助民警解决职业生涯发展问题，增加其个人生涯知觉、自信心和积极性。

(四)加强民警的教育训练

职业生涯管理涉及到公安机关的多个部门,教育训练也是其重要组成部分。通过教育训练,对民警增强技能、丰富理论、转变观念、革新思维,都具有很重要的意义。这就要求教育训练部门要深入调查研究,分析民警素质现状,加强规划,采取有效措施,通过民警喜闻乐见的渠道来提高其自身素质。

第二节　民警个人职业生涯设计

随着社会的发展,谋生不再是民警参加工作的唯一动机,他们希望在工作中获得更多的满足,以实现自我价值。因此,如何帮助民警在学习掌握公安技能中获得心理满足和实现价值,显得非常重要。这就有必要引导民警进行职业生涯设计与规划。

民警个人职业生涯规划一般包括自我剖析、目标设定、目标实现策略、反馈与修正等四个方面。

一、民警个人职业生涯规划的原则

引导民警进行个人职业生涯规划时应遵循如下原则。

(一)清晰性原则

规划的目标要清晰、明确,能够把它转化为一个可以实行的行动,尽可能地对职业发展各个阶段的工作任务、步骤与方法进行重点划分与安排,防止模棱两可。

(二)挑战性原则

整个规划要在可行性的基础上具有一定的挑战性,完成规划要付出一定的努力,能够激发自己的潜能,成功之后才能有较大的成就感。

(三)可行性原则

规划要有事实依据,要根据个人能力、专长特点、公安机关和社会发展需要来制定,实事求是,因地制宜,预防不着边际的幻想。

(四)长期性原则

规划要结合自己的人生理想,长远考虑,设定目标,做出规划,只有这样才能给人生设定一个大方向,从而集中力量紧紧围绕这个方向做出努力,最终取得成功。规划好了,就要坚持不懈地做下去,绝不可经常更换目标。

(五)适时性原则

每项工作,每个目标,何时实施,何时完成,都应有时间和顺序上的安排,以作为检查行动的依据。

(六)适应性原则

规划要结合自身实际,应有一定弹性,能考虑到一些客观因素的变化,适时进行调整。

二、民警个人职业生涯规划的步骤方法

一个人进行职业生涯规划,必须考虑到很多因素,要结合自己的实际情况,有针对性地开展。民警学习掌握各项公安技能是自己公安职业生涯发展必不可少的部分,但要根据自己的基础、潜质、兴趣爱好、特殊才能、工作环境、外部环境等,进行统筹规划。一般按四个步骤进行。

(一)自我剖析与定位

民警要根据自己的岗位和部门的安排,对自身的性格、兴趣、能力做一个整体衡量。比如看自己适合做一个公安科技专家,还是更适合做一个管理者,还是破案能手、调解能手、谈判能手等等。通过自我解剖认识自己、了解自己,以便准确地为自己定位。主要是要测评出自己的知识水平、职业导向、动手操作能力、研究开发能力、管理能力、组织协调能力等因素。可以采取橱窗分析法、自我测试法或计算机测试法来进行评价。

(二)生涯机会评估

就是分析内外环境因素对自己职业生涯发展的影响,其影响主要包含三个方面:

首先是对社会环境进行分析。了解社会经济发展对警察职业发展的影响,科技对警察工作的影响,甚至社会文化环境、价值观念、政治制度和氛围对警察职业的影响。

其次是分析行业环境。了解整个公安行业环境的发展变化情况。公安职业面临的问题、存在的危机和机遇,公安职业的优势和问题,优势的原因,能存在多久,以及发展前景如何等等。

最后是对自己单位的环境分析。本单位的人员组成、人际关系、文化氛围、科技人才情况、年龄结构、学历结构、知识结构、领导的价值观及个人素质、单位风气等等都要认真考虑,逐步了解。

(三)职业生涯目标与路线的设定

经过分析与评估,就可以为自己确定一个目标方向。当然这个目标应该是一个体系。

首先需要根据观念、知识、能力进行分解。

按照性质分解,可将目标分解为外职业生涯目标和内职业生涯目标。外职业生涯目标就是指工作单位、地点、内容、职务、环境、待遇的变化;内职业生涯目标就是知识、观念、心理素质、能力、内心感受等因素的组合及变化。

按时间分解，可将目标分解为短期职业目标、中期目标、长期目标。短期目标应清楚、明确、现实、可行；中期目标要与长期目标一致，可行，有明确的时间，符合自己的价值观，充满信心；长期目标要符合社会发展需求，具有挑战性，符合自己的价值观，没有明确的时间，但在一定范围内可以实现。

当然，有的时候还可以对目标进行组合。

其次是要进行目标抉择。目标抉择就是根据自己的最佳才能、最优性格、最大兴趣、最有利的环境等条件来确定自己的目标，实际上就是目标定位。

最后确定职业生涯路线。就是要考虑：我想往哪一条路线发展？我适合往哪一条路线发展？我可以往哪一条路线发展？哪条路线可以取得发展？

(四)职业生涯目标实现策略

策略有四条：一是增加个人对单位的价值，保住现有职位，为个人职业生涯奠定基础；二是请求担当责任更大、更繁重的工作，并切实完成好工作任务；三是预计未来的目标成功将需要何种知识、技能，并设计以何种方式来获得这些知识技能；四是培养提高人际交往能力，搞好单位内的人际关系。

(五)职业生涯规划的反馈与修正

当工作中发现自己的认知存在偏差，或者环境发生变化时，可以对职业生涯进行修正，包括职业的重新选择、生涯路线的选择、生涯目标的修正和实施策略计划的变更等。

第三节　公安机关职业生涯规划与管理

公安机关职业生涯的规划是为民警的职业生涯成功提供载体和科学的指导，为民警实现职业目标明确职业道路，充分调动民警潜能，更好地完成公安工作。其目的是帮助民警获得适宜性发展，掌握适宜成长的方法，确定培训和开发需求的方法，吸引和留住人才。

一、公安机关职业生涯规划

公安机关组织职业生涯规划目的是帮助民警真正了解自己，并在详细衡量内在与外在环境的优势、限制的基础上，为民警设计出合理且可行的职业生涯发展目标，再协助民警达到和实现个人目标的同时实现单位目标。

组织职业规划是针对所有岗位的员工，通过合理规划，最优组合，使每一个民警都在最适合自己的岗位上发挥最大的作用，实现人力资源效益的最大化。规划时主要应考虑：沿着各条职业道路转移或流动的人数、具体的工种和工作职位；发生职业流动或转移的原因；民警移动或流动预计发生的时间；安置去向；具体实施方案与政策、措施。

二、公安机关职业生涯开发

公安机关职业生涯开发就是公安机关为提高民警的职业知识、技能、态度和水平,促进职业生涯发展而开展的各类有计划、有系统的教育训练活动。具体方式有以下几种。

(一)在职开发

在职开发包括指导、任命、工作轮换等方式,主要是对在职民警当前的工作岗位进行科学分析,了解该岗位知识和技能发展变化,及时为民警提供岗位发展信息,并为其学习提高创造条件,提供成长机会,制定科学的培训规划,促使技能发展。另一方面,还要为某些民警转岗创造条件。民警转岗既包括不适应本岗位而更换岗位,也包括提拔到更高层的岗位从事责任更大的工作。还有的公安机关针对公安职业的特色实行轮岗制,打破岗位、警种限制,使民警在系统内部实现自由流动,以培养全能型警察,应对基层公安工作的需要。

(二)离职开发

离职开发包括课堂学习、案例研究、角色扮演、模拟、周期性休假、户外培训等。这一类开发要求民警暂时离开工作岗位,进行全脱产的培训开发。尤其是对一些特殊人才或执行某些特殊任务,需要其离开原来的工作岗位,进行专题性的系统培训。如参加国际维和工作,参加某个专项打击活动,往往需要根据任务的需要,组成临时的作战团队,并进行集中的职业训练。

三、公安机关职业生涯管理

组织职业生涯管理还可以按照发展阶段进行管理,主要分为早期、中期与后期三个阶段进行区别管理。

(一)早期阶段

对新录入民警进行职业生涯早期管理主要是对新警进行上岗引导和岗位配置,为他提供一个富有挑战性的工作和较为现实的未来工作展望,同时要加强入警培训,组织其与员工的交流和相互接纳。

(二)中期阶段

主要是为成员提供更多的职业发展机会,帮助其转变观念,提高个人竞争力,并形成职业自我概念,丰富成员的工作经验,协助其解决工作家庭冲突,建立内部晋升计划,促使成员实现自我价值。

(三)后期阶段

帮助员工树立正确观念,坦然面对退休,并开展退休咨询,着手退休行动,做好退休人员的职业工作衔接,采取多种措施,做好退休人员的生活安排,鼓励他们发挥余热,为公安事业继续做贡献。

第四节　基于职业生涯管理的公安培训体系

警察作为公务员的重要组成部分,其职业具有以下特征:其一,服务于国家公共利益,行使公共权力,职业具有公共性;其二,由于法律规定,公务员无重大过失,不得随意开除公职,这容易导致不思进取,职业具有稳定性;其三,由于国家公共财政的有力保障,职业风险比较小,职业具有保障性;其四,职位晋升规范,法律对公务员的晋升有着严格的规定,一般情况下是逐级晋升,论资排辈现象比较突出,导致优秀者难以脱颖而出,职业具有保守性;其五,工作较稳定,外部竞争压力较小,如果缺乏必要的激励机制,很容易影响其工作的积极性,职业具有消极性。在这种情况下,警察有没有必要进行职业生涯规划和管理呢?

我们认为人民警察职业生涯管理既是公安机关实现长远发展目标的保证,也是警察个人实现人生价值的重要手段;既是提高公安工作绩效,提升公安机关形象的必然要求,也是个人把握内外部环境的机遇,提高自身能力的客观需要。以职业生涯管理来指导公安培训工作,对科学有效地提高警察素质,提升公安机关整体作战能力具有十分重要的意义。

职业生涯管理为我们开展公安培训提供了一个明确的方向,也就是解决了培训什么的问题。公安培训应该紧紧围绕民警的职业生涯发展不同过程所需要的知识、技能、个性、品质来构建一个完整的培训体系。这个体系的内容包括:先进的培训理念、合理的培训内容、科学的培训方法和完善的培训制度。

一、树立新的培训理念

依据职业生涯管理理论来重新审视公安培训工作,需要对传统的培训理念进行一些扬弃,树立适应知识时代的现代化培训理念。主要有三大理念,即以人为本理念、可持续发展理念和人力资源管理理念。

(一)以人为本

人本主义思想是西方的一种重要教育思想,它主要体现为充分重视人的价值,强调受教育者的主体地位和尊严,重视学习中的情感因素,追求人的人性、个性与潜能的发展。体现在公安培训中就是要将受训民警的需求和发展放在第一位,充分考虑民警的兴趣、自主性、自我效能等内部因素以及学习任务、学习环境、施教者等外部因素,在关心并尽量满足民警精神需求的基础上,充分激励参训民警在知识与技能、过程与方法、情感态度、价值观等方面获得最大满足。

以人为本的理念给公安培训工作带来四个方面的变化:从关注人与环境的关系转变为关注人与人的关系;从重知识变为重人格;从重客观外显行为转变为重内在世界;从单纯看重知识经验转变为同时重视经验对个人的意义。

传统的以胜任能力为目标的培训模式,主要是由人事训练部门依据各岗位的技能素质要求,在对员工职业阶段和知识技能水平进行对比分析的基础上,提出培训计划,要求有关民警参加,并经过考核,由人事部门决定升迁等。

我们知道,公安工作面对日益复杂的社会矛盾,公安业务知识和技能的发展变化也非常快,公安培训管理活动要根据组织所处的内外部环境的变化而变化,结合民警自身特点,充分利用公安内部优势和外部环境所提供的机遇来寻求最佳管理模式,这也是权变管理理论提出的要求。

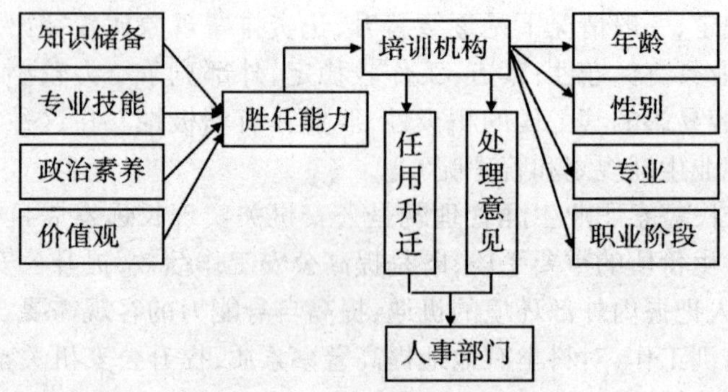

图 2-2　能力胜任培训模型

一方面,当社会公共安全战略环境出现变化时,培训的需求、目标和方案等都要发生改变;另一方面,公安培训所面对的是层次、水平、岗位各不相同的个体,培训活动的制定和实施更要体现以人为本、因材施教的原则,打破传统人人均等的人力资源开发理念,实现个人自我不同的发展需求。

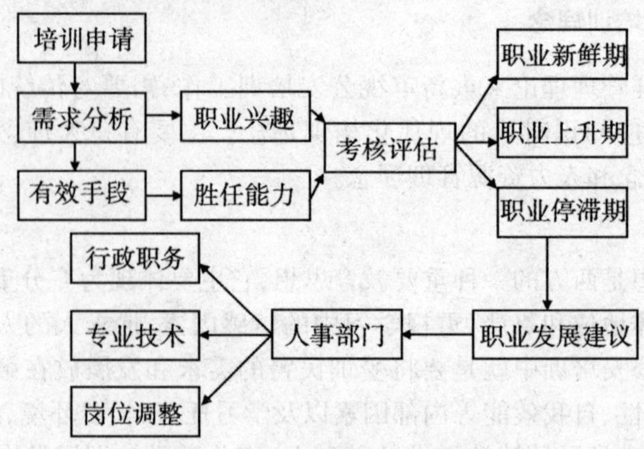

图 2-3　以人为本的培训模式

以人为本的培训理念充分重视民警的自主申请,民警根据职业兴趣、职业生涯发展阶段、自身能力、工作需求等情况,提出培训申请,由主管部门结合组织职业生涯规划方案,协同有关岗位职业技能、素质要求,进行有针对性的设计培训方式。

(二)可持续发展

培训的可持续发展主要体现在:培训目标要适应时代发展和公安机关内外环境的变化;培训内容要匹配个人职业生涯发展,实施可持续的培训教育;培训的实施手段要因人而异,做到多样化;培训效果评估要体现人的全面发展要求,实现培训体系本身的可持续发展。公安培训工作的可持续发展主要是针对公安工作的可持续发展而言的,培训工作必须认真分析公安工作面临的新矛盾、新情况、新问题,源源不断地为公安队伍提供新的执法力量,为民警提供新思维、新理念、新方法、新对策、新能力,不断提高队伍的打击能力、防范能力和控制能力。

可持续发展的培训工作应该具有如下几个特点。

1.计划性

加强公安培训的计划性是公安使命的必然要求。公安工作是一个综合性的、动态的系统工程,关系到整个国家的社会治安和公共秩序,其任务必然是复杂的、多样的、动态的、系统的、长期的。因此,在对公安民警进行培训时,也要进行合理规划,要根据公安工作任务,结合当前社会主要矛盾和民警自身情况进行科学规划,有步骤、分层次、系统、持续地开展培训,最终达到提高全警能力的目的。要构建公安机关能力建设的长期发展规划,对各种基本能力、主要能力、核心能力、超前能力、特殊能力、绝杀能力等等要进行分级分类规划,有系统地开展教育训练。

2.前瞻性

公安培训工作应该具有前瞻性,也就是说永远站在犯罪分子的前面,想犯罪分子所未想,包括思维判断、侦查分析、刑事技术、处置方式等等都要有超前思维,要变化莫测,要让犯罪分子无法估计我们下一步会采取的行动。因此作为培训人员就要及时搜集犯罪分子的活动特点,研究其发展规律,预判其行动计划,做到先人一步、先声夺人。公安工作的许多领域都具有这种与对方博弈的性质,双方斗智斗勇,互相揣摩,互相研究,犯罪分子一直在研究公安工作,并且我们是处于明处,犯罪分子处于暗处,所以我们要进一步加强对犯罪分子的研究,要善于借助高科技的手段和现代化的方法获取其信息、探察其行动、洞悉其意图。

3.阶段性

公安培训工作的阶段性主要是依据民警职业生涯发展的阶段性而确定的。公安部关于"三个必训"的规定正是针对公安民警处于不同的职业生涯阶段而采取的培训模式。

新警必训:对民警职业生涯早期阶段,刚刚进入公安机关,侧重于向新警灌输公安机关的职责任务、工作性质、工作作风,所应具备的道德修养、职业素养、基本技能、基本素质,初步了解公安文化特色,为迅速融入公安机关,投入公安工作做好心理的、知识的、技能的、文化的准备,实现从一个普通公民向公安民警的转变。

警衔晋级必训:公安机关的警衔制度具有非常重要的意义,既是激励民警的手段,也是规范化管理,提高警察意识,增强职业忠诚度的重要保障。不同级别的警衔代表着其参加警察工作的资历,是对其身份的一种充分肯定。当然,不同的资历,应当承担不同的职责,应当具有与其身份相匹配的素质和能力。警衔晋级培训应该更加侧重对公安民警职业生涯发展过程中的角色定位进行强化,促使他们承担起相应的责任来。

职务晋升必训:职务晋升并非一种通用途径,能获得职务晋升的人毕竟是少数的精英分子,因此对这些人员的培训应该强调他们的领导责任。重点培养其领导能力、领导艺术,明确作为一个公安机关的领导应该承担的职责,应该具备的素养。这也是职业生涯发展到高级阶段所应该开展的培训,鼓励他们在领导岗位上要有所建树。

对于职业生涯发展后期阶段的培训,目前并未引起公安机关的高度重视。对于一些老警察,尤其是在职务方面未得到提拔的老警察,随着资格的变老,时间的推移,难免会出现一些疲态,甚至抱怨牢骚,甚至抵抗、不服从管理等现象。因此,加强这些人员的培训也是一个崭新的课题。我们认为,应该开辟专题加强老警员的培训。尤其是基层派出所的许多老警员,为警察工作奉献了一生,默默无闻地在工作岗位上不辞辛苦地工作,应该加强对这些人的管理,对他们的培训可以采取一些座谈交流的形式,通过谈经验、谈感想,目的是让他们找到受尊重的感觉,使他们觉得老有所为,老有所乐,做好传帮带,积极发挥余热。

(三)能力建设

树立人力资源管理的理念是做好公安培训的重要保证。公安工作主要是靠人去做的,要将民警的能力作为一项重要的资源去开发、利用。开发人力资源的办法无非两条,一是增加数量,二是提升质量。而培训就是提升民警素质,加强公安队伍建设不可或缺的方法和途径,只有不断地加强民警培训,才能跟上时代变化的步伐,不断提高民警的综合素质,提升执法能力。

近年来,公安机关着重加强能力建设,其实就是加强人力资源质的改变的重要措施。

1.要构建完善公安机关能力体系

公安机关的能力说到底就是履行职责的能力。《人民警察法》规定公安机关拥有14项职责,即:预防、制止和侦查违法犯罪活动;维护社会治安秩序,制止危害社会治安秩序的行为;维护交通安全和交通秩序,处理交通事故;组织、实施消防工作,实行消防监督;管理枪支弹药、管制刀具和易燃易爆、剧毒、放射性等危险品;对法律、法规规定的特种行业进行管理;警卫国家规定的特定人员,守卫重要的场所和设施;负责管理集会、游行、示威活动;管理户政、国籍和入警出境事务,外国人在中国境内居留、旅行的有关事务；维护国（边）境地区的治安秩序；对被判处拘役、剥夺政治权利的罪犯和监外执行的罪犯的执行刑罚，对被宣告缓刑、假释的罪犯实行监督、考察；监督管理计算机信息系统的安全保护工作；监督国家机关、社会团体、企业事业组织和重点建设工程的治安保卫工作，指导治安保卫委员会等群众性组织的治安防范工作；法律、法规规定的其他职责，如抢险救灾，解决纠纷，帮助群众等。

根据这 14 项职责，要求公安民警具备的能力主要有：预防能力、制止犯罪能力、侦查能力、维护社会秩序能力、维护交通秩序能力、处理交通事故能力、消防处置能力、消防监管能力、危险物品处置能力、特种行业管理能力、警卫能力、群体性事件处置能力、边境管理能力、户政管理能力、监守能力、网络侦查能力、网络舆情控制能力、群众工作能力、法律咨询能力、抢险救灾能力、协调能力、调解能力等。这些能力本身都有着内在的联系，都是针对不同的对象而灵活采取的行动力，其共同点主要是围绕各种违法犯罪活动和社会矛盾，进行有效的识别、侦查、调解、协调、制止、处置、管理、打击、预防。这些能力可以抽象地概括为 9 种能力。

（1）识别能力：就是依据法律法规，识别其行为合法性、合规性，如果不合法、不合规，是违反了什么法律法规，违反的程度如何。

（2）侦查能力：实际上就是捕获证据的能力，这是公安民警所必须具备的一项重要能力，针对各种违法违规行为，能够采取科技的、经验的、智慧的手段，准确、迅速地获取其违法行为的证据。

（3）调解能力：公安民警就是和各种社会矛盾打交道的，就是要化解矛盾，包括群众日常生活之间的冲突，群众与组织、政府的冲突，群众与犯罪分子的冲突，针对不同的对象，要求公安民警能够采取有效措施，进行说服教育，以理服人，执掌正义。

（4）协调能力：就是要善于从复杂的事务中找到关键因素，调动积极因素，避开各种消极因素的侵扰，使事物的发展朝我们的目标前进。

（5）制止能力：就是要求公安民警能够采取各种措施，包括采取武装、警械、强制措施、处罚处置、说服教育等，立即终止那些对人民的生命财产安全或社会公共秩序有危害的行为。

（6）处置能力：针对各种违法犯罪活动或破坏社会秩序、公共安全的人、财、物，能够及时果断地采取措施，准确地依据法律规定进行处置。

（7）管理能力：主要是对一些特定的人、财物进行控制管理的能力，包括危险物品、管制刀具、枪支，甚至犯罪嫌疑人。

（8）打击能力：对一些严重破坏社会秩序，危害人民生命财产安全的行为予以严厉打击，抓获犯罪分子，打击黑恶势力等等。

（9）预防能力：要能够准确预测违法犯罪活动的发展规律，进行科学的分析预判，并采取有效措施，进行有效布控，严密防范，防止事态扩大，防止犯罪活动的继续进行，确保人民生命财产安全。

2.要分析提高能力的途径

在这些基本能力中,有些是依靠知识、智慧来实现的,有些则需要进行长期的训练,有些则需要经验的积累。因此,我们必须要认清每种能力的最佳获取途径,这些途径主要包括:学习、训练、交流、实战模拟、角色交换。

3.加强能力测评

通过对公安民警各种能力的自测与测评,为民警提高自身能力提供参考依据。应该建立相应的能力测评标准体系,实行能力达标制度,制定达标标准,对照标准开展自评、互评与组织评定。

二、构建新的培训体系

完善的培训体系构建主要包括培训需求分析、培训目标确立、培训方案规划和实施,以及培训效果评估和培训转化等几个方面的内容。

(一)确定警察职业目标,设计职业发展通道

人民警察的职业目标是由《人民警察法》赋予的。《人民警察法》规定:人民警察的基本任务就是巩固中国共产党的执政党地位、维护社会秩序稳定、保护人民生命财产安全。因此,人民警察的职业目标就是要成为秉公执法、维护正义、执政为民的合格公务员。

职业发展通道设计:传统职业生涯管理模式为单一金字塔式职业阶梯,即行政管理职位序列。随着组织结构扁平化和分权化改革,员工发展空间受到阻碍。为摆脱单阶梯弊端,许多企业为员工提供两种职业发展路径:管理通道和专业技术通道。目前,这种双职业阶梯模式也称"双轨制",成为较流行的职业生涯管理模式。这一模式既避免了因管理岗位拥堵而造成人才流失或浪费,又为那些同时具备专业技术基础及特殊管理才干的卓越人员提供更大发展平台。实现双通道发展路径能够保证组织既激励具有高技能的管理者,又有效激励具有高技能的专业技术人员,为一部分不想走上管理岗位的专业人才提供一条职业发展路径,对此类人才的奖励体现在专业级别与薪酬的变更上。公安机关的职业发展通道主要有如下几条。

A.警衔通道:警员—警司(三级、二级、一级)—警督(三级、二级、一级)—警监(三级、二级、一级)—副总警监—总警监

B.职务通道:见习警—科员—科所长—处局长—厅司局长—部长

队员—中队长—大队长—支队长—总队长

C.技术通道:见习警—技术员—助理工程师—工程师—高级工程师

公安民警的职业生涯阶梯:公安机关的职业生涯阶梯属于一个网状型的模式,每个民警确保有两条路线可走,即职务路线和警衔路线,尤其警衔路线主要按照警龄实施,为其实现个人的职业价值提供了最基本的保障,对提高职业忠诚度,发挥了非常重要的激励作用。

图 2-4　公安机关职业生涯阶梯图

除了这些正式的官方通道外，我们应该大力加强非正式的通道建设。一个警察如何成为令人尊敬的社会角色，不同的人根据自身岗位特点、业务专长、兴趣爱好，可能都会有自己的人生定位。比如，有的人渴望成长为当代的福尔摩斯，专业知识扎实，思维敏捷，博学多闻；有的人则将目标确定为一个深入百姓，为群众所爱戴的亲民警察；还有人希望自己成为令犯罪分子闻风丧胆的英雄，文武双全，英勇善战，侠客一样的人物。对于这些成长目标，我们应该积极加以引导和规划，可以借助于开展各种评比活动。如近几年开展了"百姓喜爱的十大警察"、"岗位标兵"、"业务能手"、"技术比武"、"金牌侦探"等评选活动，无疑为广大公安民警打开了新的职业发展通道，具有十分重要的现实意义。

对这种非正式通道可以作如下设计。

A.政治道德类：先进个人—全省优秀人民警察—全国优秀人民警察—全国特级优秀人民警察—人民卫士—英雄模范

这一通道，主要由各级公安机关开展表彰奖励命名活动，对综合工作突出的民警给予的政治肯定，但人数比较少，可以作为民警的一个长远目标去努力争取。

B.业务技能类：神枪手，神探，金盾奖，缉毒先锋，安保先锋，反扒能手，打拐模范，金牌调解师，打黑英雄。

这一通道比较灵活，许多是老百姓对一些特别优秀的民警给予的肯定，属于民间性质的。一个民警能够通过自己某一方面的工作，获得群众的认可，这也是一个非常重要的成就，我们可以大力开发此类通道，不断创新。

C.综合形象类：十大人民警察，最可爱的警察，最美交警，百姓贴心人，爱民模范，最喜爱的警察。

这一通道主要由公共媒体对警察的关注，通过群众的口碑从某个侧面反应公安机关的良好形象,我们在教育宣传时,应该引导警察脚踏实地执政为民,树立亲民、爱民、为民的新形象。这也是我们对民警进行职业道德教育培训的一个新亮点。

职业生涯规划:在职位分析、基于素质模型的员工素质测评及发展通道开发的基础上,要求部门领导辅助员工进行职业生涯规划,填写《职业生涯规划表》,明确员工个人的职业发展方向和目标,制定短期、中期和长期规划,并建立评估与沟通机制。

(二)构建警察素质模型

我们究竟要培养什么样的警察?这是公安培训工作一个永恒的话题,不搞清这个问题,就永远不可能做好警察培训工作。这其实就是涉及警察素质模型的建立问题。

警察素质模型就是要探讨警察的基本素质构成,这个素质主要包含两大类。

一是道德素质。这是任何警察都应该具备的共同的基本素质,包括人生观、价值观、职业观,法律意识、政治意识、责任意识、纪律意识、奉献意识等。

二是职业素质。这是根据不同的警种或岗位,需要相应的知识、个性和技能支撑的。知识是从事警察职业首要的储备,这其中也包含着两类知识,即通用知识和专业知识。

通用知识就是不管从事哪个警种都需要具备的知识,主要包括法律知识、人文知识、科技知识,其中法律知识主要包含了法理、宪法、刑法、刑事诉讼法、民商法、行政法、国际法等主要的公安执法依据,而人文知识的范围比较广泛,包括了哲学、政治、历史、文艺、社会学、犯罪学、心理学等方方面面的知识,科技知识则包括与公安工作有关的相关科技手段,如计算机知识、网络知识、通信、证据的收集、保存、鉴定等。

专业知识则根据不同的警种应该有所侧重,刑警应该加强对犯罪现场的勘察、证据获取、检验分析、逻辑推理判断、线索追踪、案件还原、心理画像等一系列的知识;从事治安工作的警察则需要掌握社会心理、群众工作、群体性事件发展规律、人口流动特点规律、各种治安案件的特点规律等方面的知识;交警则需要掌握交通运行规律,交通事故特点、缘由、发展变化,交通工具基本原理,驾驶员心理等知识;网络警察需要掌握的主要围绕网络舆情监督控制,网络生活习惯,计算机知识及信息技术等;经侦工作需要掌握的专业知识包括经济生产活动的特点,财务运行、监督,公司内部控制制度,经济犯罪特点、手段、规律等;而从事技术工作的警察则应掌握刑事科学技术,了解刑事科学技术的最新动态,现代科技与犯罪的关系,刑事化验、刑事影响、刑事检验等相关知识;从事行政工作的警察则需要掌握管理学,相关工作规章制度、程序、人员特点等知识。

知识的培训相对比较简单,只要明确了目标,根据各种业务需求,加以正确灌输、引导、运用就能迅速获得成功。

个性和技能是一个相对模糊的概念,各警种的警察究竟需要什么样的个性和技能,不是一个千篇一律的问题,也不是靠简单的灌输就能达到目的的,需要采取更为系统的培训手段加以培养。

表 2－2　　警察素质构成表

素质类	刑警类	治安类	交警类	网监类	经侦类	技术类	消防类	边防类	行政类
知识	法律知识	法律知识	法律知识	法律知识	法律知识	法律知识	法律知识	法律知识	法律知识
	人文知识	人文知识	人文知识	人文知识	人文知识	人文知识	人文知识	人文知识	人文知识
	科学知识	科学知识	科学知识	科学知识	科学知识	科学知识	科学知识	科学知识	
	专业知识	专业知识	专业知识	专业知识	专业知识	专业知识	专业知识	专业知识	专业知识
	……	……	……	……	……	……	……	……	……
个性	政治意识	政治意识	政治意识	政治意识	政治意识	政治意识	政治意识	政治意识	政治意识
	警察意识	警察意识	警察意识	警察意识	警察意识	警察意识	警察意识	警察意识	警察意识
	纪律意识	纪律意识	纪律意识	纪律意识	纪律意识	纪律意识	纪律意识	纪律意识	纪律意识
	线索意识	服务意识	公平公正	情报意识	经济意识	严谨细致	果断勇敢	国家意识	效率意识
	敏捷	外向	正义	细致	冷静	聪颖	奉献	威严	务实
	……	……	……	……	……	……	……	……	……
能力	取证能力	说服能力	控制能力	判断能力	审查能力	操作能力	处置能力	打击能力	创新能力
	突破能力	理解能力	观察能力	发现能力	推断能力	分析能力	预判能力	查处能力	抗压能力
	……	……	……	……	……	……	……	……	……

第三章　现代学习理论与公安培训模式创新

学习理论是研究人类及其他有机体学习本质及其规律的心理学理论。20世纪后期，关于人类学习的研究硕果迭出，异彩纷呈，出现了建构主义、情境认知、分布式认知等重要理论，对教育培训产生了深远影响。无疑，这些学习理论的变革为公安培训模式的创新提供了新的思路和途径。

第一节　现代学习理论概述

传统学习理论是以冯特的自然科学方法为开端的，主要通过对个体大脑内部的心理活动的科学分析，将复杂的学习行为分解为一连串的简单行为，并将人类各项思维活动还原为神经生理学。

现代学习理论则融入了西方哲学、心理学等社会科学方法，使学习理论得到了新的发展。这些崭新的学习理论也为教育培训工作开拓了新视野。

一、建构主义学习理论

建构主义的主要代表人物是皮亚杰和维果斯基，其主要观点有：(1)学习是学习者主动利用主观感觉来吸收且建构各种意义的活动过程，是学习者设法同外部世界发生相互作用的过程；(2)学习是一种社会性活动，而不是孤立的行动，学习者同他人的交往对学习起着非常重要的作用，其中人际交往间的交流与协商就是产生学习结果的重要因素；(3)学习是在一定情境中发生的，它不能离开实际生活而在头脑中抽象出虚无的、孤立的事实和理论；(4)学习必须借助先前掌握的有关知识，在一定的资源和工具支持下才能进行。

建构主义的基本理论观点对教学工作具有十分重要的指导意义，基于这种理论的教学具有如下特点：(1)教学工作必须以学生为中心，学生不是被动接受信息的容器，而是主动建构者，教师只不过是学生意义建构的帮助者、促进者和学习伙伴；(2)注重在实际情景中教学，要紧密围绕现实问题，尽量创造能够表征知识的结构，能促进学生积极主动建构知识的真实情境；(3)注重协作学习，强调学习的社会性，通过师生、学习者相互间的合作,如讨论、交流,共同发现和解决问题,能够使学生理解得更加全面;(4)注重为学习者提供充分的资源,强调设计合适的教学环境,为学生和意义建构提供丰富的资源和工具条件,包括丰富的知识、真实的问题和解决问题的工具。

根据建构主义的观点,以下学习理念非常重要。

(一)虚拟学习社区

随着网络技术的不断发展,虚拟学习社区成为重要的知识策源地。我国学者王陆认为,虚拟学习社区是以建构主义学习理论为基础,基于信息技术、网络资源共享技术和多媒体信息展示技术而发展起来的一种新型远程教育网络教学支撑平台;同时,虚拟学习社区也是一种新型的学习组织。因此,它不仅具有社会属性,也具有人机系统的基本属性,是不同于现实社区的一种虚拟群体;虚拟学习社区是在网络技术不断发展的基础上,学与教理论相结合的产物。

1.虚拟学习社区的基本要求。

一个完善的虚拟学习社区应该具有以下基本要素:(1)提供一个方便的、有明确目标的多用户学习环境;(2)通过虚拟空间,能够克服时间和地域上的界限;(3)便于学习者利用网络以其跨时空的超越性创造一个生态式的学习环境,为学习者提供更为自由的开放环境。

2.虚拟学习社区的基本特征。

虚拟学习社区的基本特征体现在:(1)有共同的目的,这是参加虚拟学习社区的基本原因,也是其存在的基本条件,其群体往往都有共同的学习目标和任务,围绕这个任务进行有计划的学习;(2)学习者有共同的文化背景,他们一般都有共同的兴趣爱好和知识背景,这样容易交流和互动,并形成密切关系;(3)拥有公共的空间,全体成员共享一个虚拟的空间进行互动,能够为成员提供交流和讨论、分享各种资源的工具。(4)有公共的实践,其成员的交互互动是同步和异步相结合,如果同步交互需要安排共同的时间。

3.虚拟学习社区的主要工具。

当前虚拟学习社区的主要工具有:电子邮件、电子公告牌、博客、聊天室、视频会议、即时消息、MSN/QQ、论坛等。

(二)协同学习

协同学习,也称协作学习、合作学习,就是一种以小组学习为形式,旨在促进学员合作从而达到最佳学习效果的教学方法,具有实时同地、非实时同地、实时远距和非实时远距四种类型,提供了竞争关系、合作关系和角色扮演关系等多种学习模式。它基于构建主义,由计算机技术作支撑而形成的一个学习平台,集计算机技术、信息技术、教育学、心理学、社会学于一体,主要包含群件技术、协作技术、交互技术、共享白板技术、网络传输技术、人际交互技术、虚拟现实技术、智能 AGENT 技术、智能 CSCL 技术、智能代理技术等等。在 CSCL 平台的支持下,师生可突破地域和时间的限制进行互教互学、小组讨论、小组练习、小组课题等合作性学习活动,从而使学生们获得的知识紧密地结合起来,使处于不同年龄、时间、地点的人们开展协作学习成为可能。

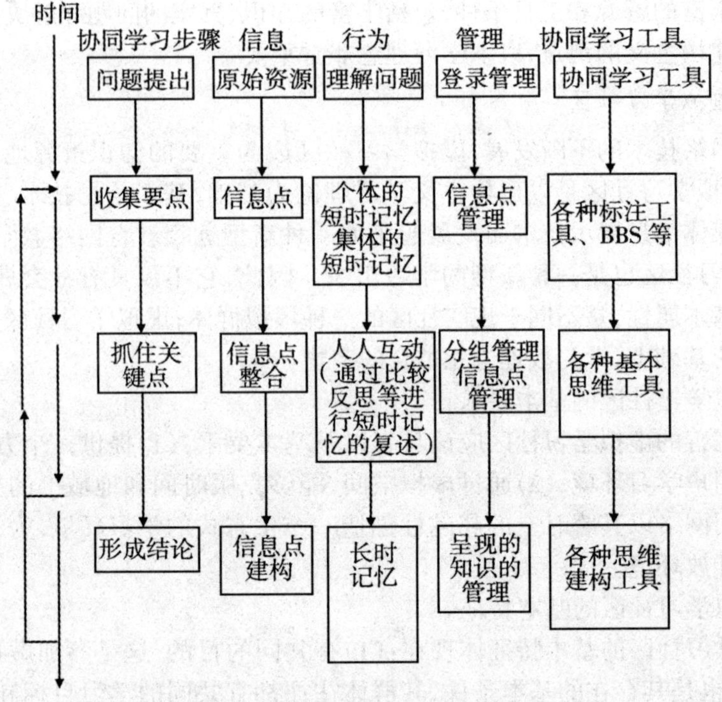

图 3-1 协同学习流程图

这种计算机支持的协同学习是对传统学习方式的一个新挑战,它与面对面的教学模式存在诸多不同:(1)小组集会非常随意,不需要安排特定时间,仅需约定上网次数,不用等待参与者到来,没有迟到或早退,不用在房间里集中,不需要实体形式的教学环境,小组集会任何时候都不能中断。(2)大家仅通过文本讨论,可以是结构性的、高密度的、持久的、局限的和刻板的,可以同时有多个工作主题。(3)参加者必须学会在线解释的技能,不会产生焦虑,参加者之间的关系更加平等,学习的动力是隐藏的。(4)更容易对其他组进行评价,对每一个成员工作的反馈都非常具体和集中。

二、分布式认知理论

分布式认知理论是一种对认知事物的分析系统,它考虑认知活动全貌,强调认知是在人和环境的系统中完成的,人在环境中,通过与他人的交互作用来构建自己的知识体系。它为仿真教学、远程学习监控以及网络学习等提供了理论依据。其主要观点有:(1)认知具有分布性,即每个小组由于主客观条件的不同,其认知属性不同于其小组成员的认知属性,因此需要支持交互活动,促进学习共同体的特有群体文化构建。(2)功能系统作为一种新的分析单元,提供了一个超越个体的分析视野,强调认知在时间、空间上和在个体、制品、内部及外部表征之间的分布性,以使学习者清晰表达观点,拓展和提炼思维。(3)强调人工制品的地位,它是表征和表征状态转换不可或缺的重要组成部分,并从与参与者对等的角度进行理解和设计。(4)强调信息共享,关注共享知识的分析与实现。(5)重视学习认知的具体情境和情境脉络。

分布式认知理论是分析和构建信息化教学系统特别是基于网络的学习系统的重要理论基础。因为,网络协作学习环境就是一个典型物理分布式环境,网络环境有很好的社会分布性,而这种社会分布性是建立学习共同体的基础。

(一)E - Learning

E - Learning 就是数字化学习,网络化学习,或电子化学习,它是应用 Internet、网络处理系统和其他电子设备与技术来支持、度量与管理学习,其主要表现形式有在线学习、在线培训、远程学习、数字化学习、电子化学习、基于网络的学习,注重汇集大量数据、档案资料、程序、教学软件、兴趣小组、新闻组等学习资源。

美国教育部 2000 年教育技术白皮书对 E - Learning 有专门阐述并进行了高度评价,称这是一种全新的学习方式,改变了教与学的关系,很好地解决了工学矛盾,并为终身学习提供了可能。E - Learning 在美国有着广泛应用,我国在这方面应用比较落后,目前较为成熟的产品有中国邮政的中驿 E - Learning 和上海的久隆 E - Learning。

E - Learning 与传统学习模式相比较具有如下特点:(1)可以随时随地学习和个别任选时间分散学习;(2)可以个体自定步调学习;(3)学习过程以学生和小组为主,是主动性学习;(4)学生参与决定学习主题,学习资源来源极为广泛;(5)学习动机较强;(6)学生之间的讨论,学生发言机会与交互性较好,采取非面对面的交流;(7)学习的场景是虚拟的学习和生活空间。其缺点是:(1)学习者的归属感缺乏;(2)过分依赖技术;(3)学习者的学习适应周期较长;(4)灵活的学习方式经常导致学员放羊式学习,学习效果反而大打折扣。

(二)教育博客

博客是继 E - mail、BBS、ICQ 之后出现的第四种网络交流方式,目前已经成为教育的一种重要媒介和教学模式。它实质上是一种博客式个人网站,师生以文字、多媒体等方式,将教学心得、教案设计、课堂实录、课件、练习题、学习体会等学习资料上传,实现超时空共享。

博客的传播具有链接性、即时性、共享性、交互性、批判性的特点,目前的教育博客主要有五大类:专家型、教师型、管理者型、学生型、区域型。这些教育博客对教学工作产生了重要影响,有助于促进教师反思,促进教师队伍的专业化,促进师生家长的沟通交流,促进学生积累资源,也有利于加强协作学习。

以下是比较成功的教育博客网站:

中国教育人博客:http://www.blog.edu.cn

中国网专家博客:http://blog.china.com.cn

科学网博客:http://blog.science.net.cn

精英博客:http://blog.voc.com.cn

人民网警察博客群:http://www.people.com.cn/GB/60833/156932/157789/index.html

中国教育在线:http://www.eol.cn

培训博客:http://www.blog.gongkaike.com

中国国家培训网:http://www.chinatraining.com.cn

(三)教育播客

播客(podcast)是个人能自由选择的一种数字广播,它一般具有三个基本要素:(1)必须是独立的、可下载的媒体文件;(2)该文件的发布格式为RSS;(3)接收端能自动接收、下载并将文件转至需要的地方,放置于播放器的节目单中。播客的文件不局限于音频,还可以是文字、视频、图片,它不只是一种传播媒体,而是代表着未来内容可定制、可点播、可携带的趋势。当前涌现出许多著名的播客网站如土豆网、爱听网、优酷网、新浪播客、QQ播客、派派网等都具有丰富的节目。

播客具有使用门槛低、更新及时迅速、内容丰富、个性化、平民性、参与性、共享性、可订阅、收听或收视自由等优点而成为一种新兴的教育手段,备受专家学者的青睐。以下是比较著名的教育播客:

播客网:http://www.bkw.cc

新华播客:http://video.home.news.cn

仿真播客:http://v.simwe.com

传智播客:http://www.itcast.cn

三、情境认知理论

情境认知理论(Situated Cognition),也叫共享认知理论,是当代西方学习理论的新热点,它试图纠正刺激反应学说和认知符号运算方法的失误,它认为学习是所学知识整体的一部分,学习背景有利于意义的构建并促进知识、技能和经验的链接。

(一)情境认知理论的主要观点

1.把个体认知放在更大的物理和社会的情境脉络中,这一情境脉络是互动的,包含了文化性建构的工具和意义。

2.研究人类知识如何在活动过程中发展,知识不是一件事情或一组表征,也不是事实和规则的云集,而是一种动态的建构与组织。

3.知和行是交互的,知识是情境化的,通过活动不断向前发展,参与实践促进了学习和理解。

4.人们的行为根植于作为一名社会成员的角色之中,同样知识是基于社会情境的一种活动和一系列协调行为,而不是一个抽象具体的对象。

5.情境认识的基本要素主要包括故事、反思、认知学徒制、合作、辅导、多种实践、清晰表述学习技能和技术等。

6.学习是一种文化适应,实践共同体非常重要,就是一群追求共同事业,一起从事着通过协商的实践活动,分享着共同信念和理解的个体的集合,他们有共同的任务,使用工具、利用资源并通过实践活动完成任务,有共同的历史、知识基础与假设,以及各自担负的责任。

(二)基于情境认知理论的教学模式

1.基于问题的学习(PBL)

这是一种让学生以小组形式在真实情境中思考、学习和行动,共同解决一些模拟现实问题的教学模式。其核心理念就是让学生积极地解决问题,并建构自己的知识框架。其学习过程如下图所示:

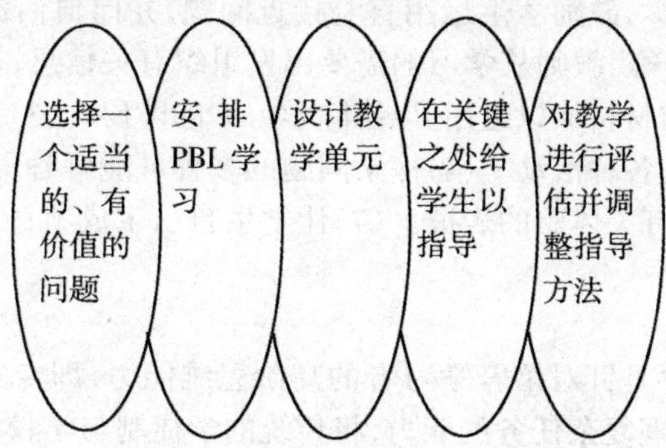

图 3-2　基于问题式学习的过程

这种教学模式的主要内容包括 5 个要素和 9 个环节。

5 个要素主要指问题或项目、解决问题所需要的技能和知识、学习小组、问题解决的程序、学生自主学习的精神。

9 个环节包括:(1)为学员做准备。即针对学员的不同情况和问题,包括年龄、兴趣爱好、知识背景等,提供不同的帮助,可以建立团队,开展批判性思维和创造性活动帮助学生进行 PBL。(2)呈现问题。呈现问题的方式要尽快吸引住学生的注意力。(3)让学员思考解决问题的已知、未知知识和技能、对问题的看法。(4)让学员界定问题陈述,看学员如何理解问题的内涵与外延。(5)收集和共享资源。资源是教学最重要的信息,掌握收集资源的能力非常重要。(6)初步提出一些解决方案。初步方案并不要求十分完善,有一点思想火花就可以贡献出来。(7)选择一个最佳的解决方案。方案可以很多,但最佳方案只有一个,要掌握如何评估方案。(8)陈述解决办法(评估)。评估时要经过认真思考,要有严密的逻辑思维。(9)反思。即回忆整个决策过程,看看从中学到了什么。

2.抛锚式教学(CTGV)

抛锚式教学是指为使学生在一个完整的、真实的、多样化的现实生活背景中,产生学习的需要，通过镶嵌式教学以及学习共同体中成员的互动、交换，运用情境化教学技术以促进学员反思，实现主动学习、生成学习，亲身体验从识别目标到达到目标的全过程，从而提高学员的迁移能力和解决复杂问题能力的一种学习和教学模式。抛锚式教学模式是由约翰·布朗斯福特提出的，其核心是“锚”。学习与教学活动都要围绕这个“锚”来进行设计。所谓“锚”就是具有感染力的真实事件或问题所依存的故事情节。

这种教学模式的特征是：(1)强调教学情境的真实性；(2)教师角色发生变化，从知识的权威转变为学员学习的引导者、支持者和学习伙伴；(3)倡导学员之间的有效合作；(4)教学和学习过程以“锚”为中心。

抛锚式教学的方法有：(1)搭建脚手架。所谓脚手架是指在学生面临困惑的时候，教师及时参与教学，鼓励学生运用直觉接近问题，并向他们提供获得进步所需的帮助。(2)镶嵌式教学。教师从学习的需要出发组织有关信息，把镶嵌式片段作为与镶嵌式数据相类似的材料加以运用，以排除学习中的障碍。(3)主动学习。让学生积极参与有影像支持的各种活动。(4)探索问题的多种可能解答。(5)由学生担任教学的指导者。(6)发展有关体验的表征。(7)让学生自己生成项目。(8)智能模拟。(9)合作学习。

3.认知学徒制

认知学徒制主要是针对培养学习者的高阶思维能力，即专家实践所需要的思维能力、问题求解和处理复杂任务的能力，将传统的学徒制与学校教育相结合。学徒制就是通过对师傅专业工作的观察、模仿、训练，让学习者与专家在实际情境脉络中共同参与要解决的问题，从边缘参与进入到工作的实践共同体。学徒从新手到专家的形成过程中获得专家实践所需要的知识与技能。

认知学徒制的特点是：(1)过程性。即重点关注专家(或师傅)在获取知识或运用知识解决复杂现实问题时的推理、认知和元认知过程及策略，而不是概念和事实知识的获得。(2)转化性。主要实现师傅或专家的内在认知过程，也就是有关隐性知识显性化，便于学习者观察、重复演练和实践。(3)情境化。借助生动的展示方式，将课程中的抽象内容置于有意义的情景之中，将学习与实际的工作环境关联起来，让学习者充分了解学习的目的与应用，理解工作的相关性，并参与专家行为。(4)独立性。鼓励学员在学习中独立思考，独立理解所运用的共同原理。(5)外显化。在完成复杂任务时，通过开展讨论、角色扮演及小组问题求解等认知活动，将复杂的认知过程外显化，促进各种元认知技能的发展。

认知学徒制的教学方法主要有：(1)建模。让专家完成某项任务，而学生一边观察并构建完成任务所必需的相关过程，其目的是建构专家认知过程的心智模型，将其内在的认知过程和活动外显出来。(2)示范和指导。在学员执行任务时，教师通过观察的方式进行示范和指导，包括观察学员执行任务的过程，为学员提供暗示、搭建脚手架、提供反馈、建立模型、修正、提出新的任务等，以使学员的学习成绩更接近专家的方式。(3)脚手架,就是教师为学员完成任务而提供的支持,如建议、帮助、提供暗示等。脚手架的重要功能是帮助学员顺利穿越"最近发展区",随着学员能力增强,教师应把更多的责任和控制权交还给学员,减弱对学生的支撑,逐渐去除脚手架。(4)清晰化。学员运用一定的策略描述他们的思维过程,将他们的知识、推理或问题求解过程清晰地表达出来,如讨论、示范、陈述、交流等。(5)反思。学员将自己的思维和问题求解过程与专家、其他学员或该专业的内在认知模式进行比较,以修正完善问题求解或任务完成的过程。(6)探究。学员将问题求解相似的程序或步骤与专家进行比较,根据其相似性来检验所提出的假设、方法和策略。

4.教育游戏

教育游戏是一种能够培养学习者的知识、技能、智力、情感、态度、价值观,并具有一定教育意义的计算机游戏软件。它是以教育为目的,以游戏为手段,融知识性、娱乐性于一体,真正体现寓教于乐的教育模式,包括娱教游戏、数字化游戏学习、E2游戏化教学等形式。目前广泛应用于学校、军事、医学、工业、科研、培训等领域。

教育游戏的开发要遵循以下原则:(1)考虑不同年龄阶段学生的心理特征;(2)游戏理论和教育理论的双重指导;(3)游戏的教育性和娱乐性相结合;(4)注重激励机制的设计;(5)精确核算时间效率;(6)合理的开发团队。

教育游戏开发一般要经历7个阶段:

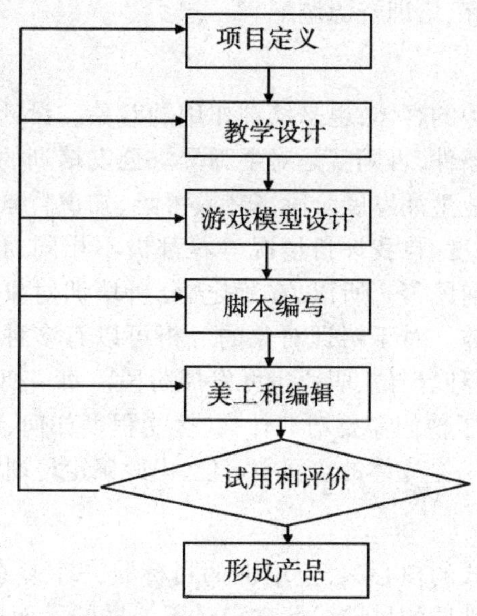

图3-3 教育游戏开发流程

总之,现代学习理论对教学的影响是十分深远的,它有力地推动了教学模式与教学技术的变革,使现代教育越来越依赖于科学技术手段。

第二节 公安培训模式的发展

公安培训首先是一种成人教育,属于职业教育。在传统的公安培训工作中,我们过于强调培训为政治服务,培训目的侧重于灌输理念,统一思想,强化政治意识,培养纪律作风。公安工作的日益复杂化,对民警的道德品质、业务技能和综合素质的要求越来越高,尤其是面对不断变化的犯罪,公安民警业务培训的需求发展迅速,旧的培训模式显然无法适应这一需求,而新的培训模式尚未形成。在本节,我们将探索基于现代学习理论的公安培训新模式。

一、公安培训模式的内涵

模式是依据一定的理论基础表征现实活动和过程的一种模型或形式,具有典型性、简洁性、再现性、模仿性和中介性的特点。而培训模式就是针对一定的培训对象,为完成培训目标,对各种培训资源的组织运用方式。它是一种制度化、规范化的标准形式,具有一定的推广价值。当前关于培训模式的论述非常丰富,特别是在企业培训中,各种模式可谓五花八门,数不胜数,但是不管什么模式,最终都回避不了这三个问题,即培训对象、培训目标、培训资源调配。

(一)培训对象

培训对象是培训服务的客体,也是培训作用的对象。设计培训模式之前,了解其对象是不可或缺的前提条件,否则就是对牛弹琴。公安培训的对象就是公安民警,但是民警的警种、岗位、职业生涯发展阶段、年龄、警龄、知识背景都是不同的,甚至他们的工作绩效、对培训的态度、自我评价情况等等都极不相同,我们不可能找到一种万能的培训模式适用于任何民警。所以,在确定、分析培训对象时,培训者必须清楚面对的是一个什么样的群体。对于培训对象的分析可以有多种维度,但是在公安培训中主要是三个维度,即警种、岗位、职业生涯发展阶段。每一期培训班其培训对象究竟处于什么样的状态,决定了他们需要培训什么、接受程度如何、职业背景怎样。也就是说,我们要给培训对象在一个立体的空间中定位,由此确定培训资源的配置方案。

(二)培训目标

培训目标是培训模式的核心,公安培训的目标是一个复杂的体系,不同警种、工作类别、工作对象、岗位性质的培训目标肯定是不一样的。而这个目标主要是由培训对象来确定的,图 3-4 就是根据组织、警种和岗位来确定的一个培训目标体系。比如针对基层刑警队刚入警的民警进行培训,其主要目标就是培养警察意识,了解职业性质特点,熟悉职业发展阶梯,掌握各种业务关系、人际关系。而针对基层派出所所长的培训,其目标则是要懂得学会分析判断辖区的社会治安现状,能够进行简单的指挥调度，善于调动人的积极性，做好思想动员，开展队伍管理等。所以公安培训目标就是由培训对象的岗位职责、业务知识技能、职业发展要求等因素决定的一个综合体。

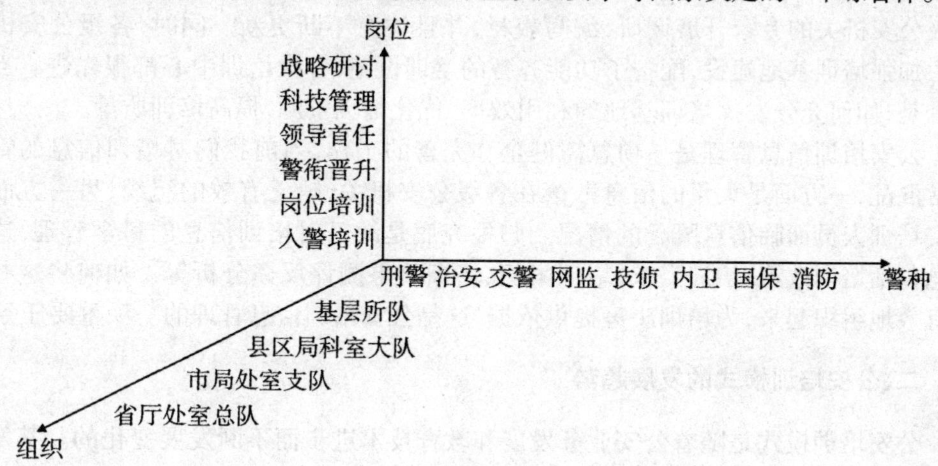

图 3－4　培训目标体系图

（三）培训资源

公安培训资源指的是公安培训工作所需要的人、财、物、信息四大要素，具体包括培训师、管理服务人员、培训经费、培训教材、案例、器材、设备、场地、信息、后勤保障等。

公安培训的师资队伍主要有：公安院校教师、公安机关专家、基层经验丰富的民警、系统外专家教授。可以说这些具有不同背景的师资力量在担任公安培训工作中特点鲜明，各有所长。公安院校教师是公安培训的骨干力量，他们长期从事公安教育工作，在公安基础理论及业务知识方面有较为深入系统的研究，知识结构比较合理，能够熟练运用教学技巧，但是缺乏公安实战工作经验，对具体细节和公安隐性知识缺乏了解。公安机关专家也是公安培训不可或缺的队伍，他们长期从事公安工作，有的从基层业务工作干起，逐步提升，积累了丰富的公安工作经验，成为行家里手或领导干部，但是他们缺乏教育工作训练，对教育理论教学技巧了解不深。基层民警是公安培训师资的必要补充，这些人往往是一些经验丰富的老民警，一辈子从事一件工作，积累了丰富的工作经验，尤其是拥有从事本职工作的隐性知识，但是他们的知识缺乏系统性、规范性，而且缺乏讲课技巧。系统外的专家教授是公安民警开阔视野、深入研究某一特定问题的必然选择。公安机关面临的是一个复杂的社会，新情况新问题层出不穷，完全依赖公安机关内部人员去研究学习具有一定的局限性，所以要善于借脑，就是借助系统外的专家学者传授某些急需的专项知识。管理服务人员主要指各级公安培训业务管理部门的工作人员，这些人的主要职责是组织管理培训业务，包括培训的调研、计划、指挥、管理、服务和后勤保障等。

公安培训经费是公安机关人力资源开发的重要保障，在财政预算中应单独设立项目，专款专用，加强管理，尤其要注意发挥经费的效益。

公安培训物资主要包括培训教材、器材、场地，以及各种后勤保障物资。培训教材建设是公安人事训练部门非常重要的一项工作，公安部每年都会组织公安院校和各级公安机关的专家开展调研，编写教材，并且注意不断更新。同时，各级公安机关大力加强培训基地建设，配备了功能齐备的培训设施，各级培训中心都很先进。当前问题是，如何充分发挥培训基地的利用效率，优化培训资源，提高培训质量。

公安培训信息管理是一项急需健全和完善的工作，当前我们对培训信息的管理非常混乱，一方面是大量的信息散落在各级公安机关，缺乏有效的组织，另一方面是公安培训人员面临信息匮乏的情况。归根究底是缺乏对培训信息的科学管理，这些信息包括培训政策、培训需求、培训案例、培训效果测评反馈分析等。如何将这些信息有效地组织起来，为培训决策提供依据，这是公安培训信息管理的一项重要任务。

二、公安培训模式的发展趋势

公安培训模式是随着公安业务发展和教育技术进步而不断发展变化的。其发展趋势体现为如下几个方面。

(一)以需求为导向

以需求为导向是所有培训工作的基本趋势。培训属于职业教育，是为了解决工作中的实际问题而开展的教育训练活动，培训的目的就是提高受训者的职业技能。因此，公安培训必须立足公安机关的实战工作需要，作为培训主管部门应该认真分析公安机关实战工作出现的新情况、新问题、新变化，为适应新形势的需要，解决新问题，破解新难题，确定培训主题和培训对象，确定是否需要培训、培训什么、培训谁等一系列问题。培训教师应该根据培训目标，结合培训对象的特点，组织教学内容、选择教学方法，有针对性地开展教育训练活动，确定如何培训的问题。培训效果的评价也应该以是否满足民警需求为标准。

(二)以学员为核心

培训和学历教育的区别是：学历教育有着相对稳定的教学大纲、教学计划，学校按照教育规律制定课程设置、教学计划，学生只能按照预定的计划被动地接受教学内容，整个教与学的过程基本上是以教师为主导。培训却必须以学员为核心，培训的内容、方法都要围绕学员需求组织培训资源。教什么，练什么，怎么教也应由学员说了算。教师的目的只是了解学员的情况，研究教学方法，将学员所需要的知识和技能用合适的形式展示给学员，并帮助其理解应用。

(三)现代科技的介入

随着社会的不断进步，知识呈级数方式增长，如何将海量的知识用科学的方式展示给学员，已经不能仅靠教师的一张嘴、一支粉笔来完成。这时，现代科技在培训中得以深度介入，广泛应用，使得培训手段日益先进，培训模式更加丰富，培训效率愈加高效。现代教育技术逐渐成为一门独立的学科，其主要目的是使教师更好地运用系统的方法来驾驭越来越丰富的学习资源，更加注重因材施教的个性化学习。在现代教育技术中，应用比较广泛的技术包括电声、电视、计算机等多媒体技术的开发和应用，以及过程技术、网络技术、通讯技术和系统方法与教学的高度结合。

(四)心理干预

教育培训不是简单的搬运工，把书上的知识搬到学生的笔记本，而是一个授人以渔的过程，要根据学员的知识和心理状况，有针对性地使其接受、理解、共鸣、掌握的过程。因此，学习过程和培训过程应该是一个心理沟通的过程，培训师必须要结合各种知识和技能的特点为学员营造相应的环境，如采用情景模拟、现实再造、虚拟现实、生动故事等方法，使学员如同置身真实环境中，面临真实问题，拿出真本事来解决。因为培训环境在很大程度上会影响培训的成效，应该说学习过程的每一步所需要的环境都是不同的，其区别如下表：

表 3-1　　学习成果所需的环境

学习阶段	学习成果	环境需求
言语信息 智力技能 认知策略	标志、事实和主要观点 知道如何去做 思考和学习过程	反复练习 有意义的内容 回忆性线索 将新旧知识联系起来 策略的口头描述 策略说明 提供反馈的实践 为应用提供机会的各种任务
态度	个人行为过程	示范演示 适当的学习环境 可靠的信息来源 强化
运动技能	肌肉活动	实践机会 演示 外部反馈

随着现代科技的进步，为了给培训工作创建良好的心理环境，人们创造了许多先进的培训方法，比如幻灯片、生动的图表、录像、样品、计算机仿真技术、电子游戏技术、卡通设计、动漫设计、实战基地等都是当前比较流行的培训模式。

(五)创设协作的学习情境

现代培训强调创建具有良好情境的学习共同体，此共同体主要具有如下三个特点。

一是协作学习。在学习共同体中，协作性的教师、学习社区都是很好的协作学习情境，从中可以鼓励学习者提出难题，定义问题，适时交流，参与评估和设定学习目标、学习进程和评价标准，鼓励学习者与校内外不同的成人群体开展密切的、有助于学习进展的交流协作，积极参与社区活动。

二是帮助学习者有效建构知识。强调学习者通过协作的方式以学习更多的知识和能力，以制衡传统的个体性和竞争性的学习方式。

三是移情作用。学习者共同体要考虑个体的价值差异和多样化,注重运用和创造能充分发挥所有成员各自优势的策略,把不同知识背景的学习者组织起来,营造优势互补,共同交流和共同进步的氛围。

(六)角色转变

教师有多种的角色,包括:(1)帮促者。为学习创设和提供丰富的环境、经验和方法,参与协商、激励、监控讨论和专题学习的进展,而不是控制。(2)指导者。教师必须扮演复杂的、多种多样的角色,通过示范、中介、解释、调整重心,提供选择等方式,帮助学习者建构自身的意义。(3)发展中的专家。教师在事件中不断反思和完善。(4)研究者。(5)课程开发者。(6)合作学习者和合作研究者。

学员的角色包括:(1)学习的管理者。能有效地计划、监控、调解和反思自己的学习进程和结果,有效管理自己的学习时间、学习环境、情绪意志、努力程度和寻求他人的支持。(2)探究者。有充裕的机会探索观点和形成研究。(3)认知学徒。在导师指导下学习相关观点和技能,模拟专业人员的角色。(4)教师,在正式和非正式场合,鼓励学习者扮演教师的角色,以帮助其他学员。(5)知识的生产者。通过综合或整合,为自己或学习共同体生成知识产品。

第三节　公安培训模式的建构

各级公安机关以及公安院校在实践中摸索出了丰富多彩的培训模式,形成了丰盈的新兴培训模式体系。而判断培训模式的价值有多个角度,如图3-5所示:

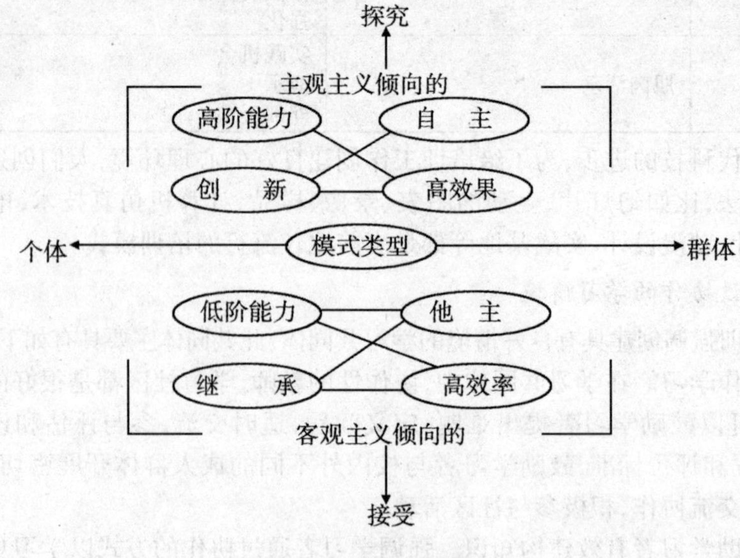

图3-5　培训模型图

根据这一评价模型，关于公安培训的模式有十种建构方式，即基于资源的主题、项目、问题的培训模式，基于网络协作学习、案例学习、概念地图、电子学档、多元智能个体化的培训模式以及 Web Quest 培训模式和情境化培训模式。其中情境化培训模式我们在前面已经提及，这里主要介绍其他九种模式的建构。

一、基于资源的主题培训模式

基于资源的主题培训是指学员围绕一个主题，通过各种途径充分发掘和利用各种不同的资源，并遵循科学研究的一般规范和步骤而进行的一系列探究活动，其目的是为了让学员提高问题解决、探究、创新等能力，促使学员的学科素养和信息素养同时得到提升。

(一)组织培训资源

培训资源是指支持培训活动实现一定培训目标的各种客观存在形态，通常包括物质资源、人力资源和信息资源。培训资源是一个硕大的系统，包括人、材料、工具、设施和活动五大要素。培训资源种类繁多，为了有效地利用各种培训资源，必须对资源进行全方位的评价，包括信息质量、信息广度与深度、信息资源的稳定性与连续性等。

公安培训的主要资源有以下 10 类：(1)书籍类，包括公安业务教科书、跟业务有关的各种专著；(2)法律政策类，包括公安业务相关的法律法规、各级公安机关的政策；(3)案例类，包括各级公安机关和基层民警处置各种案件的工作经验与案例；(4)网络相关资源；(5)科研成果类；(6)人力资源类，包括公安院校师资及实战部门专家；(7)公安科技装备类，包括与公安业务有关的各类科技装备基本原理操作方法；(8)培训基地类，包括公安院校及各级公安机关的培训基地；(9)活动类，包括公安机关开展的大练兵、大比武、三基建设等一系列教育训练活动；(10)其他。

(二)开发培训主题

主题是该培训模式的核心，指整合培训目标的、跨学科的学习内容或学习任务。一个成功的培训主题应该具备几个基本理念：(1)由师生共同开发；(2)具有亲和力；(3)以“劣构性”问题为主；(4)跨学科性；(5)具有智力/非智力方面的挑战性；(6)目标整体性；(7)实践性。

开发主题主要有四个路径，一是以学科为中心，比如以物证学、侦查学、治安学、刑事科学技术、消防管理、交通管理等学科为中心，系统组织有关培训资源进行学习。二是以社会为中心，比如以当前热点的打击恐怖主义、叛卖毒品、走私、经济犯罪、处置群体性事件、反洗钱、经济犯罪等社会问题而开展的培训。三是以自然环境为中心，比如针对不同季节、不同地理环境而开发的培训主题。四是以学员为中心，根据学员的知识背景，针对某个人群而开展的培训，比如新警培训、警衔晋升培训、局长首任培训、派出所长培训。

(三)设计探究活动

探究是一个多层面的活动,包括观察、提出问题、浏览资料、制定计划、搜集、分析、解释数据、提出解答、解释、预测及交流结果。其基本过程包括明确问题,阐述问题情境;形成假设,确定探究方向;实施、组织探究活动;搜集、整理资料;形成问题解决方案;探究结果展示/交流等阶段。当然不同的阶段,探究所要解决的问题、所用的资源及其作用是不一样的。另外还要注意探究过程中教师和学员的决策变化。加强对支持资源的评价,可以采用一种结构化的评价工具——量规来进行。如针对 Internet 学习资源可以采用 CARS 评价量规,主要对信息的可信度、准确度、合理性、相关支持等方面进行评价。

探究主要有自主探究和协作探究两种方式。

1.自主探究

强调从公安学科领域或公安执法现实工作中选择和确定研究主题,由学员自主独立地发现问题,进行实验操作和取证,获取知识、技能、情感与态度的发展,着重培养工作创新能力。这种方式尤其适合从事实战工作的基层公安民警,在整个培训过程中,可以围绕主题,引导学员进行自我监控、自我指导、自我强化,获得元认知技能。指导他们积累学习资源,拓展选择空间,实现教师指导性与学员自主性的相互平衡,同时尽可能地让学员体验多种探究方法,比如文献资料法、观察法、调查法、实验法、动手做等等。

2.协作探究

这是一种通过小组或团队的形式组织学员进行学习和活动的一种策略。在针对某些社会问题的对策演练中可以采用,比如进行群体性事件处置,或针对某个案件成立模拟专案组,针对打击反恐活动成立某种团队,将探索、发现的信息和学习材料与小组成员共享,通过对话、商讨、争论等形式充分展开探究。

协作探究最关键的是创设学习共同体。一个学习共同体应具备六个基本要素,即基于真实性任务的教学,学员的发展建立在小组活动中的互相依赖基础上,学员—学员、教师—学员与协商各自的理解,教师与学员分享间接,学员与课外专家合作,共同承担学与教的责任。其次,是要创设丰富的协作情境,包括丰富的学习资源,多样化的学习活动,充分的认知工具,足够的案例支持。最后要对小组进行合理的分配与结队。

探究活动中教师只能给予一些边缘支持。包括概念支持,目的帮助学员决定要思考的问题,或确定重要性的先后次序;元认知支持,帮助学员评价所掌握的内容,评价他们在学习过程中的表现;过程支持,主要帮助学员利用资源;策略支持,为完成某一任务提供多样化的方法或途径。

【案例】

主题培训设计

1.主题名称

充分利用社会资源　做好群防技防工作

2.主题简介

孝直、东阿派出所针对农村治安管理资金短缺,人员分散,信息闭塞,群众科技文化素质不高等情况,通过整合社会资源,完善农村治安防范网络,促进了农村治安管理的根本转变,使农村群防技防有了坚实的保障。

3.培训对象

平阴县公安局

4.培训目标

在全县推广孝直、东阿派出所的做法。

5.学科

治安管理、消防管理

6.任务分析

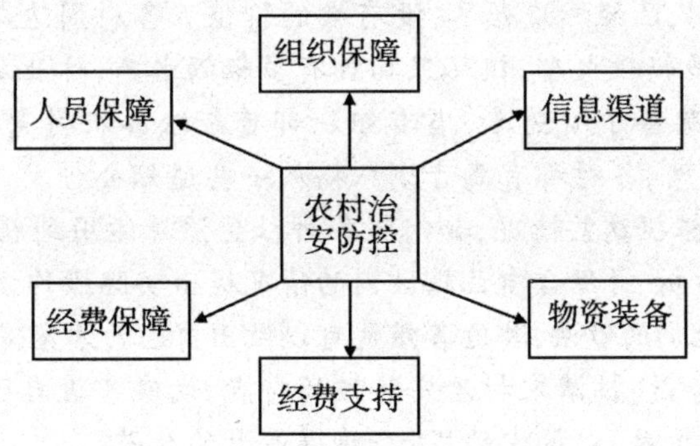

图3-6　农村治安防控系统图

根据社会治安防控的基本条件,结合农村派出所的现状,深入农村组织、农户、田间地头以及对周边环境、相关单位的考察,分析社会资源情况,如何让各种因素为我公安机关所用,既不给基层添加负担,又能发挥闲散人员、闲置物资设备的用途,为农村社会治安防控布下一道安全屏障。

7.资源分析

(1)孝直镇的基本情况

位于平阴县西南角,全境143平方千米,东西长25千米,有常住居民64000多人,64个村,与泰安市的肥城、东平毗邻,交通便利,境内拥有2条国道,1条高速公路。全镇以蔬菜为支柱产业,实施蔬菜富农,工业强镇的发展战略,境内有各种零部件加工企业12家，各种私营企业30多家，其中孝直村是全国文明村，江泽民总书记曾经前来视察，社会风气非常好。

东阿镇基本情况：位于平阴县西南，全镇面积93平方千米，常住人口38000多人，54个村，全镇以农业为主，境内较大企业为阿胶生产企业福胶集团。

(2)社会治安防范情况

孝直派出所拥有干警12名，工勤人员2名，协勤7名，全镇有1000多个重要场所，每年接处警500多起，主要以民间纠纷，刑事案件有70多起，近十年没有重大的恶性案件。东阿镇派出所有民警9名，工勤人员2名，协警5名，境内主要以流窜偷盗案件为主。

(3)辖区治安管理资源状况

人员配备：各村都配有治保主任一名，但是由于治保主任没有工资，工作的积极性很低，大部分形同虚设，发挥不了作用，治保主任仅仅是一种荣誉，而且人员素质普遍较低。但是孝直镇辖区内拥有两支队伍：一支是济南军区后勤仓库的一个团级单位，具有完善的消防安全设施，常年没有发挥作用；另一支是林业局在全镇招收了20多人的护林员，这支护林员队伍常年活动在山林中，主要以看护树苗为主，防止树木被伐被盗。

辖区设施装备：消防、技防设施严重匮乏，信息反应迟钝。好几次山林失火，打119，等救护人员来到，已经燃烧殆尽，没有救的价值。各村周边却有一些消防技防设备。如解放军拥有多辆救火车，镇环卫局拥有多辆洒水车，林业局当年为了防治美国白蛾曾给各个村庄配备了喷药车，省委组织部曾经给各农村党支部装配了电脑、网络，建立了党员教育网，各村都有高音喇叭播放一些通知公告。

活动过程描述：根据这些情况，如何将各种社会资源运用到农村治安防范中来呢？要求每个同志开展分析，并结合自己辖区内的情况提出实际操作方案。最后由孝直镇、东阿镇派出所介绍他们的做法，其他各镇也可以做出自己的方案，供大家分析。

分析的主要任务是：搞清农村治安防控的特点，切实掌握自己辖区内各种治安管理资源的现状，深入挖潜，以最少的投入，获得最大的效果。

孝直镇派出所所长的经验介绍：(1)整顿农村治保主任队伍，对全镇100多个治保组织进行排查、分析，协调镇委镇政府下发了治保主任换届任选条件，规定不是两委干部不要，60岁以上的不要，长期在外打工的不要，长期做生意的不要，重新调整，建立起了60多人的治保队伍；(2)加强治保主任的管理，要求各村治保主任轮流到派出所值班，每天2名住在派出所，值班期间要介绍本村治安情况，处置本村的治安问题，与民警进行沟通，派出所对治保主任进行考勤，年底发给值班费；(3)与军区后勤仓库建立军警联动机制，通过上级有关部门的协调，处理好与驻军的关系，并签订了消防联动协议，一旦有火警发生，即刻就能到位进行救助；(4)与环卫所联系改装洒水车装置，为每辆洒水车装配了消防龙头，一旦有火警发生，套上消防栓就能灭火；(5)与林业所联系，为每位护林员配备灭火设备，并组织护林员进行灭火演练，实现护林员一专多能,同时对防治白蛾的喷药车进行改装,变成了消防用车;(6)通过有关软件将各农户家里安装的红外防盗设施与村委会的大喇叭联通,一旦发生入室盗窃案件,立即报案,农户无论身在何处只要用手机打通村委会广播室的电话,大喇叭立即自动发出抓贼通知。

东阿镇派出所所长的经验介绍:(1)巧妙利用农村党员教育网实现技侦村村通,通过对农村党员教育网的考察,该网络现有的装备情况,每村拥有电脑、网络,还有政府维护等优势,为每村安装摄像探头和视频采集装置,通过技术研发,互联网域名解析,用原有的一台电脑和一部电视机构建了东阿镇派出所监控平台,实现了能够互联网技术实现农村安防全覆盖体系。

图书资料:

《农村社会治安管理》,薛强,中国社会出版社,2010。

《农村治安法律问题》,申柳华,中国法制出版社,2006。

《农村社会治安综合治理》,李骥、王刚,甘肃文化出版社,2009。

有关网络资源:

农村网 http://ww.cct114.com

中国农村研究网 http://www.ccrs.org.cn

山东农村党员干部现代远程教育网:http://www.dygbjy.gov.cn

8.主题学习评价

一把钥匙把治保主任拉到派出所,孝直镇的做法,结合农村实际,现代技术在农村治安中的应用还需要时日,目前情况下,如何发挥好农村干部的积极性,充分挖掘农村现有资源,减少农村开支,在无须加大投入的情况下进一步做好治安防范工作,对公安机关具有非常重要的意义。

学习中要掌握一个理念:变小治安为大治安的理念。治安不是公安机关一家的工作,要把它纳入到各级党委政府的工作中,变公安机关的单打独斗为党委政府为龙头,公安机关为主的整体战略。在这个转变过程中,公安机关要站在党委政府的角度思考问题,深入基层工作实际,善于观察、分析和调查研究,寻求多部门的合作。

9.主题成果展示

目前,平阴县已在全县公安机关推广两派出所的做法,其中东阿镇的网络整合已经在全县实施,并发挥了巨大效应,东阿镇此监控网络运行以来,发案率大幅下降。

二、基于问题的培训模式

基于问题的培训模式是指把培训置于复杂的、有意义的问题情境中,通过让学员以小组合作的形式共同解决复杂的、实际的或真实的问题,来学习隐含于背后的科学知识,发展解决问题能力的一种培训模式。

(一)什么是问题

问题就是指在公安实战中遇到的,或为满足某种工作任务所面临的未知状态。

问题一般有两种:(1)良构问题,指限定性条件的问题,它具有明确的已知条件,并在已知条件范围内运用若干规则和原理来获得同一性的解决方法,其特点是:呈现问题的所有组成部分,对学习者呈现的是良构的,有求解方法的问题,以一种预测性的和描述性的方法明确界定限制条件,涉及某一知识领域中某些常规的、良构的概念和原则,有标准答案,有可知的、可理解的解决方法,有一个最佳的、特定的求解过程。公安实战中此类问题很多,比如关于法律规定、执法程序的问题基本上属于这一类问题。(2)劣构问题,指具有多种解决方法、解决途径和少量确定性条件的问题。其特点是:界定不明确,问题的构成存在未知或某种程度的不可知部分,可操控的变量很少,目标界定含糊不清,缺少限定,具体有多种评价解决方法的标准,没有原型的案例可供参考,多数案例没有一般的规则或原理。这一类问题在公安工作中也非常多,比如各种刑事案件、群体性事件都属于劣构问题。

(二)培训流程

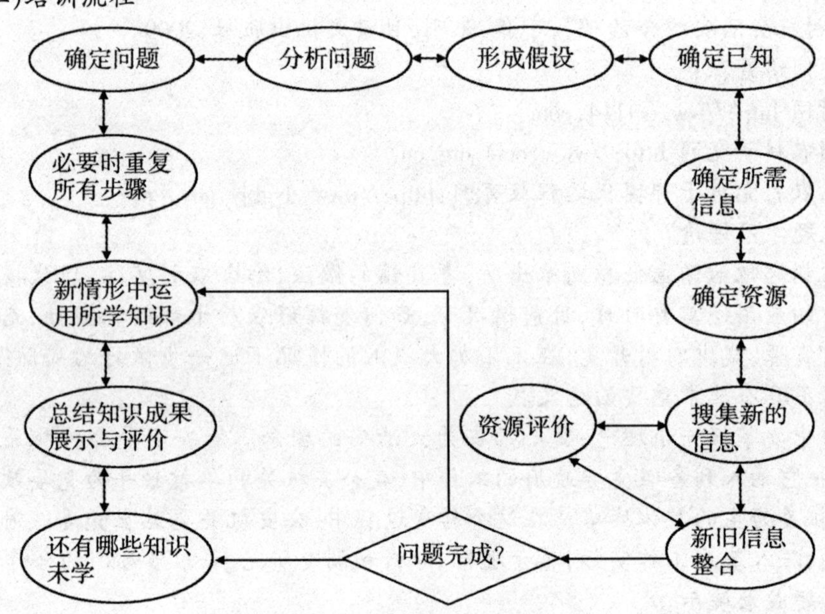

图 3-7　问题式培训流程图

其培训过程主要分为五个环节:提出问题、分析问题、解决问题、展示结果、评价学习。在学习过程中,将学员分为若干个小组,互相交流合作,教师的主要任务是创设问题情境、讲解学习任务、指导解决方法、评价学习作品和提出反馈意见。整个过程都是在信息技术的支持下完成的,学员可以运用信息技术工具进行搜索、交流和认知。

(三)设计关键

1.问题设计

问题是挑战性、真实性、困惑性的学习任务,是一种特定的学习任务,是高阶思维能力培训的抓手或着力点。问题设计就是围绕学科基本概念而进行的学习任务设计。包括基本问题和单元问题,在问题设计时要考虑几个基本方面:(1)真实性;(2)相关性;(3)内容覆盖面;(4)复杂性;(5)能容纳多种不同的教学策略和教学风格;(6)劣构性;(7)以学员的经验为基础。

2.目标设计

要正确处理问题与培训目标的关系,考虑学科知识系统性与问题解决过程中所获知识的随机性之间的平衡。对培训目标的描述不能仅仅采用行为化描述,而应辅之以表现性的目标描述方法。在教学活动中要注重学员多元智能的发展,包括语言言语、数理逻辑、视觉空间、音乐韵律、身体运动、人际沟通、自我认识、自然观察等智能。

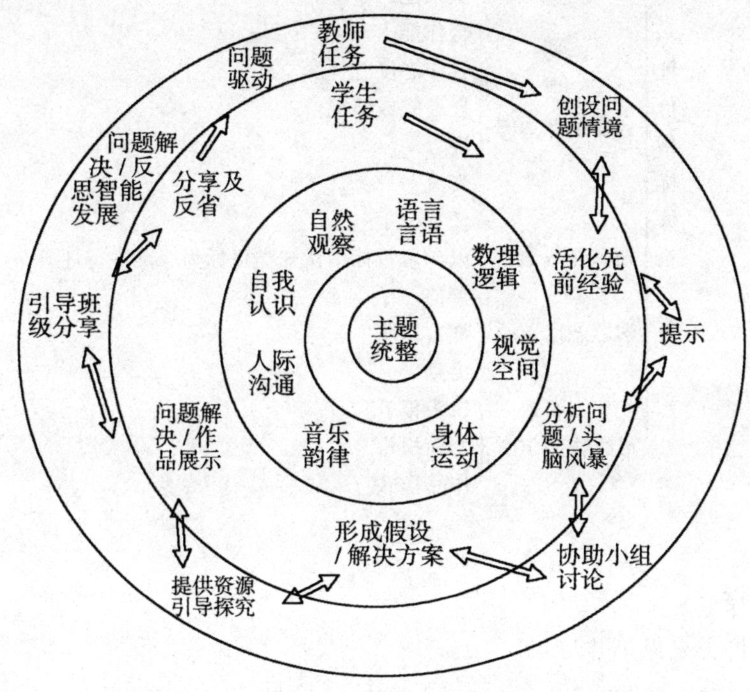

图 3－8　主题培训设计图

3.信息技术与 PBL 整合设计

支持 PBL 的信息技术主要有信息搜寻工具、信息交流/合作工具、认知工具、评价工具。其中信息搜寻工具包括在线资源、电子邮件、声音邮件、在线讨论组、新闻组、聊天室、邮件列表、计算机会议、在线课件、万维网、视频点播系统。常用认知工具有:数据库系统、电子报表、语义网络、专家系统、电子通信系统。评价工具有电子绩效系统(包含超媒体信息库、专家系统、交互性训练系统、在线帮助系统、效能数据、应用软件、监测系统等)。

4.PBL 的评价设计

PBL的评价设计就是对整个PBL实施过程和学习效果整体检视。评价的方式包括书面考试、实践考试、现场考试、概念地图、口头陈述、书面报告、作品集等。而评价的内容主要涉及能力提高、知识获取、合作情况、学习态度及最终作品。指标体系如下图：

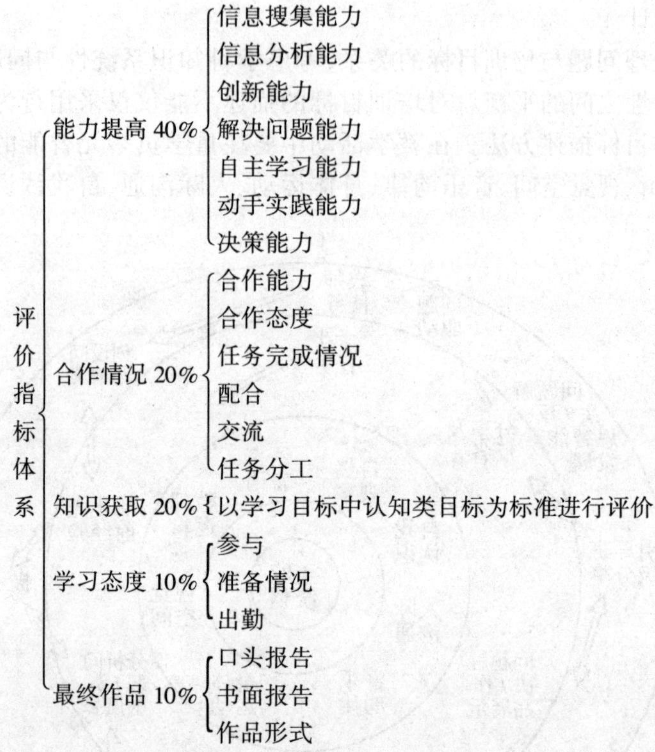

【案例】

1.单元标题

上海世博会安保工作培训

2.框架问题

基本问题：如何实现上海世博会平安和谐？

单元问题：

(1)如何实现上海世博会场馆的秩序顺畅？

(2)如何确保世博会期间上海市的社会治安稳定？

(3)如何预防有组织犯罪的发生？

(4)如何预防大型群体性事件的发生？

3.内容问题

(1)影响世博会场馆秩序的因素有哪些？

(2)上海市社会秩序环境有哪些特点？

(3)有组织犯罪的规律与特点有哪些？

(4)大型群体性事件的起因、发展趋势及其规律是什么？

(5)上海世博会三级平安护城河的基本构成是什么？

(6)哪些仪器设备可以排除各类安全隐患？如何操作？

4.单元概述

本单元旨在通过对举办上海世博会各种安全因素的充分考虑，探讨如何实现世博会平安和谐这一目标的执法途径，让学员了解大型安保活动的安全隐患、各种事故发生发展趋势和规律，预防和制止各类犯罪的手段与措施。学习使用各种科学仪器、先进设备和现代思维分析问题和解决问题的办法。了解大型安保活动的规律和特点，培养科学、系统的探究态度，在学习过程中，对学习成员进行分组，让大家充分利用网络协作学习，开展头脑风暴，并且把自己的学习成果通过演示文稿或网页的形式发布。

5.关键词

上海世博会、安保、措施

6.学科领域

治安学、侦查学、刑事科学技术、信息技术、监控技术、搜爆排爆

7.培训对象

上海市各级公安机关民警，各增援院校学警

8.课程标准

(1)系统思维的培养

——树立上海世博会安保一盘棋的系统思想，通过对上海周边浙苏两省陆路、水路入沪道口安全检查，上海市区重要市境道口安全检查，进入世博园区的安全检查，加强世博会期间进入上海的人、车、物的全程监控和全方位排查，形成周边省份与上海市的密切合作，上海各区之间的密切合作，以及世博园区、各场馆内外的有机协调，整个安保三道防线形成一盘棋，实现信息共享，各环节互相补位，以整体优势进行有效防范。

——围绕核心问题探究国际级大型活动安保的特点和措施，进行必要的系统思维、逻辑思维、科学思维。

——面对各种治安事件建立快速反应机制，确保信息、人员、物资协调有序，一旦发出预警信号，能够立即做出响应，迅速占领有利位置，及时控制局面，防止事态扩大。

(2)科学意识的培养

——培养学员利用各种先进的公安科技装备对入沪人、车、物的跟踪检查，明确检查程序、检查内容、检查方法，做到规范、科学、文明、严谨、细致。

——重点掌握居民身份比对、X光探测仪、手持探测仪、搜爆仪、毒品检测设备、

网上追逃系统、重点人口管理系统等主要检查工具的操作。

——善于利用学到的知识改进工作方法,开展工作创新,提高工作效率,提高服务水平。

——能从“这是什么”、“为什么会这样”、“如何预防和处置”等角度对发生的事件进行思考,并提出问题。

(3)培养文明理性的态度

——善于站在群众的角度思考问题,了解被检查群众的各种心理和情绪变化,学会做群众的思想工作,解释好各项规定。

——能够预见各种矛盾冲突,提前做好应对准备,相互协调配合,化解各种矛盾纠纷,甚至故意刁难。

——防止不法分子借机煽动群众与民警对立,给检查工作带来困难。在执法方式上实现规范、文明、理性,做到言出有理,应对有效,说服有力。

——及时为群众提供各种服务,尤其是为群众带来麻烦时,要善于做好安抚工作,获得群众的支持和配合。

9.学习目标

——使学员知道举办世博会存在的各种安全隐患。

——了解各种安全隐患的特点和发展变化规律。

——能够根据目前掌握的知识去探究相应的问题解决方案。

——能够提出进行探究活动的大体思路,能区分什么是假设,什么是事实。

——通过个人的分析能够对特定事物做出自己的价值判断,树立可持续发展观念。

——培养科学的探究态度,反对伪科学。

——学会利用网络查找相关资料,能够将自己的学习过程和成果与其他人员分享和交流。

——能够熟练操作各类安全检查设备。

10.教学过程

(1)课时一

了解世博会的性质特点,办会精神,有关规定,前几届世博会安保方面的成功经验和存在问题,中国安保的特点,上海社会治安的特点。

分组:建议五人一组形成世博会安保特点分析小组。

(2)课时二

前需技能的培养:总负责人首先要对全体队员进行前需技能的培养,用较短时间观看上海世博会宣传片,了解上海世博会的举办背景,以及各场馆的构成,分析世博会期间观众的时间、地点分布,园区内各个场馆的特点、布局、敏感问题、热点问题。

(3)课时三

围绕园区内安全保卫问题进行研究:如何保证园区内参观秩序井然?让大家思考,

园区参观会存在哪些安全隐患。有可能发生哪些冲突？拥挤问题、排队问题、走后门问题、携带危险品问题、发生民事纠纷问题、财物丢失问题等等都要进行充分考虑。

一旦出现问题如何解决，不同的情况如何采取不同的应对方案，如何给参观者提供热情的咨询服务，如何调解纠纷，如何控制混乱局面。

可以采取头脑风暴，大家讨论，互相启发。

(4)课时四、五

陆路道口的人、车、物安检。知道哪些是违禁物品，哪些是危险物品，哪些是隐患物品，如何通过肉眼或借助仪器进行识别、鉴定，并针对不同安全类型的物品应该分别采取何种措施。各种违禁物品存放、运输的规律和特点，一般的伪装隐藏手段。

(5)课时六

安检岗位分工及其队形站位。安检工作分为哪几个岗位，每个岗位的职责、特点是什么，检查的对象是什么，可能会遇到的问题有哪些，各个岗位之间的关系是什么，如何进行呼应和协作。

(6)课时七、八

开展一些辩论、模拟、训练活动。让一部分学员扮演被检查对象，将违禁物品存放在隐蔽位置，让其他队员去检查。被检查者可以故意刁难民警，可以有意识地阻碍检查，以训练民警的应对能力。

11.预计时间

总共需要八个课时和一些课外训练时间。

12.需要技能

——基本的文字处理能力，文档管理、电脑操作，有关应用软件的操作经验。

——各种仪器设备的操作能力。

——灵活应对能力。

13.所需的材料和资源

——印刷资料

——辅助材料

——网络资源

14.评价工具

——搜查技巧的评价量观

——识别违禁物品准确性的评价量观

——服务态度的评价量观

三、WebQuest 培训模式

WebQues 是一种网络探究活动，由美国圣地亚哥州立大学开发的一种课程计划，属于一种专题调查活动，主要依托互联网的强调信息资源优势来训练学习者的探究能力。通过网络探究，最大限度利用网络资源，发觉互联网信息的同时促进高阶思维能力发展。

（一）任务的设计

通过网络探究完成的学习任务有12种：总结汇编型、设计型、创造型、说服型、建立共识型、科学活动型、自我认识型、分析型、批判型、复述型、新闻工作型和神秘型。

任务追求的目标一般包含8个方面的高阶思维能力：比较、鉴别、阐明能力；分类能力，即能根据事物的属性和特征将它们有序分类；归纳能力，通过观察和分析，归纳出一般化的原理；推理能力，通过给定的原理和法则，推论出未知的结果；分析错误的能力，能准确找出并阐明自己和他人思维中的错误；取证能力，能迅速找出支持的依据；概括能力；提出观点的能力。

（二）设计原则

WebQuest设计一般要注意遵循FOCUS原则：（1）Find表示寻找优秀的网站；（2）Organize表示有效地组织学习者和学习资源；（3）Challenge表示挑战学习者思维；（4）Use表示选用有价值的媒体；（5）Stand表示支持学习者达成高水平学习期望。

首先，要知道什么才是优秀的网站，在判断网站质量好坏时主要依据学员的年龄、学习主题、期望效果，判断的标准主要有：可读性、趣味性、异源性。

其次，组织学习资源时要考虑到学员是否都携带电脑，是否具备上网条件等因素。组织活动时要善于创造便于角色互动、责任分工、人际协调、开展协作的和谐环境。

挑战学习者思维主要通过分配挑战性任务、设计可操作的活动实施方案、开展主题辩论等方式来实现。

选用媒体要考虑人的因素、交流的方便性进行合理选择，网络、书籍、报纸、杂志都是可以的。

支持达成期望的方式主要是为学员提供脚手架，包括接收支架、转换支架和输出支架。

（三）设计步骤

设计分为四个步骤。

1.探索可能性，包括选择积累主题、明确学习差距、整理资源、做出揭示问题的决定等过程。这一步中需要认真思考和决定的是：你是否拥有制作一个WebQuest所要求的必备条件。需要考虑这个主题是否值得花时间去设计，学员潜在的认知水平是否合适，是否拥有了可用的资源，这些资源是否有使用权，是否涉及了重要的事物，是否能够产生解释、争论和假说活动。

2.为成功而设计，包括开展集体自由讨论、辨识真实的反馈、分类筛检资源链接和做出定义学习任务的决定等工作。一般包含6个基本模块，即导言、任务、信息资源、过程描述、导航、结论等。

3.创建网页，包括利用多种工具制作网页，组织学生参与，搭建思维脚手架等工作。

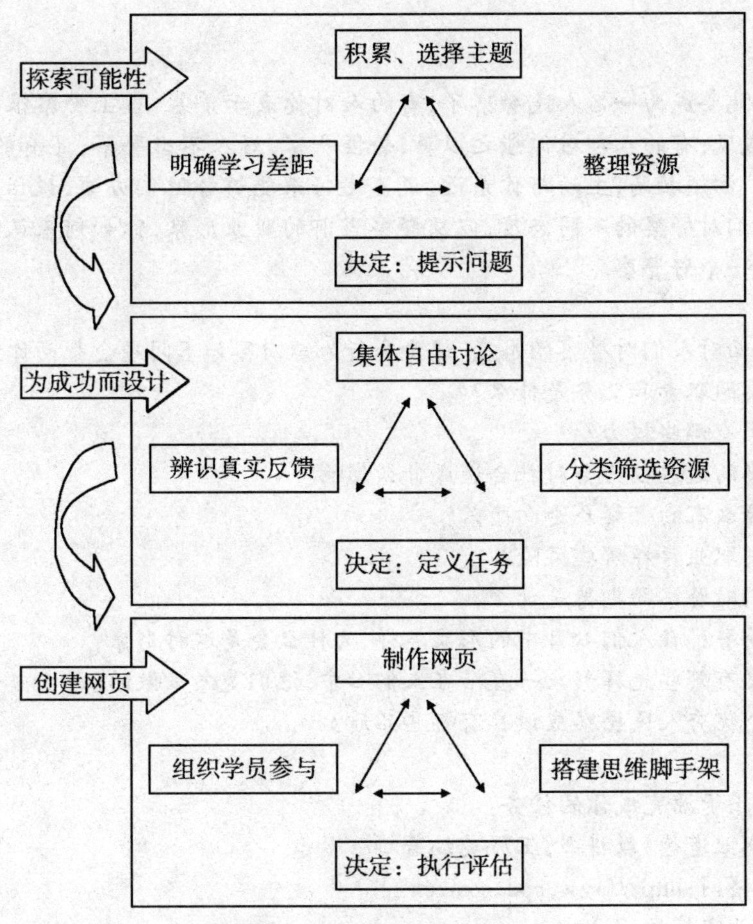

图 3－9　培训模式设计图

（四）评价量规

对 WebQuest 的评价可以分为总体审美、导言和情境、任务、过程、资源、评价六大部分。其主要评价依据包括总体视觉要求、导航和翻页、物理方面、动机激发效用、认知发展效用、任务和课程标准的关联、任务涉及的认知活动水平、清晰度、支架搭建、丰富性、资源数量、品质因素。

【案例】

警察职业道德培训案例设计

1．主题

警察职业道德问题与对策

2．培训对象

新录入警察

3.情境

你马上就要成为一名人民警察了,有的人对你表示羡慕,当上警察很了不起,有权有势,又威风;有的人却对你嗤之以鼻,警匪一家,好人不当警察;还有的人开始对你奉承迎合,溜须拍马,主动与你亲近,说不定将来能够替他们办事,说话,撑腰。面对身边的人们对警察的不同态度,以及警察当前的职业形象,你如何来认识,你认为怎么才能当一个好警察。

4.任务

你如何面对人们对警察的态度、评价和行为。回答如下问题会帮助你完成任务。

(1)警察的职责和义务是什么?

(2)警察有哪些权力?

(3)警察的这些权力会对社会造成什么影响?

(4)为什么有的警察会走向堕落?

(5)警察职业存在哪些风险?

(6)人们对警察的期待是什么?

(7)当前警察在人们心目中的形象怎样,为什么会是这种形象?

(8)警察有哪些光辉形象一直活在人们心中,他们是怎么做的?

(9)一个优秀人民警察应该具有哪些品质?

5.资源

使用以下资源完成你的任务:

《警察职业道德》教科书,王凤美编著

中国警察网:http://www.cpd.com.cn

警察职业道德案例:http://www.sdpc.edu.cn

最美警察事迹材料:报纸、杂志、网络搜索

警察的堕落之路:文强、王立军等

教育片:公安内部开展纪律作风教育和廉政教育的教育片

6.成果

你将如何做一名警察,请针对正反两方面的事例,设计一个论文网页,对“警察形象何去何从”进行描述,从警察的历史使命、职责义务、职业道德、社会形象等方面的影响谈起。

7.评价

评价可根据一定的要素确定相应的等级。

四、基于网络协作学习的培训模式

网络协作学习(WBCL)是指利用计算机网络以及多媒体等相关技术,由众多学习者针对同一学习内容彼此进行交互和协作,以更加深刻地理解与掌握教学内容的过程。其特点是可以有效突破时间和空间的限制,更加全面地展现问题的情境,实现可控交互,它借助了计算机网络,使学习者分组方式更为灵活多样。并且在学习过程中可以隐藏学习者各种附属的角色,简化复杂低层次的工作,拥有海量的网络学习资源。

(一)基本方式

目前常用的一共有9种学习方式:竞争、角色扮演、辩论、讨论、协同、伙伴、设计、小组评价、问题解决。学习方式各有各的优势,不存在先后排序,关键要看适应什么样的内容、环境和教学对象。

(二)技术实现

实现网络协作学习的常用方式有:(1)BBS,就是电子公告牌系统,主要通过注册成员向公众发帖,跟帖,发送私人消息来实现协同学习,具有较强公开性。当前网络上有大量的BBS,随意可以找些来借鉴一下,其好处是观点比较系统完善,逻辑性严密。(2)网络聊天室,主要有两种,集成Web环境的聊天室和使用专用软件的聊天室(ICQ/AOL),比较接近人与人之间面对面的交流,增加了表情、动作,使协作学习更加逼真形象。(3)E-mail,特点是简易、快速、经济,比较严谨、严肃,适合观点成熟的讨论。(4)新闻组,通过电子邮件交换信息,能够离线看信、写信,有效节约了上网费用和网络资源。(5)PC to PC的IP电话,可见、可听、可说超空间协作学习,跨越了空间的距离,使面对面交流在网络空间得以实现。6.博客,具有个人自由表达、知识过滤与积累、深度交流沟通的特点。

(三)教学设计步骤

1.确立学习目标:目标是一个体系,包括知识、能力方方面面。

2.分析学习者的特征:了解其心理特质,学习习惯,学习基础等信息。

3.选择学习的内容:因材施教。

4.设计学习主题:主题要鲜明突出,便于学员理解。

5.确定小组的基本结构:包括职务、年龄、性别、岗位、学历、地区等结构。

6.创设学习环境:便于学员理解掌握的良好环境以及学习氛围。

7.准备学习资源:整合优化各种教学资源。

8.策划学习活动:策划一场引人入胜的活动是成功的关键。

9.拟定学习效果评价内容与方法:评价就是指挥棒。

【案例】

警察心理问题与对策

1.学习目标

(1)认识警察心理健康的概念及其意义。

(2)警察心理健康的标准。

(3)心理压力的种种表现、类型。

(4)探究造成警察心理压力的原因。

(5)探究心理调适的方法。

2.学习者特征

基层民警,年轻,缺乏经验。

3.学习内容

(1)概念学习

心理健康,心理调适,压力管理。

(2)问题解决

执法工作中存在心理压力很正常,要了解有哪些表现,探寻形成原因,大家可以共享解决办法。

(3)设计

自己设计一个心理健康表。

4.学习主题

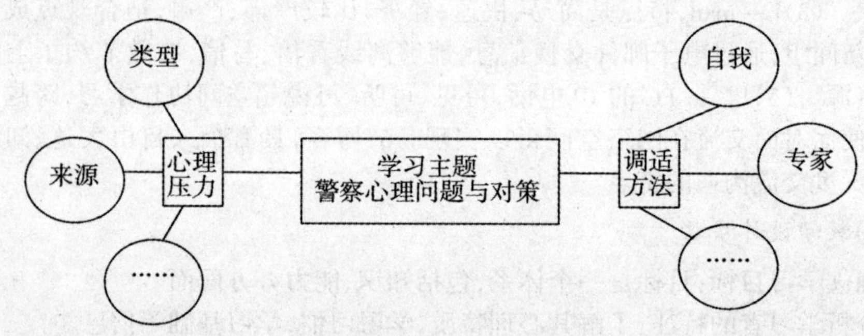

图3-10 协作学习结构图

5.小组结构

采用组内同质,组间异质的方法,把工作阅历、学习风格、认知水平相近的学习者编为一组,使他们便于沟通,共享体验。

6.学习环境

学员主要以计算机为媒体与他人协作,小组成员可以同学习伙伴、教师和专家展开协作,在网络环境的支持下对警察心理问题与对策进行探讨。利用聊天室、QQ、MSN、BBS、博客等相互发送建议、忠告、评论等,还可以访问校园网及互联网、公安网,从中搜寻学习资料。

7.主要学习资源

(1)课件

可自编课件,也可将网络课件根据实际需要改变。

(2)多媒体资源库

(3)专题学习网站

(4)案例库

8.策划学习活动

(1)角色互换游戏

(2)信任游戏

(3)放松游戏

(4)沙盘游戏

五、基于案例学习的培训模式

案例教学的思想源于基于问题的学习,强调以学员为中心的合作学习,它是一种教师与学员直接参与,共同对案例或疑难问题进行讨论的教学方法。在案例教学中,学员通过对案例的阅读、研究、讨论之后,在教师的引导下进行讨论。

案例教学的一般步骤如下。

1.课前准备

课前准备包括教师准备和学生准备。其中教师准备的目的是:熟悉案例内容、确定教学重点与难点、设计教学实施过程。准备好设备、软件、硬件、学习材料、备课、熟悉学生。教学过程设计,如何活跃气氛、开展理论学习,如何展示案例,组织小组讨论等等。学生准备的目的是,阅读案例,了解大意,抓住关键性事实,并阅读相关材料,对案例进行仔细分析思考,记下案例需要解决的基本问题,然后开展小组讨论。

2.教与学

教与学是相辅相成的,在案例教学中重点要考虑如何形成良性互动,充分发挥学生的创造性思维。教学中教师的主要任务是:通过对学生提问,了解学生对案例学习的情况,到学生讨论案例中的重点问题,帮助学生理清讨论的思路,既是教学组织者、引导者,又是观察者。学生的主要任务是:有效地倾听,同时注意分析所讲内容的含义,有效地讨论,将自己观点与别人的观点对比、补充,有效地反思。

3.课后反思评价

教师的反思评价重点为真实性评价和档案评价,评价的内容包括教学效果、技术手段、学习团队三个方面,其中教学效果评价主要是看所用案例的难度是否合适,案例是否有助于对知识的理解,教学重点、难点是否突出,能否激发学生的兴趣并促进学生展开讨论,是否有助于培养学生分析问题、解决问题的能力。其中常用的技术手段评价包括:教学环境创设、教学媒体选择、教学资源开发;对学习团队评价主要看三个方面,即团队学习态度和能力、合作程度、小组分工是否合理。

学生的反思主要集中于对案例内容的评价与对参与程度的评价,包括心智发展、技能、态度三个层面,其中心智发展层面就是对思考品质的评价,技能层面则包括沟通能力、研究能力、人际能力,态度层面主要评价个人眼界、信念或价值、自我评鉴。

【案例】

平阴县"全警全时空"警务新模式的思考

1.案例介绍

为进一步提升公安机关驾驭社会治安局势的能力和水平,2009年6月以来,平阴县公安局探索实施了"全警全时空"预防和打击违法犯罪警务新机制,有力地缓解了县级公安机关警力不足、协调不畅、整体战斗力不强的老大难问题,提高了见警率、管事率和对现行违法犯罪的抓获率。

所谓"全警全时空"就是全局每一名民警在任何时间、任何地点,对公安机关管辖的任何违法犯罪行为都有发现、控制、报告、查处或移交责任主体查处的权力和责任。

为了实施"全警全时空"机制,平阴县公安局专门成立了领导小组,由局长挂帅,合理设置任务参数,规定从局长到基层所队长,必须带头落实,带头参加巡逻防控。出台了《民警轮岗交流规定》,对96名中层干部和64名民警及工勤人员进行了调整交流,开展全员岗位练兵,最大限度地做到"人尽其才,才尽其用,位得其人,多岗锻炼"。

为此,平阴县公安局还对工作流程进行战略性调整,针对全县公安民警从单一执法向综合执法转变后出现的案件移交、犯罪嫌疑人审查、案件审核等工作,按照"就近就地"和"归口办理"原则,统一印制警情转递单,明确工作规范,确保民警在抓获犯罪嫌疑人或查处交通违法后,及时向相关警种移交。建立了常态化绩效考核机制,纳入台账化管理,实行一月一通报排行榜制度。

实施"全警全时空"机制以来,平阴县公安工作发生了以下几个变化:一是实现了由被动应对向主动出击的转变。该机制使广大民警走出办公室、走出车子,走上路面、走进社区,真正做到"屯兵街面,还警于民",基层警务实现了变静态管理为动态防控、变事后处置为先发制人、变被动反应为主动出击。二是实现了由单一执法向综合执法的转变,打破了警种分工过细和单枪匹马的工作格局。民警在日常工作中,集治安巡逻、重点人员控制、交通管理、出租房检查、网吧检查、旅馆业务管理于一体,实现了"民警走到哪里,治安管控措施落实到哪里",形成了大治安、大刑侦、大交警等新格局。三是实现了由一警一能向一警多能转变,全局民警在做好本职工作的基础上,能够接触到更多的公安业务,每名民警都成为多面手,全面履行打防管控等职责,还原了警察职业的本来面貌。四是实现了由各自为战向多警协作转变。各警种、部门主动加强协调配合,互通情报信息,协作更频繁,沟通更紧密,打破了部门壁垒,实现了优势互补,形成全局一盘棋的良好格局和打击防范犯罪的整体合力。

2.讨论题

(1)"全警全时空"警务机制产生背景和适用范围是什么?

(2)"全警全时空"警务机制的优点和弊端有哪些?

(3)“全警全时空”警务机制实施的基本条件是什么？

六、基于概念地图的培训模式

概念地图，也叫心智地图或思维地图，是指围绕特定主题创建知识结构的一种视觉化表征。其构成要素有节点、连线和连接词三个部分，具有层级结构、交差连接、理性与情感交融等特征。

(一)概念地图类型

概念地图有多种表达方式，按结构分有蛛网型、层级型、流程型和系统型四种。另外还有风景画型、多维3D型、曼荼罗型三种特殊概念地图。其中，曼荼罗概念地图指信息以交叠的集合图形的形式呈现，其压缩重叠的因素容易产生引人注目的视觉效果，强烈吸引观察者的注意。

这些概念地图的应用是基于认知理论和传播理论，诸如结构型知识理论、整体呈现理论、格式塔心理学、有意义学习理论、记忆系统研究、知识本质研究、构建主义学习理论，以及视觉符号和非言语传播等理论基础。

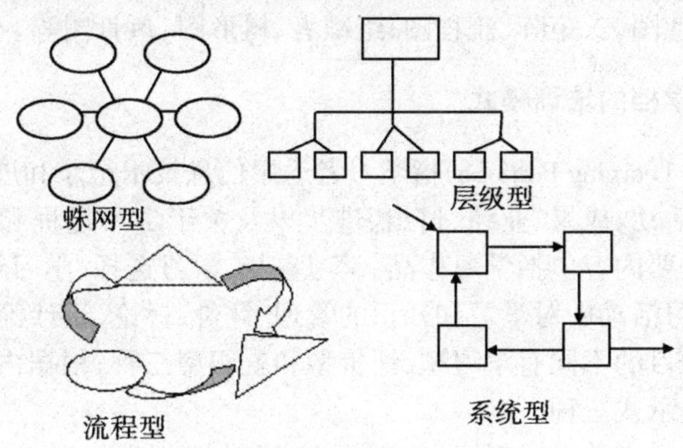

图 3－11　概念地图类型图

(二)概念地图的教学功能

在构建概念地图过程中，学习者将概念通过横向、纵向、回溯等联系构成阶层化的、由高级到低级或由大到小的、逐渐分化的图形，高度浓缩知识，将各种概念及其关系以类似于大脑对知识储存的层级结构形成排列，清晰提示了意义建构的实质。其功能有：(1)提高学习的效率；(2)解决具体问题；(3)超文本设计；(4)辅助交流协作；(5)创造性思维；(6)开展反思与评价；(7)提供丰富的学习工具；(8)提供各种教学工具；(9)管理知识；(10)制作思维导图。

(三)概念地图支持教学基本程序

使用概念地图教学的基本程序主要分6步，即教学准备、构思框架、精细绘制、成果展示、反思评价和档案评价袋。其中绘制概念地图是关键，其基本步骤包括：(1)确定中心主题;(2)概念排序;(3)按层级对概念列表;(4)制作概念地图,最抽象和最具涵盖性的在最高位置;(5)将二、三、四层的自概念放在概念地图上;(6)将概念用连接线连缀起来,并写上合适的连接词;(7)在不同分支之间,寻找有意义的横向连接,并表明关系;(8)重新整理概念地图结构。

当前制作概念地图的软件工具主要有:Inspiration、Cmaptool、Decision Explorer、Cocomap、Concept Connector、Mind Manager 等。

(四)设计原则

概念地图的总体设计应遵循如下原则:(1)利用语言或视觉提示、组块和页面设计,重新构建文本;(2)建立不同概念之间的内部联系;(3)紧邻相关文本,设置相关视图;(4)概念梯度的操作提要和概观;(5)用醒目的标记表明关键属性。另外还有 11 条视觉原则:简洁、清晰、平衡、协调、组织性、重点突出、易辨性、统一性、透视性、观点明确、构架合理。还有学者提出了 CRAP 原则:C——对比度,R——重复性,A——空间性,P——毗邻性。

与概念地图类似的知识外在表征形式非常丰富,包括了知识地图、示意图、图画、连续性图表、离散性图表、矩阵、流程图、组织者、树形图、鱼骨图等。

七、基于电子学档的培训模式

电子学档(E - Learning Portfolio)指学习者运用信息技术记录和展示其在学习过程中关于学习目的、活动、成果、业绩、付出、进步以及关于学习过程和结果进行反思的一种集合体。其主要内容包括学习作品、学习参与、学习选择、学习策略、学习自省等材料,用于现代学习活动中对学习和知识的管理、评价、讨论、设计等。①

电子学档根据目的不同有学习型、评价型和就职型三种,根据内容和特征可分为过程式、陈列式、展示式三种。

电子学档具有真实的表现形式、数字化表达、数据收集的即时性和方便性、个性化、自激励和他激励性、过程性、评价主体多元化以及容易保存等特点。其功能包括学习历程记录、交流和反馈、学习和评估、个人知识管理、支持终身学习等。

(一)一个完整的电子学档应包含的元素

学习目标、材料选择原则和量规、教师和学员共同选择的作品范例、学员学习活动、学习行为的记录、教师反馈与指导、学员自我反省、清晰的作品评价标准和标准范例。

(二)电子学档对学习者具有的积极意义

把学习者的学习看成一个整体,可以记录和保存所完成的各种学习作品,通过搜集关于技能形成和获取的信息,确保有证明作用的学习材料和依据,确定需要改进和

① 钟志贤:《信息化教学模式》,北京师范大学出版社,2007 年。

加强的领域,增强自尊感,加强反思,促进学习绩效提高,可以映照出学习者的学习观念、态度和信念,促进协作和评估,有益于激励学习者参与学习活动。

（三）电子学档的开发过程

(1)确定目标和受众;(2)搜集有关材料;(3)选择、反思、指导;(4)检查、完善、链接;(5)共享。

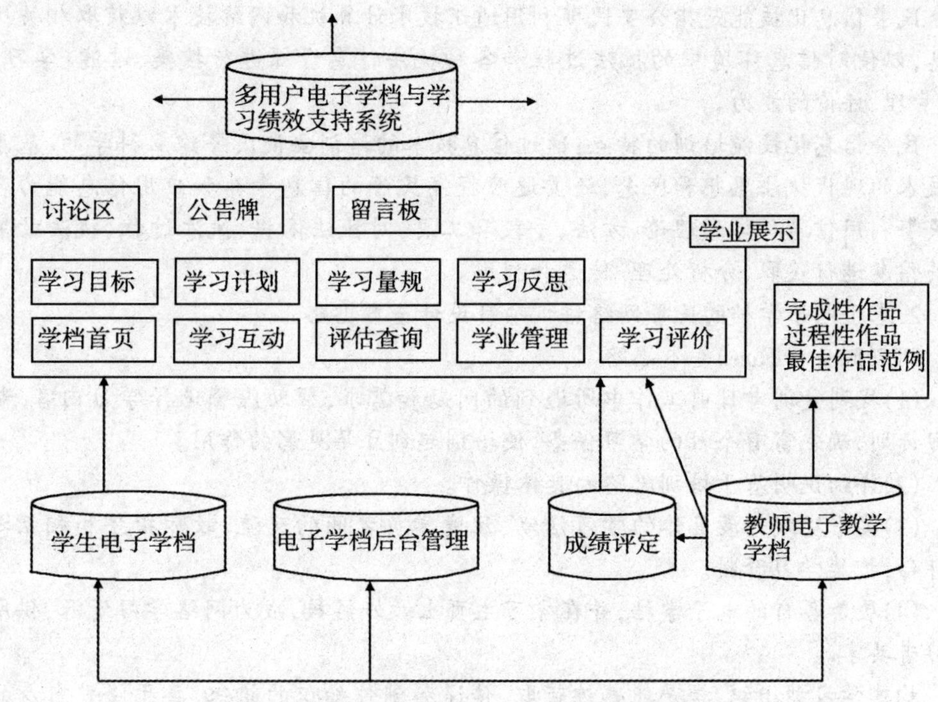

图 3-12　电子学档系统(WePS)功能构架图

（四）基于电子学档的学习策略

基于电子学档的学习是一种基于任务和项目的学习,整个学习过程中由学员管理和控制,围绕电子学档的创建,不断修改、补充、完善,最终获得一个可用于反思、参照和评估的产品。这种学习策略包含如下 8 个阶段:(1)Define——定义学习阶段;(2)Identify——确定学习需要;(3)Meet——确定如何实现这些需要;(4)Plan——根据这些需要计划学习方案;(5)Select——运用合适的资源来满足这些需要;(6)Assess——确定将如何评估是否实现了需要;(7)Demonstrate——选择素材和作品范例证明所学;(8)Reflect——反思学档,计划下一阶段学习。

【案例】

基于 e - PBL 的公安民警信息化技能培训项目设计

1.公安民警信息化技能培训概述

民警信息化技能是指公安民警利用通讯技术计算机和网络技术以获取相关执法信息,以便对信息环境中的执法过程和各种执法信息资源进行搜集、过滤、学习、应用、管理、评价的能力。

民警信息化技能培训的特点:通过信息技术的培训要使民警建立科学的、基于信息技术的现代执法思想和理念,还要逐步提高民警的信息素养和应用信息能力。要求民警利用信息科学的理论、方法、手段和工具,对执法依据、执法过程、执法效果等有关信息进行获取、分析处理、传递和利用。

2.基于电子学档的民警网络培训项目设计基本思路

FTF(Face to Face)基本思路

(1)找到受训者目前工作中所遇到的问题和需求,帮助民警选择学习内容,制订学习计划,确定富有个性的学习任务,使培训起到立竿见影的作用。

(2)详细说明基于培训思路的具体操作。

(3)集中实践开展具体的学习活动,注意学员之间的交流、教师指导和相互之间的评估,搜集学习资料。

(4)展示各自的电子学档,并在学习主页上做好链接,成为网络学习资源,供所有学习者共享。

构建学习型组织,就是能熟练获取、传递和创作知识的组织,善于修整自身的学习行为,以适应新的知识观和见解。

八、基于多元智能的个性化培训模式

多元智能理论(MI)是自 20 世纪 80 年代中期以来风靡全球的国际教育新理念,由哈佛大学教育研究中心心理发展学家霍华德提出。他认为人类思维和认识的方式是多元的,比较成熟的看法主要有 9 种智能:言语语言智能、数理逻辑智能、空间视觉智能、音乐韵律智能、身体运动智能、人际沟通智能、自我认识智能、自然观察智能、存在智能。每个人在全面发展多元智能的基础上,可以有一种或数种优势智能。其他还有将人类智能分为记忆力、形象力、抽象力、信仰力、创造力等类型。还有人提出了智力商数 IQ、情绪商数 EQ、判断商数 JQ、逆境商数 AQ、创意商数 CQ、健康商数 HQ、理财商数 FQ、精神商数 SQ、发展商数 DQ 等一系列理论。

多元智能在教学中的应用主要体现在建立新的学生观、教学观、评价观和发展观等方面,主要有如下应用。

(一)个性化学习课程模式

目前主要有三种基于多元智能的个性化学习课程模式:为 MI 而教的课程模式、通过 MI 而教课程模式和学徒制课程模式。为 MI 而教的课程模式是以发展学员多元智能为目的,以跨学科专题学习为主导教学形式,通过统整多种智能和多学科知识的专题进行学习,着眼于个体智能发展。通过 MI 而教的课程模式则以单课时学习为主导教学形式,通过 MI 教学菜单进行学习。

(二)个性化学习环境设计

1.学习活动中心的设计

多元智能学习活动中心包括永久开放性学习活动中心和临时专题学习活动中心。当前各级公安机关的培训基地和公安院校可以考虑建立一些具有职业特色的学习活动中心。

表 3－2　　个性化学习活动中心一览表

学习中心名称	设计范例
鲁迅中心 (言语语言)	* 专设图书架区,舒适的桌椅 * 视听区(光盘、有声读物) * 写作区 * 讨论区
福尔摩斯中心 (逻辑推理)	* 侦探推理文学书架 * 案件情境模拟游戏 * 逻辑推理训练 * 创造性思维训练
史泰龙中心 (身体运动)	* 健身房,力量训练 * 障碍跑道,灵活性训练 * 拳击训练区 * 射击区
卡耐基中心 (人际沟通)	* 辩论与讨论区,供头脑风暴、小组讨论桌椅,题目,辩论台 * 社交区 * 心理调查区
任长霞中心 (自我认知)	* 独立学习区 * 日记写作区 * 公安英模事迹阅读区
毕生中心 (自然观察)	* 特征鉴定实验区 * 现场勘察模拟区

2.网络环境设计

面对纷杂的网络资源,结合业务培训,教师可以对网络资源进行加工,为促进学员 MI 发展而进行 MI 重构,创建自己的网络教学资源,以配合培训中心的多元智能教学。

3.民警心理在线

随着当前民警心理压力的加大,为民警开展个性化的心理培训非常重要,为此许多公安机关或公安院校开设了民警心理网上教学课程,作用非常明显。通过构建民警心理在线网络,对民警进行心理测试,为民警提供心理健康咨询和教育,宣传心理健康的标准和知识,这样能够提高民警的战斗力。

方法篇

第四章　现代教育技术与公安培训

20世纪80年代以来发生在学习与教学理论领域的变革,以及源源不断的来自自然和社会科学的一些新技术,如网格计算、资源挖掘、智能代理、移动通信、知识管理、绩效技术等,因关系着知识与人的发展,必然也会进入教育技术的视野,影响和推动教育技术的发展。

第一节　传统培训方法优缺点分析

传统的培训方法主要有5类。(1)直接传授法包括:讲授法、专题讲座法、研讨法等方法;(2)实践型培训法包括:工作指导法、特别任务法、工作轮换法、个别指导法等方法;(3)参与型培训法包括:自学、头脑风暴法、案例研究法、模拟训练法、敏感性训练法等方法;(4)态度型培训包括:角色扮演法、拓展训练法;(5)科技时代型培训方法包括:网上培训、虚拟培训、GBE、NYP(产学研)等方法。

一、讲授法

这是最传统、最古老的一种培训方式,教师主要通过讲述、讲解、讲读、讲演等口头语言来表达各种知识,系统地向学员传授知识,帮助学员理解、记忆有关观念、逻辑关系与特定知识。要求教师具有系统丰富的专业知识和口头表达经验,讲授内容要有系统性、逻辑性,条理清晰,重点难点突出,循序渐进,而且要求老师具有较强表达能力,要求语言清晰,生动准确,必要时运用板书,并应尽量配备必要的多媒体设备,以加强培训的效果,课程讲授完应留有适当的时间让教师与学员进行交流讨论和沟通,用问答等方式获取学员对讲授内容的反馈。

讲授法的优点是信息量大、灵活性好、有利于激发兴趣、传授方法、启发思维。缺点是受教师个人素质影响较大,难以掌握实际操作技巧。

二、工作轮换法

这是一种在职培训的方法,就是让受训者在预定的时期内变换工作岗位,使其获得不同岗位的工作经验,此法一般主要用于对新进员工的培训。俗话说“人挪活,树挪死”,工作轮换,既能充分调动员工积极性,提高岗位新鲜感,又能促进员工学习和思想碰撞,带来工作理念变革和工作方法创新。采用工作轮换的好处是能够培养新进入组织的年轻员工或未来的管理者。当然,并非所有组织都可以进行岗位轮换的,特别是专业门槛较高和保密性强的工作很难进行轮换。而且安排工作轮换时,必须要考虑培训对象的个人学习能力、动手能力、适应能力以及发展需要、兴趣爱好、对职业的态度和偏爱。工作轮换时间长短取决于培训对象的学习能力和学习效果,而并非要机械规定时间。近年来,平阴县公安局推行全警全时空的警务模式,打破警种岗位界限,实行全警岗位大轮换,实现了民警一专多能,极大地提高了民警的综合执法能力。

轮换的方式主要有两种,一是到不同部门考察工作但不介入;二是介入不同部门工作。轮换法具有激励性、趣味性、挑战性等特点,能够满足民警心理需求,培养适应新环境的能力,还可以满足职业生涯发展需要,促进民警成长。对组织而言,则能激发组织的活力,促进组织发展,通过轮换还能够储备多样化的复合型人才,增强部门间的协作。

三、工作指导法或教练实习法

这种方法是由一位有经验的技术能手或直接主管人员在工作岗位上对学员进行单个的一对一的现场个别培训。教练的任务是教给学员如何做,提出更好的建议,并对学员进行鼓励。在公安机关这种情况非常普遍,许多年轻民警跟着老民警一段时间,通过言传身教,观察模仿,逐渐掌握老民警的经验和方法,又叫师傅带徒弟法。这种方法并不一定要有详细、完整的教学计划和教案,但应注意培训的要点:第一,重点了解工作流程及关键环节的具体要求。第二,掌握做好该项工作的基本原则和主要技巧。第三,必须告诉徒弟注意避免哪些常见的问题和错误。这种方法在实践中得到广泛应用,比如车间生产、手工艺制作、驾驶、工具器械操作等。采取这种方法培训时,必须预先准备好需要的所有器材,并摆放整齐,让学员能看清所有的示范物,师傅则一边示范操作一边讲解动作或操作要领,学员要经过反复模仿实习,这时师傅可在一边指导纠正。

四、研讨法

研讨法就是在教师引导下,学员围绕一个或几个主题进行交流,相互启发的培训。按照研讨主体分为以教师为中心、以学员为中心、以某一组织为中心。按研讨客体分为任务取向和过程取向。按组织形式可分成讨论、头脑风暴法、团队列名法、六顶帽子法、深度访谈法等五种。

研讨法的优点是:实行多向式信息交流,有利于学员取长补短,开阔思路,促进能力提高;要求学员积极参与,有利于培养综合能力;可以加深学员对知识的理解,提高运用能力;形式丰富,适用范围广。其缺点是:选题及研讨主题资料较难,选题要具有代表性、启发性，难度要适当，要实现给学员充足的准备，同时对教师要求较高。

（一）头脑风暴法

又称自由思考法、智力激励法、BS法，属于一种创造性思维的研讨方法，曾经获得广泛应用。主要是召集一个专题研讨会议，组织各方面人员参加，如方法论学者、设想产生者、分析者、演绎者等，主持者明确研讨问题和规则，与会者各抒己见，实行无限制的自由讨论和联想，甚至提出质疑，进行辩论。以此形成联想反应、情绪感染和竞争意识，激发表达欲望。

它要求遵循的原则是：与会人员一律平等；主张独立思考；提倡自由发言；禁止批评和评论，但也不要过于谦虚；目标要集中；鼓励巧妙利用或改善他人设想；不要妄下结论。

（二）团队列名法

团队列名法是以问题研究为中心，以互动为主要方式，以团队合作为保证的教学研讨方法，有助于拓展思维宽度、突破思维局限，提高整体思考能力和解决问题能力。

其具体做法是，把专家分成若干小组，每人发一张卡片，互相独立以书面形式回答教师提出的问题。各小组负责人把答案收集整理后，公布所有意见，请专家逐一思考，进行表决，只表示同意与否，不做辩论。然后，由各小组参考专家意见进行讨论，形成小组意见。

（三）六顶帽子法

这是爱德华博士发明的一种思考方法，他用六顶帽子来代表六种思考方法。

蓝色帽子：一般代表主持人，为思考过程的控制者和组织者。其常用的语言是：我们到哪一阶段了？下一步骤是什么？由此使思考问题过程化、清晰化、条理化。

白色帽子：代表中立者，代表信息和质询，他们较细致、客观、注重细节、事实，其任务是为其他帽子提供信息、事实和数据。

黄色帽子：代表乐观者，善于从积极乐观的角度看问题，做正面肯定。但要求肯定必须有依据、有逻辑，按步骤和方法进行积极的理智思考。

黑色帽子：代表怀疑者，善于否定、怀疑，从悲观、谨慎、小心的角度看问题，常常对问题进行挑错质疑。

红色帽子：代表感性者，比较情绪化、感情化、非理性，善于直接表达情绪、感觉、直觉和预感，既有正面，也有负面，并且没有任何理由。

绿色帽子：代表创新者，代表创新、变化、异见、暗示、建议，善于做横向思考，独辟蹊径，充分发挥想象力。

（四）深度访谈法

深度访谈主要用来获取学员对问题的理解以及深层次的探索性研究。比较适用于了解较复杂、抽象的问题。这种访谈一般是无结构的、直接的和个人的、私密的访问。访问者为了消除受访者的自我防卫心理，通常采用氛围营造法、文字联想法、语句完成法、情境设计法、角色扮演法等技巧来逐渐深入探讨，接近其心灵深处。

深度访谈的技巧主要有循序渐进、探寻隐蔽问题、象征性分析三种。

五、视听技术法

视听技术法是利用现代视听技术，如投影仪、录像、电视、电影、计算机等工具，对学员进行培训。该方法是运用视觉和听觉的感知方式，直观鲜明，所以比讲授或讨论印象更为深刻，容易激发兴趣。而且视听材料可以反复使用。其缺点是设备投入较大，灵活性不高。

播放材料前必须要清楚地说明培训的目的，依讲课的主题选择合适的视听教材，选择视听工具要结合学员特点、培训目标、培训环境等主客观因素，最好能边看边讨论，便于学员理解。讨论后，教师还应该进行重点总结或将其在工作上应用的具体方法告诉学员。

六、案例研究法

案例研究法在国外的各种培训中已经非常成熟，它是指根据授课的知识要点，由培训专家组织编写有关实践工作的真实事例，书面描述他们如何处理一些综合性的棘手问题，让学员对案例中的处理方法进行分析和评价，促进学员思考，开展团队讨论，形成观点交锋，最后提出解决问题的建议和方案。案例研究法是美国哈佛管理学院最早推出的，目前广泛应用于企业管理、行政管理、法律、医学等行业的培训，特别适合具有一定工作经验的中层管理人员的培训。其目的是训练逻辑思维能力、分析能力和决策能力，学会在紧急状况下处理各类事件。案例研究法要求采用的案例应具有真实性，要和培训内容相一致，培训时可对学员进行分组，形成学习团队，可以模拟董事会、领导班子、党委会等组织，集体分析，民主决策，通过分析、判断、提案、辩论，形成具体方案。每个人在集体讨论中必须发表自己的看法，同时也要善于听取别人的意见。讨论结束后，公布讨论结果，最后由教师进行引导分析，直至达成共识。

七、角色扮演法

角色扮演法是一种边演边学的生动方法，它首先要设定一个模拟现实的工作环境，然后指定若干学员分别扮演剧中的各种角色，通过角色的演练来理解角色的工作内容和技巧，发现问题，模拟性地处理工作事务，从而提高处理各种问题的能力和应变能力。这种方法比较适用于训练态度仪容和言谈举止等人际关系技能及思辨能力，比如模拟法庭、刑事审讯、销售技巧、业务会谈等基本技能的学习和提高。一般对新员工、岗位轮换和职位晋升的员工较多采用此法，以使他们尽快适应新岗位和新环境。培训时，教师要为各个角色准备好台词等有关文字材料以及一些必要的场景工具，确保每一事项都能代表培训计划中所要教导的行为和技能。要注意营造良好的氛围,对演练者给予适当鼓励,尽可能地融入到角色中。演出结束后,教师必须针对各演示者存在的问题及所表演的行为中反映的知识和技能进行分析和评论。角色扮演法应和授课法、讨论法结合使用,才能产生更好的效果。

八、内部网络培训法

这是一种为适应学员比较分散而采用的新型计算机网络培训方式,主要是指利用单位内部网这个强大媒体,将培训所需要的各种文字、图片及影音文件等资料放在网上,形成一个系统的、可视化的网上资料馆,学员可以根据培训目标选择网络课堂,并在教师的指导下查阅、观看各种学习资料,参与互动,完成学业。这种方式由于具有信息量大、针对性强,新知识、新观念传递优势明显,更适合成人学习。因此,特别为实力雄厚的企业所青睐,也是培训发展的一个必然趋势。随着金盾工程深入发展,公安机关开展网络培训时机已经成熟。

第二节　现代教育技术在公安培训中的应用

教育技术作为一个新兴的研究领域,形成于 20 世纪 20 年代初期美国教育领域兴起的视觉运动。它从一个教学改革实践中的运动到形成一个专门的实践领域,进而发展为一门专业与学科,经历了 70 多年实践,主要围绕 3 种教学方法而开展,即视听教学、个别化教学和系统化设计教学,目前依然不断创新出众多行之有效的教学培训手段。

我国的教育技术发展主要分为两个阶段:第一阶段为电化教育的出现与初步发展阶段(1920—1965);第二阶段为电化教育与教育技术的迅速发展阶段(1978—1996)。我们搞公安培训这么多年,但是真正能够从教育技术角度思考公安培训问题,研究公安培训对策的专家寥寥无几,实际上这种技术目前已经在各行各业的培训中得到了广泛应用,而且也发挥了巨大效益。实践证明,高质量高效率的培训越来越依赖于日益发展的现代教育技术。

一、教育技术的范畴

什么是教育技术?传统的解释是在解决教育、教学问题中所运用的媒体技术和系统技术。美国 AECT94 将其定义为“教育技术是为了促进学习对有关的资源与过程进行设计、开发、利用、管理和评价的理论与实践”。它一般由四个方面组成:学习者、学习资源、教育开发职能和教育管理职能。

这四者的关系如下图所示。

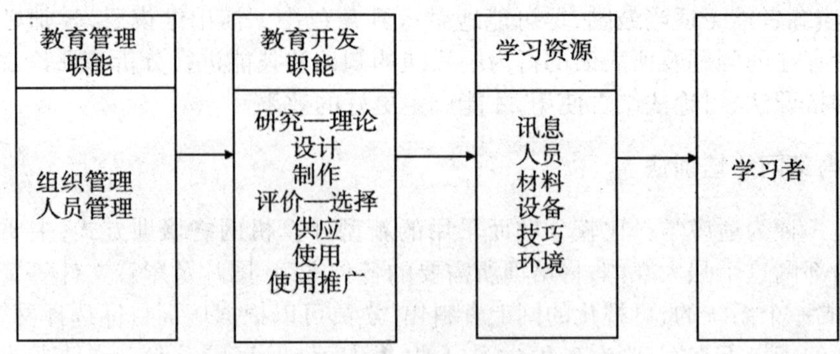

图 4-1 教育技术关系图

教育技术主要通过分析研究学习者的特点，依靠开发使用信息、人员、材料、设备、技巧和环境等学习资源，设计有效的教学过程来提高人的学习质量。它具有促进学习和改善绩效双重目的，包含了创造、使用和管理三个范畴。强调学习者为中心、依靠资源、运用系统方法。

而随着现代学习理论和人工智能理论、脑科学以及新信息科技的发展与应用，在系统研究整体论方法的运用下，教育技术的理论与实践必将推向更新的高度，并在教学改革和取得更好的学习效果方面发挥越来越大的作用。

二、教育技术学的理论基础

教育技术学是以教育科学的教授理论、学习理论、传播理论和系统科学理论为基础，依据教学过程的规范性、客观性、可再现性、可测量性和可控制性，应用现代科学技术成果及系统论、控制论、信息论的观点与方法，在既定目标下探求提高教学效果的技术手段和优化教学过程的理论、规律与方法，是一门新兴的边缘科学。其理论结构如下图：

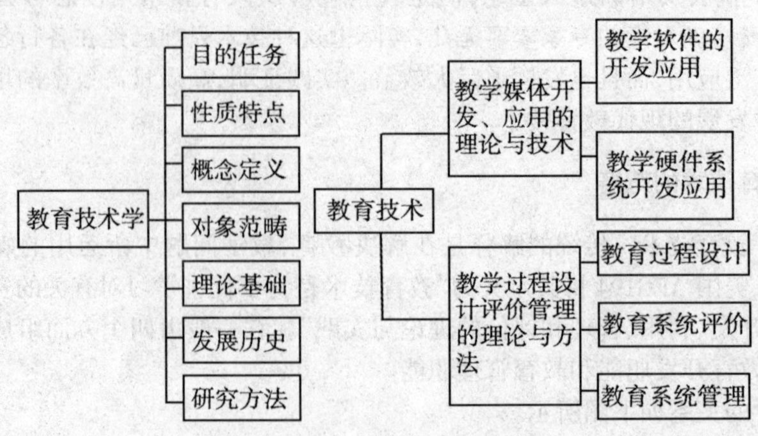

图 4-2 教育技术学理论结构

(一)传播理论

传播理论产生于20世纪40年代,主要研究传播过程的五个要素:传者、内容、渠道、受传者、效果,以及信息传播如何进行的,并根据其要素的功能来研究如何提高传播的效率和效果。有两种较典型的传播模式,即拉斯韦尔的直线传播模式和贝罗模式。

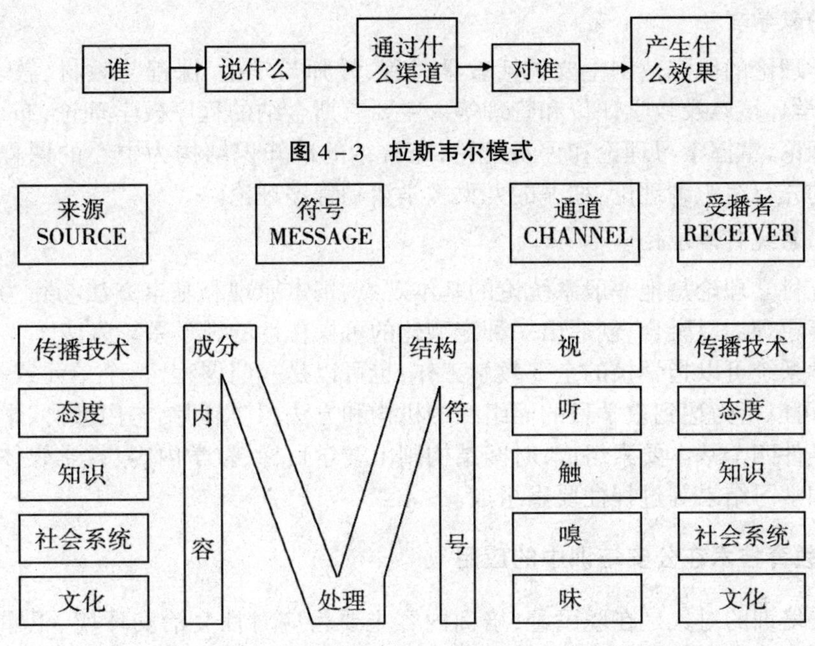

图4－3　拉斯韦尔模式

图4－4　贝罗模式

教育在本质上就是一种信息传播活动,在这一理论基础上诞生了视听传播教学理论。其研究对象就是如何提高教育传播的效率和效果。

(二)学习理论

教育技术的目的是促进学习者的学习效率。学习理论就是探究人类学习的本质及其形成机制的心理学理论。主要研究学习的性质、动机、过程和方法。当前关于学习理论主要有三大流派,即行为主义学习理论、认知学习理论和认知—行为主义学习理论。

行为主义学习理论认为,学习的实质在于形成刺激—反应联结,学习的过程就是盲目地尝试与错误地渐进过程,学习要遵循三条基本原则,即准备律、练习律、效果律。

认知主义学习理论则强调对人们学习的内部认知过程进行研究,它把知觉、表象、记忆等基本内部过程作为研究对象,同时纳入了决策和策略的研究。学习作为学习者主动建构内部心理表征的过程,主要包含对新信息意义的建构和对学习者原有经验的建构。该理论在此基础上提出了抛锚式教学、支架式教学、随机通达式教学等教学理念。

认知—行为主义学习理论以加涅为代表,将学习分为八个阶段:动机阶段、了解阶段、获得阶段、保持阶段、回忆阶段、概括阶段、操作阶段、反馈阶段。教学目标可分为言语信息、智力技能、认知策略、态度和动作技能五大类。

(三)教学理论

教学理论的研究范围主要包括教学过程、教师与学生、课程与教材、教学方法和策略、教学环境以及教学评价和管理等。主要有斯金纳的程序教学理论,布卢姆的目标分类理论、掌握学习理论和评价理论,布鲁纳的以知识结构为中心的课程理论,奥苏伯尔的先行组织者理论,加涅的九大教学活动程序理论。

(四)系统科学理论

系统科学理论是把一般系统论的基本观点、基本原理和基本方法与行为科学、传播理论等原理加以融合,创造出一种定型化的可操作性的教学系统方法。

教学系统可以指学校的全部教学工作,也可以是一门课程,一个单元或一节课的教学,也可以指为达到教学目的而组织的机构和方法,其空间结构由教师、学生、课程和教学条件四个基本要素组成;时间结构则由教学目标、教学内容、教学媒体、教学组织形式和学习结果等过程性要素组成。

三、教育技术在公安培训中的应用

公安培训的对象是在职民警,培训内容主要为应对社会治安环境、犯罪活动、法律法规发展变化以及犯罪活动所涉及的新领域、新技术等,培训的主要目标是提高民警的打击犯罪能力、维护稳定和治安管理能力。由此可以看出,公安培训具有复杂性、多变性、针对性、应用性、操作性、实战性等特点。所以,在培训中更加依赖丰富多彩的现代教育技术。

(一)现代培训媒体技术

公安培训对象是成人,结合成人的学习特点,对培训内容的展示形式更加重视,加上公安培训的内容本身形式多样,文字资料仅仅是其中较少的一部分,大量的信息需要依靠图片、声音、影像、实物进行展示,才能真实表达。为了实现这种复杂的展示目标,现代媒体技术是必不可少的。

培训媒体主要指传递培训内容的方法和模式,当前主要培训媒体有课堂培训、电子通讯、视听多媒体培训、计算机辅助培训、网络培训和虚拟现实培训。

选择具体媒体时要考虑培训目标、测试项目、培训时间、经费、培训对象的素质等要素。当前基层公安机关及警察个人都配备了非常丰富的多媒体设备,基层派出所基本上配备了电脑、公安网、互联网、电视电话系统、公安内部电话,民警个人也配备了警务通、对讲系统、录音、录像等存储设备。这些都为我们做好公安培训奠定了强有力的物质基础,只不过当前这些装备主要用于业务联络,而在培训方面还有待于进一步开发。

(二)远程培训

当前我国公安机关民警工作压力较大,加班加点极为频繁,业余休息时间得不到保障,很难拿出整块时间接受系统培训。因此采取远程培训和移动培训显得尤为迫切。

表 4-1　　培训媒介比较表

培训媒介	内容	展示与参与	受众和日程安排	成本
电视教学	内容完全一致,可以确保培训一致性	由教师和其他专家一起来讲授课程;配有图像和表格,以及内涵丰富的短消息;展示过程是静态的,受训者处于消极接受信息状态,缺乏互动	对受众没有任何限制;可以广泛地传播给分布在各地的民警;收看的时间是有限的	制作成本和播放占用的时间可能会使培训成本大幅上升
录像带	可以随意选择回放的内容	可以暂停、回放	只要有电视和 VCD 机,随时可以使用	由于可重复使用,可通过邮递发送到需要的地方,成本较低;制作成本随质量高低而不同,可能低,也可能高
培训者指导的图像教学	受训者和培训者可以一起回顾某些问题,尤其适用于那些语言能力差的民警	受训者之间可以有互动,便于大家进行讨论;需要专人进行指导,需要会面的场地,受训者不能太多,但也不要单个	适用于受训者的水平参差不齐的情况,可灵活安排教学时间	
电视会议	可使用对实践敏感的培训内容,也可用于多种议题	既可用于讨论,也可用于小组讨论,也可展示图表;通过电话,也可以进行沟通;互动效果取决于受训者的人数和时间条件,比较消极和被动	可以覆盖大面积受众;信息传送时间固定	受训人数越少,成本越高;对设备有要求,还要有卫星接收装置

（续表）

培训媒介	内容	展示与参与	受众和日程安排	成本
视听会议	对学习如何解决问题、掌握问题解决技能很有帮助	参与者可以一边讲话，一边通过演示屏进行展示，可以共享复杂的图表； 最好每次只有少数人参加	可以覆盖广大地区，采用长途电话进行数据传输； 受时间条件限制	设备成本高昂，受训者的电话和电脑必须互连
计算机会议	广泛适用于各种议题，可以解决问题和进行讨论使用	通过个人电脑和电话线，可以做到完全互动； 会有大量沟通； 没有声音或图像接触	可以为分布在不同地区的人服务，可跨越国界； 有充足的时间进行思考； 有的人对计算机单独工作有心理障碍，反应可能会过于迟滞	
警务通系统	随时随地可以接受培训，灵活方便	可以展示文字、图像、音频、视频，很方便； 通过可视对讲互动交流； 翻屏阅读比较麻烦； 只能一对一交流	资源就在身边，灵巧、贴身、方便； 适合手机学习的课程开发跟不上	

当前公安机关各种通信系统应用已经非常普遍，警务通、对讲机、视频指挥通信系统、数字集群系统等，尤其是各种无线通讯系统具有频谱效率高、容量大、信道动态分配、保密性好、话音质量好等一系列优点，350M 数字集成系统已成为警用移动通信的主要方向。近年来，我们充分利用这些系统开展了许多公安业务远程培训，比如举办专题讲座、技术培训、讨论交流、业务测试等。

（三）个别化培训

个别化培训又称个性化培训，强调以学员个性化需求为中心，注重吸引学员的注意力，激发其学习兴趣，实施人性化施教，通过每一个教学序列时学员可以设定他们自己的学习步子，依据个人特点为每位学员选择教学方法。随着科技水平和社会经济的不断发展，每个民警都需要不断再学习，而且这种学习许多情况下不能脱产，因此，个性化学习尤为重要。

1.个别化培训的要素。

个别化培训的主要要素包括:(1)学习环境的个别化。这是个别化培训的物质前提,包括集体学习场所和个人学习场所以及学习场所内的声、光、色、温度、湿度等物理条件和各种服务设施、学习工具。(2)学习风格的个别化。指学习者持续一贯的带有个性特征的学习方式,主要包括学习策略和学习倾向两个重要方面。其中学习策略就是学习方法,而学习倾向包含了学习情绪、态度、动机、持续性以及对学习环境和学习内容的偏爱。个别化培训要求教师根据学习者的学习风格来营造学习环境,呈现学习内容,选择教学策略。因此,要掌握准确测量学习风格的方法,通过设计有关调查问卷或征答表来深入考察学习者的心理机制、生理机制和社会机制,及其信息加工方式、感情需求、社会需求、环境和情绪需求、认知倾向性、焦虑水平、控制点以及大脑左右半球的发达程度。(3)学习内容呈现方式的个别化。内容的呈现可以大量采用光声电的技术,根据学习者的兴趣爱好,有了更多的选择。

2.凯勒教学模式的特点。

个别化培训中比较典型的是凯勒教学模式,其特点是:(1)学员依其形象、能力、实践及其他条件去决定学习的进度,对学员学习速度没有任何限制,完全由其自行决定;(2)要求学员对每一单元都达到熟练的地步;(3)教师的主要功能是激发学员的学习动机;(4)教学的主要来源不是教师,而是依赖书面的文字资料;(5)设有助理,其功能是使学员能有个别指导的机会,并担任单元考试评估者;(6)使学员在考试完后立即获得回馈。

其基本结构如下图:

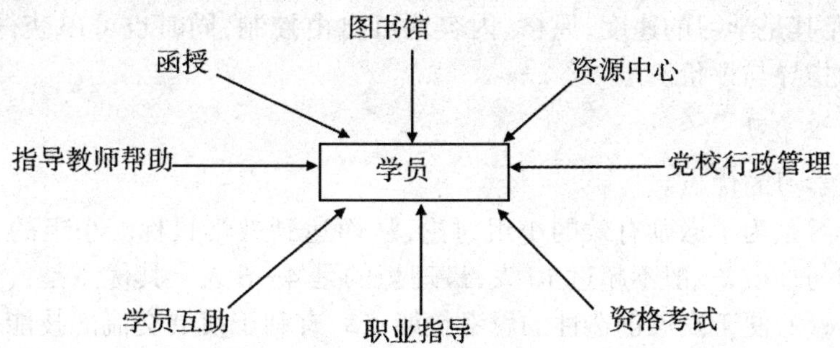

图 4－5　凯勒模式

3.个别化培训的特点。

个别化培训的特点是:(1)不受时间和地点的约束,通过电视、广播、光盘、网络以及现代化设备的图书馆和资料中心等现代化教育手段,采取各种形式,任何时段都可以学习。受训者可以根据自己的需要和条件选择学习内容和时间,可以多次重复,加深理解,已经掌握的内容也可以不学。(2)主要目的是提高知识技能,解决工作中的实际问题,不考虑学历、定级等因素,摆脱了考试的干扰,学习效果可以通过实践加以检验。(3)终身学习,大大放宽了受训者的年龄限制,任何人只要需要都可以学。(4)适应性强,受训者千差万别。

4.个别化培训常用媒体。

(1)文字教材。文字教材主要包括以教科书、笔记和程序教材组成的书籍。

(2)视听材料。包括视听学习程序,即录音带、录像带、幻灯片、投影仪、模型、练习用成套元件、普通印刷材料;语言实验室,主要用来学习外语;广播电视媒体。

(3)计算机辅助教学系统。包括计算机辅助教学软件、计算机辅助教学系统、交互式视频显示系统、智能计算机辅助教学系统。

(4)多媒体技术。就是以计算机为核心,对数据、文字、声音、音乐、图形、图像、视频、动画等媒体信息进行整合处理的一种技术。被称为信息处理技术史上的第四次革命。这种多媒体技术具有集成性和交互实时性的特点,主要融合了图形、图像、视频处理技术、声音处理技术、数据压缩和解压缩技术、触摸屏技术、虚拟现实技术等多种现代教育技术。能够提供多种感官刺激、实现交互方式多样化、提供资源更加丰富的教学环境、有助于发展学员的高级能力。

(5)网络与通信技术。计算机网络是当今世界最为活跃的技术之一,它是指互相连接的自主系统的集合。每个计算机本身无需外界的支配和控制就能独立运行,多个这样的自主计算机成为一个信息处理和传输的整体。如今这一技术被称为“信息高速公路”,就是以现代计算机网络与通信技术为基础,在现有计算机网络、有线电视等信息系统的基础上,以光导纤维为骨干,建立纵横贯通的双向大容量和高速度电子数据传递系统。借助这个系统,学习者可以享用最好的学校、教师、课程、图书馆而无须考虑时间、地点、财力等限制,可以根据自己的学习需求即时调用任何信息资源和学习资源,尤其是学习的速度、风格、内容均可自由控制,同时也可以获得指导教师、专家即时的指导与评价。

(四)小组学习

1.小组学习的优点。

小组学习是为了激励有效的小组讨论,从而达到教学目标。小组的大小取决于学习的目的与性质,一般不超过10人,最理想的是4—6人。其优点是:(1)具有较高的认知目标;(2)便于发展创造性的思考技能;(3)有利于发展交流的技能;(4)对发展人际关系技能极其有效;(5)有利于培养理性的态度和性格。

2.小组学习的方法。

小组学习的方法主要有:(1)有控制的讨论。(2)非正式小型座谈会。(3)个别指导。(4)习米纳尔法,就是围绕一个话题开展小组讨论。它有许多变形,如“鱼缸法”,即小组成员围成一圈讨论,还有些人作为观察员坐在外围,然后合并讨论。(5)合作项目法。(6)游戏、模拟和交互的事例研究。(7)互助小组。(8)程序教学。

(五)系统方法

系统方法是以对系统的基本认识为依据,应用系统科学、系统思维、系统理论、系统工程与系统分析等方法,为了更好地达到培训目标,对系统的构成要素、教与学过程的模型、培训与培训环境、培训资源及控制机构进行分析与设计、开发、评价、实施、管理的技术。

系统方法一般包含三个维度:(1)逻辑维,包括分析存在的问题、确定解决问题的需求、任务目标分析、系统综合、系统分析、优化、决策、实施和评价 8 个阶段;(2)时间维,包括规划阶段、设计方案、开发试验、试验推广、评价与修订等阶段;(3)知识维,涉及学科理论、教育教学理论、心理和人类认知规律的理论等层次。

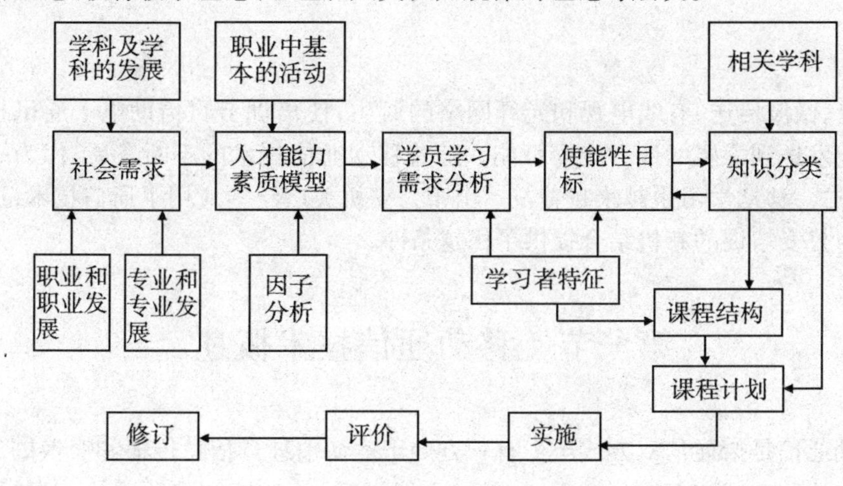

图 4－6　培训开发系统模型图

（六）广泛应用各种资源

现代教育技术实际上也是一种整合各种教育资源的技术。信息技术和系统科学、人类脑科学及心理学等现代科学技术的迅速发展,推动了教育理念、方式、结构的变革。学习资源不再局限于教师和教科书,更多的教育媒体被吸引到学习中。学习的环境被大幅度地扩展,我们学习的场所也日益丰富起来,因此,随之而来的教育理念、教育时间、教育形式、教育结构等一系列问题都会发生根本性的变革。

公安培训要广泛借助各种社会资源以及公安系统内部的各种资源进行学习媒体开发、应用和管理,这是公安教育工作者面临的一个崭新课题。利用系统方法对教学活动进行设计,经过需求分析、内容分析、受训者分析,制定出行之有效的逐次递进的培训目标体系,并根据目标体系选择适当的策略,形成一个完整的培训设计方案。这是利用现代教育技术的基本思路。

第五章 通信技术与公安培训

卫星、微波传送、有线电视和光纤网络的诞生，使培训节目借助电子通讯技术及时真实地发送到需要的地方成为可能。随着移动通信技术的不断发展，作为一种新的学习方式，移动学习也越来越普及。由于公安机关广泛地应用了通信技术，这为通信技术与公安培训的有机结合提供了优越条件。

第一节 移动通信技术概述

移动通信是指通信双方或至少有一方处于运动中进行信息传输和交换的通信方式。当前的移动通信系统包括无绳电话、无线寻呼、陆地蜂窝移动通信、卫星移动通信等。由于移动网的终端在用户手里，它真正跟随着用户，成为一个无处不在、无时不在的终端设备。这为我们开展终身培训提供了良好的技术保障。

一、移动通信的特点

(一)传播条件复杂

由于移动台处于不断运动的环境中，其中包括各种电磁场、建筑物、树林等障碍物，这些复杂的环境因素会使电磁波在传播时发生反射、折射、衍射等现象，由此产生多径干扰、信息传播延迟、展宽及多普勒等效应，从而导致接受信号的强度和相位时间和地点发生变化。

(二)噪声和干扰严重

通信质量好坏与外部噪声及干扰有很大关系，其中城市噪声主要来源交通工具、房屋装修、工业噪声等，干扰则来自设备器件的非线性特性引起的互调干扰、移动台“远近效应”引起的邻道干扰、同频复用引起的同频干扰等。

(三)频带利用率要求高

由于移动通信的用户数量很大，为缓和频率资源限制，除开发新频段外，还应采取压缩频带、缩小波道间隔、多波共道等频谱和无限频道技术有效利用频率资源。

（四）移动台的移动性强

移动台是不规则运动的，并且与通信系统各种交换中心没有固定联系，因此必须发展自己的跟踪、交换技术，包括位置登记技术、波道切换技术、漫游技术等。

（五）通信设备的性能更好

陆地移动通信系统，一般体积小、重量轻、功耗低、操作方便，具有较强的抗震动、高低温等恶劣环境影响。

（六）系统和网络结构复杂

移动通信系统是一个多用户的通信系统，必须使用户之间互不干扰，协调一致，还要与共用电话网、综合业务数字网互联。

二、移动通信的种类

移动通信的分类比较复杂，按信号形式可分为模拟网和数字网；按服务范围分为专用网和公用网；按区域分为大区制和小区制；按数据传输方式可分为单工、双工和半双工；按移动台形式分为便携式、手提式和车载式；按多址方式分为频分多址、时分多址和码分多址；按实际应用分为无限寻呼系统、蜂窝移动通信系统、无绳电话系统、集群移动通信系统和移动卫星通信系统。在这里我们主要介绍五种移动通信系统。

（一）无限寻呼系统

这种系统属于非语言单向告警个人选择呼叫系统，就是以前的BB机，告警方式包括声音、视觉、震动。这种系统的特点是单向通信，缺乏直接对话的相互性，已逐渐退出。

（二）集群移动通信系统

这是一种大区制的高级移动调度系统，是指挥调度最重要和最有效的通信方式之一。系统所具有的全部可用信道为系统的全体用户共用，系统内任一用户想要和系统内另一用户通话，只要有空闲信道，就可以在中心控制台的控制下，利用空闲信道沟通联络，进行通话。其特点是资源共享、费用分担、服务优良、效率高、造价低。

（三）陆地蜂窝移动通信系统

该系统属于小区制移动通信系统，是目前应用最广泛、用户最多的系统。它把整个大范围的无线服务区划分成许多小区，每个小区设置一个基站，负责本小区各个移动台的联络与控制，各基站则通过移动业务交换中心互相联系，并与市话局连接。它的主要特点是利用超短波、传播距离有限、蜂窝状结构。

（四）移动卫星通信系统

移动卫星通信系统指以通信卫星为中继站，在较大地域及空间范围内实现移动台与固定台、移动台与移动台、移动台或固定台与公众网用户之间的通信。它一般由通信卫星、关口站、控制中心、基站和移动终端组成，特点是通信覆盖面宽、服务灵活。

(五)无绳电话系统

无绳电话系统是以无线电波、激光、红外线等作为主要传输媒介，利用无线终端、基站和公共通信网，在限定的业务区域内进行全双工通信的系统。小灵通就是这种方式。

三、移动数据业务

移动通信和数据通信的结合产生了移动数据通信业务，为移动培训奠定了良好的基础。移动数据业务主要包含移动数据基本业务和移动数据增值业务两种。基本业务就是移动用户利用移动运营商所提供的移动数据承载通道，进行端到端的数据通信。一般应用于有线线路紧张或架设线路困难的地区，如用于环保、防汛、气象等遥控系统，通信机房、变电站等遥控、遥测，移动 POS 机，家庭应用，移动抄表系统等。移动数据增值业务是移动运营商联合内容提供商、业务运营商等，利用移动网络的数据承载通道，为用户提供各种信息服务的一种业务，最初主要是短信业务，现在包括了 WAP、MMS、Java、定位、多媒体和流媒体等业务。目前中国移动主要推出了彩信、WAP、STK - OTA、动感地带、百宝箱、视频点播等业务；中国联通则推出了彩 e、联通在线、联通炫卡、神奇宝典、互动视界、定位之星、视讯新干线等。

(一)短信业务(SMS)

短信业务主要采用存储转发方式，数据承载通道为信令通道，信息容量小，表现形式单一，包括信息订阅、短信聊天、短信游戏、简单图片/铃声下载等业务。

(二)智能卡工具箱技术(STK/UTK)

智能卡工具箱技术主要应用是短信增值业务菜单，如天气预报、新闻、航班等信息的空中下载。

(三)基于 WAP 的浏览业务

该浏览业务使用智能手机可以进行 Internet 信息浏览、在线游戏、电子邮件、信息下载、电子商务等业务。

(四)非结构化补充数据业务 USSD

USSD 主要包括航班消息、市场调查、话费查询等查询业务，有奖竞猜、交互游戏、购买彩票等博彩业务，股票交易、网上购物、手机预付费卡充值等电子商务业务。

(五)多媒体短消息业务 MMS

MMS 主要采用存储—转发方式，可将文字、图片、音频和视频片段整合成多媒体包，利用移动网络的高速数据通道，以 WAP 为载体，支持手机与手机，手机与 PC 之间的多媒体信息传送，包括图片、动画、铃声、贺卡、电子地图、游戏和影视片段等的下载。

(六)空中下载业务 OTA

OTA 一般利用无线 Java 技术，编写应用程序，手机用户可以在移动网络中浏览、搜索、下载各种 Java 应用，随时随地更新手机功能，提供灵活、个性化、内容和方式多样化的增值业务。如手机在线/离线游戏、娱乐、影视片段、动画、新闻、金融、交易、博彩、定位与位置服务、企业或商务应用等。

(七)基于位置的业务 LBS

LBS 是通过移动运营商无线网络或手机内置 GPS 接收机获取手机位置，并在电子地图配合下提供基于位置的增值业务。如定位之星、关爱之星，提供最近的商场宾馆餐厅等查询，导航、物流、报警、智能交通、车辆跟踪指挥调度、老人孩子位置查询等服务。

(八)移动流媒体业务

流媒体指在分组网络中使用流式传输技术的时基媒体，主要是实时音频、视频或多媒体文件，如手机电视现场直播、影视新干线、新华视讯、VOD 点播等。

第二节　视频会议系统概述

视频会议系统是两个以上不同地方利用现代视听技术将许多人集合起来，进行远程的语音、图形和文字方面的资料互传，实时交流，通过屏幕既能进行语言交流，还能看到对方表情和动作，逐步向多网协作、高清化、开发化发展，提高了沟通效率，减少了差旅费用、提高了培训效果。目前这种技术在众多领域得到普遍应用，尤其在教育领域，极大地提高了工作效率，方便了人们的工作、学习和生活。像这种远程会议系统经历了电视会议、桌面视频会议、多媒体会议等发展阶段目前已基本成熟。

一、视频会议系统的类型

目前视频会议系统有很多，并且在公安机关得到了广泛应用。

从通信网络角度看有：公共交换电话网(PSTN)、局域网(LAN)、综合业务数字网(ISDN)、异步传输网(ATM)、因特网。

从软硬件角度看有：硬件视频会议系统和软件视频会议系统，其中硬件视频会议系统安全性高、稳定性好，视频图像、话音质量高，但成本也很高，主要应用于政府、行业、大型企业。软件视频会议系统正好相反，价格便宜，安装升级更新方便，但稳定性不好，图像、话音质量不好，主要用于个人和中小企业。

从终端类型来看有：会议室型和桌面型。会议室型一般有一个固定的场所，安装有摄像机、投影仪、编解码设备、灯光、音响等设备，要求传输信道速率高，达到 2Mbit/s 以上。桌面型则将视频会议与个人计算机连接，配备摄像头、麦克风、用于编解码的软件，以及用于图像话音切换控制的多点控制设备，速率通常只要 128kbit/s 即可。

从传输内容看有：文件会议、数据会议、可视会议系统、桌面视频会议系统。文件会议是指与会者共享屏幕上的窗口文件，即白板，并可以在这个白板上进行交互式讨论修改，但不能语音。数据会议是在文件会议的基础上增加了语音传送功能。可视会议是在数据会议基础上增加了静态图像或准动态图像传输功能。桌面视频会议则支持语音、视频、文本、图像等多种媒体。

从终端配置看有：多窗口系统、多监视器系统。多窗口系统是一个监视器，但每个会议场所体现为一个窗口，同时显示在一个大屏幕上。多监视器系统则为每个会议场所配备了一个单独的监视器。

从媒体选择来看有：媒体可选系统、媒体固定系统。媒体可选系统要为每个会议场所配置一个特制的输入通道，处理不同的视频、音频信息数据。固定媒体系统则只需将合成的视频信号和音频信号多目的发送给所有会议场所。

二、视频会议系统的构成要素

视频会议系统主要由终端设备、传输信道以及多点控制单元组成。

(一)终端设备

用于处理视频、音频、数据、信令等数字信号并合成为数字码流，然后进行传输，主要包括如下设备。

1.视频输入/输出设备，其中输入设备有摄像机、录像机、图文摄像机、VCD，输出设备有监视器、投影仪、电视机等。

2.视频编解码器，这是核心设备。

3.音频输入/输出设备，如话筒、扬声器、调音设备、回声抑制器。

4.音频编解码器，能对 50－3400Hz 的模拟话音信号数字化，以 PCM、DPCM、LD－CELP 方式编码，使数字音频信号的速率为 16kbit/s、48kbit/s、56kbit/s、64kbit/s。

5.信息处理设备，即电子白板、书写电话等。

6.多路复用/分接设备。

(二)传输网络

视频会议的主要以光纤、电缆、微波以及卫星为传输介质，其传输方式主要是 ATM、DDN、ISDN、SDH 等。

(三)多点控制单元(MCU)

该单元主要负责对会议进行各种管理，包括会议的创建、开启、结束、预约，以及会议参数的设置、多分屏连续会议的实现、各种会议模式的设定等。其标准工作方式有：主席控制、语音激励、广播请求三种。

三、利用视频会议系统开展公安培训

当前公安机关建立了功能强大的指挥信息系统，这个系统本身就是一个非常先进的视频会议系统，它具有多媒体即时通信的功能，具有互动性。

(一)视频会议系统技术要求

1.通话要求。

语音通话效果清晰、自然,具备回声抑制和消除,必须达到长话音质。允许不限人数地多人同时语音讲话。支持1-36路动态视频、支持单路全屏显示、多路分屏显示和满屏显示。

2.功能要求。

具有丰富的数据会议功能,包括应用程序共享、文档共享、白板等功能,可以进行远程演讲、远程培训和协同工作。客户端完全基于IE浏览器,无须下载安装且操作简单方便。支持UDP和TCP协议,完全支持HTTP协议,能通过各种防火墙和代理服务器。

3.网络要求。

支持IP网络接入方式,但不限于数字电路、卫星、无线网络、LAN、ISDN、ADSL、DDN、F.R、ATM等。服务器程序内置动态Web服务。可任意设置占用的网络带宽,流量恒定。

4.录制要求。

高品质同步录制会议。任何参加会议的人都可在开会的同时同步录制会议。客户端页面可随意定制,界面风格、样式、内容都可以通过HTML模版文件进行自由定制,可以无缝集成到现有的办公网站和办公自动化系统中。

可以遥控摄像机、投影仪、电视机和会议室音响系统。

5.发言模式要求。

具有两种发言模式,即自由发言模式、主持发言模式。

(二)视频会议系统的特点

这种系统具有最先进的MPEG4视频压缩技术,能以较低的码率提供清晰流畅的视频图像。能自动识别支持各种CPU增强指令集,包括MMX、SSE、SSE2、3DNow、3Dnow2等,支持多路动态视频,具有视频错误隐蔽技术。

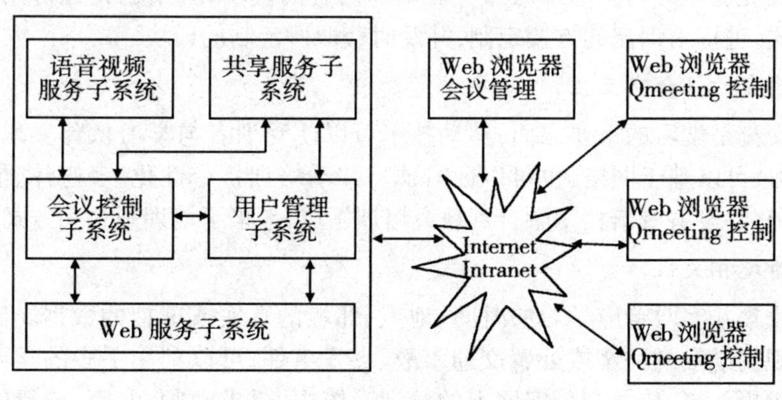

图5-1　视频会议系统模型图

第三节 公安移动培训

利用移动通信设备开展学习培训活动，是近几年刚兴起的热点。对于移动培训，有着不同的理解，一是远程培训的新形式；二是一种新型的学习环境；三是数字化培训的扩展；四是移动计算机在培训中的应用。四个视角都有一定的道理，但还不完善。

一、概念和特点

移动培训是指利用无线移动通信网络技术以无线移动通信设备(如移动电话、个人数字助理 PDA、Pocket PC 等)获取培训信息、培训资源和培训服务的一种新型培训形式。它首先是基于一些便携式的移动设备进行的数字化培训形式；其次是依赖移动通信技术实现培训内容与培训服务传输的；最后，在移动培训中教与学的交互性是通过移动计算技术实现的。

移动培训具有五个基本特点。

(一)学习便携性

移动终端设备屏幕小、重量轻和便于携带的特点使人们可以在任何时刻任何地点接受培训。这个特点很好地适应了基层民警工作的特点，便于他们随时随地开展短小精悍的、针对问题、立竿见影的学习。

(二)学习个性化

由于多种学习技术、学习资源和学习方式所构成的综合学习模式，为不同的学员提供不同的综合学习解决方案，可以根据受训者的个性化要求在适当的时间、地点和情境中为其提供学习内容与学习服务。培训内容的模块化、结构化允许用户通过多种传输方式，进行培训流的方便定制，并及时获取所定制的模块。

(三)丰富的社会交互性

人际交流是学习的重要方面，移动技术可以使受训者与学习伙伴实现资源共享和能够学习，可以基于网络，也可以面对面。移动培训将个性化、多媒体、情境智能、触觉交互、移动设备等新技术融合到教育培训领域，带来了培训观念和方式的转变。

(四)情境相关性

可以收集并实时响应学习的时间、地点、环境的真实或虚拟的数据。比如，一些正在进行现场勘察的民警或处置交通事故、突发事件，可以利用手中的学习终端，将现场情况拍摄下来，传送到公安网上的培训系统中，寻求教师、专家、同行的帮助，对现场进行鉴定、答疑，立即获得知识。

(五)互联性

通过移动终端设备可以将学习者连接到一个广泛的学习资源网络中。移动终端设备必须和强大的公安网络互联,通过公安网络可以查询到有关法律法规、在逃人员、重点人口、执法经验、执法小窍门等方面的信息。可以说没有强大的信息支撑,移动学习就没有生命力。在这个理念下,每个民警既是信息的接收者,也应该是信息的产生者,他们有权利享受各种信息,也有义务传递信息。

移动学习业务可分为网络类和内存类。其中网络类包括短信业务、移动教务管理、流媒体课件点播、在线学习资料库等业务。内存类业务主要包括下载电子书、多媒体课件等业务。

二、公安机关实施移动培训的必要性与可行性

对公安民警实施移动培训,可以使民警真正实现移动学习,各种学习资源能够随身携带,学习可以无处不在。

(一)实施移动培训的必要性

1.适应公安业务的特点要求

公安业务头绪非常繁多,也很零散,它涉及社会经济的方方面面,很难做到大范围的有计划、有组织培训,许多知识和技能靠传统培训也是无法解决的。课堂上只能教给他们一些理论知识,而在实际工作中要灵活应用。工作是事无巨细的,但教材不可能事无巨细。所以大量的培训是针对问题的、短小精悍、快速见效的培训。这种特点就决定了培训不可能经常地占有民警大量的整块时间,而是分割在工作中和业余生活中。当民警需要的时候,打开手机,从移动培训资源库里搜寻自己急需解决的问题,立即就能得到答复与帮助。

2.适应基层民警工作的需要

基层民警工作繁忙,很难有时间坐下来进行系统的学习,他们只能利用一些时间小片段即时补充一些专业知识,或者与同行开展一些业务交流,也可以在遇到问题时,随时请教一些专家,所以移动培训是最适合他们这种工作方式的。移动培训的移动化、即时化、游戏化、碎片化、社交化与公安工作的特点不谋而合。

移动培训能够解决培训预算不足,培训时间与工作时间冲突,想参加培训但因地域因素无法前往,培训人员过于分散等一系列现实问题。

(二)开展公安移动培训的可行性

当前公安机关信息技术不断发展,许多地区为民警配备了先进的移动终端设备,以及日渐流行的移动虚拟学习社区。这是开展移动培训最重要的前提条件。

1.移动学习终端。

移动学习终端设备在速度、带宽、内存容量、使用方便性、可持续使用数据输入输出方便性方面继续增强。移动终端设备在尺寸、重量、对电源的要求、维护、价格和保

养等方面还需进一步降低。移动教育课程的开发与认证方面,要体现交互性、权威性、合作性、以学习者为中心和媒体丰富性,同时应开展移动教育课程开发认证工作。

2.移动虚拟学习社区。

目前,较为先进的移动虚拟学习社区已经在国外得到广泛应用,这种社区的建构要注意以下事项。

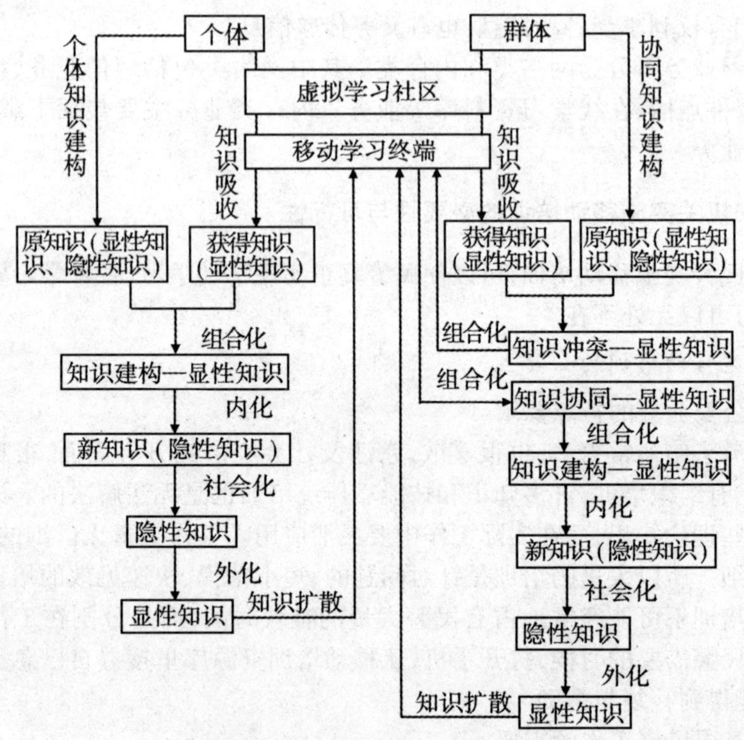

图 5-2 移动虚拟学习社区模型图

首先,为了能够全方位进行知识建构,广泛调集各种知识资源,移动虚拟学习社区在提供文件上传的格式上应该具有更强的兼容性,要求不仅能上传常用的文字、图片文件,还能上传音频、视频等知识载体文件。

其次,由于知识建构是一个连续的、偶然的过程,受多种因素的影响,它的成功并非与时间成简单的线性关系,相反有可能会发生倒退的情况。也就是说,知识建构的状态容易受到同期的个人或群体的直接影响。因此,移动虚拟学习社区需要具备保留和查阅整个知识建构的历史过程的功能,只有这样才能够完整展示知识建构的过程,使学习者比较客观地吸收知识。

再次,在移动虚拟社区中,学习者的时间和空间分布较广,若要即时建构知识,必须采用移动性、交互性较强的移动学习终端,如手机、平板电脑。

最后,设计移动虚拟学习社区时,应充分考虑外界相关知识的及时导入,可分门别类地设置一些相关链接,便于学习者参考浏览。尤其当外界有知识更新时,系统能够及时在虚拟学习社区得到体现,使其参与知识建构的循环。

随着WAP技术、WLAN、WIFI等技术的广泛应用,移动学习越来越适应数字化学习课程,因为它们普遍具有如下特点:(1)能够即时发出提醒与警告信息;(2)便于学员与同伴及教师交流;(3)即时反馈的多项选择测试;(4)每日提示;(5)概要信息;(6)浏览数字化学习的课程材料;(7)搜索一个主题内的专门信息;(8)连接WAP站点;(9)课程注册。

三、移动学习平台类型

(一)传统转化型

这种平台将传统的在线学习转化为移动学习,针对传统的电子课件转换成符合移动终端的学习。要求内容更加精炼,时长较短,技术上主要采用HTML、文本、视频等课件。

(二)辅助培训型

此类平台将需要培训的内容从传统的在线学习延伸到手机学习,采用订阅、通用访问、客户端等不同的技术支撑手段,保证学习内容多样性和普及性。

(三)非正式学习型

该平台侧重于利用点滴空闲时间,随时学一点公安业务知识,不一定是严肃的公安理论,也许是某个民警的工作经验,心得体会。2010年,在参加世博会安保工作时,山东警察学院一学生发现一游客携带一种咖啡,包装非常奇特,该学生产生怀疑,便用手机上网搜索,结果发现是新型毒品,立即采取行动,控制了这批产品流入市场。从这个例子中,我们发现非正式的移动学习,有时能解决大问题。

(四)特定群体开发型

这就是针对特定群体设计开发的移动学习应用平台,比如可以为交警、刑警、经侦等不同警种提供相应的学习平台。

(五)内容导向开发型

此类平台借鉴App Store的应用为学员提供阅读,并能在手机上进行知识考试,甚至以游戏的形式提供与教师的互动。比如为民警提供各种执法依据,执法标准,便于随时查询、学习。

(六)学习社区网络型

学习社区主要通过Facebook、Twitter、微博等社交软件打造专用的社会化学习社区,形成特定人际关系圈。

四、民警移动学习系统的开发

让智能手机和平板电脑成为培训的重要工具,加强开发民警移动学习系统正是时候。当然,开发首先要结合移动学习的以下特点:(1)高度片状化,移动中充满了分散注意力的事情,会给学习者留下比较凌乱和片段的体验;(2)个性化和情绪化;(3)学习挫败感对系统信任的挑战。因此,我们在开发民警移动学习系统时必须考虑到这些特点,对用户界面,包括内容选择、声音设计、音频质量等等都精心设计,充分关注哪些适合片状化学习的内容。

开发移动学习系统的原则:(1)应关注学习者的移动性,而不是技术的移动性;(2)将学习渗透到日常生活中,成为日常生活的一部分;(3)学习可以实现目标,也可以激发出新的目标;(4)学习的控制和管理是可以分布式的;(5)情境是学习者通过交互活动而建构的;(6)移动学习要注意个人隐私和职业机密信息的保护。

(一)警务通学习终端的开发

民警移动学习系统的开发可以借助当前比较成熟的公安网平台,将公安民警实际执法过程中常用的一些法律法规、执法程序、执法技巧、执法经验,用方便浏览阅读的形式展示出来,使民警通过警务通上网快速查询学习。可以开发一个专门针对警务通的学习终端软件,安装到每个民警的手机上,民警需要学习时,可以随时随地打开终端,选择培训内容,采用图文、音频、视频、动画、游戏等方式进行短时间的学习培训。

利用安卓系统大力开发警务学习软件非常必要。根据公安培训的需要,可以将日常执法工作中的小窍门、常用的知识编写成程序,供民警下载学习。目前已经开发出一些软件非常好用,如法律法规查询系统,我们可以在此基础上进行修改,选择公安执法常用的法律法规进行编辑,方便查询,作为工具软件随时准备。此外还可以开发一些公安科技知识,包括如何识别毒品、假币、假冒证件,如何使用现代科技装备、计算机操作、公安英语口语、公文写作都是值得进一步开发的课题。

(二)短信管理系统的开发

短信息服务作为一种辅助手段应用于培训是完全可行的,它不仅可以用于学习者日常的通信交流,而且可以被用于课业信息、日程安排、重要通知等信息的发布。具有随时随地性,比 E－mail 和 Web 更为优秀。如淄博市公安局开发了公安交通管理短信告知平台,发挥了很好的作用,这对开展公安培训是很好的启发。他们为丰富道路交通安全信息告知渠道,方便机动车所有人和驾驶人通过手机短信的形式及时、准确地了解本人驾驶证以及机动车的状态,对违法信息、牌证年审情况实时掌握,支队建立一套与“公安交通管理综合应用平台”(驾驶证管理系统、机动车登记系统以及道路交通违法系统、交通事故处理系统)、交通安全宣传互动的“淄博公安交通管理短信告知平台”。平台依托移动、联通、电信三大通信运营平台,通过手机短信的形式对机动车所有人和驾驶人进行及时告知，以进一步拓宽执法告知渠道，方便群众。以便捷的通信手段方便驾驶人查询驾驶证以及机动车情况，可以实时发布各种通知、公告等温馨提示服务信息。

(三)移动学习综合服务平台

面向非网梯平台用户提供的一套移动学习网络服务平台，基于该平台实现的移动学习是一种针对以资源为中心的业务，按照流程、资源、信息三条主线，从组织、管理、应用三个层面实现学习、交互、自测、跟踪、评价等功能。

(四)制作手机多媒体课件

可以将一些常用的公安执法信息以文本、图文、音频、视频等形式通过多媒体文件的制作和处理功能，制作成可以在手机上播放的课件。也可以将某个专题的讲座制作成视频课件，供民警随时随地下载学习。当然，手机多媒体课件不能过于追求系统性、完整性，要简洁实用，文件不能太大，要方便传输，便于阅读，形式灵活。

(五)移动学习宝

目前，国内有公司开发了移动学习宝，就是通过系统整合精选的培训课程资源，将其浓缩在一块USB硬盘中，供受训者随时学习使用。

【案例】

移动培训案例

一、广东移动“微学习”项目

设计目标

1.微学习以微内容、知识点为主导，具备颗粒化的特点，适合移动学习模式。

2.微学习主要为学员提供随时随地学习服务。

3.微学习主要依赖于移动互联相关的技术实现内容推动。

主要模块

1.口袋书

2.知识要点彩信

3.手机调研

4.手机测试

5.通讯录

二、西安杨森大学医药代表iPad支持项目

西安杨森针对2000名医药代表经常出差，为客户演示新产品，为每位医药代表配备了iPad，并基于平板电脑开发了移动学习应用平台。

三、M－Learning

中智移动学习平台包括学习管理系统、移动学习系统和虚拟教室系统提供了丰

富的电子课程。

MEKP移动学习平台是搭建在USB闪存和其他任何支持JAVA的移动设备上的终端用户版本,无需任何安装或网络接入的环境下即可运行。具有便携式LMS,学员可以随时访问学习管理平台上的课程目录,进行查看培训记录,学习管理,安排学习、下载资料,或参加考试;具有智能数据同步功能,可以随意进行标签标记,自动下载,离线学习,自动删除等;提供丰富的移动学习服务,包括学习项目咨询、学习内容教学设计、开发、视频课件开发、互动游戏、仿真模拟课件开发,课件格式转化等。

第六章　计算机技术与公安培训

当今世界，计算机已经渗透到教育培训工作的各个方面，教学活动变得几乎离不开计算机。总的来说，在教育培训中，计算机的应用方式主要有两种：一是计算机辅助教学（CAI）；二是计算机管理教学（CMI）。此外，计算机本身也已经成为独立的计算机科学和计算机文化课程而成为新的教学目标，同时它还可以在教学中成为复杂计算、数据处理、文字处理和材料展示的有效工具。此外，打击计算机犯罪和应对计算机学科的不断发展所带来的社会稳定问题也成为公安机关的重要任务。

第一节　计算机技术在培训中的应用

计算机在培训中的应用主要涉及两个方面，一是辅助教学，二是用于教学组织与管理。其中用于管理已经比较成熟，而辅助教学方法还在不断发展，从简单的替代板书，到逐渐实现智能代理，发展之快，应用之广，值得我们关注。

一、计算机辅助教学（CAI）

计算机针对个性化培训有着重要的影响，主要表现为直接参与培训教学、评价、管理培训资源、保存培训档案等工作，为切实提高培训效果、效率和效益提供强大支持。在CAI中，计算机辅导个性化培训的最有效模式主要有操作与练习、辅导、游戏、模拟、发展和问题求解等。计算机辅助教学就是教师在计算机软件的辅助下，以对话方式与学生讨论教学内容、安排教学过程，进行教学训练的方法和技术。其主要目的是提高教学质量和教学效率，改进教学规范化、标准化，从而实现最优化的教学目标。

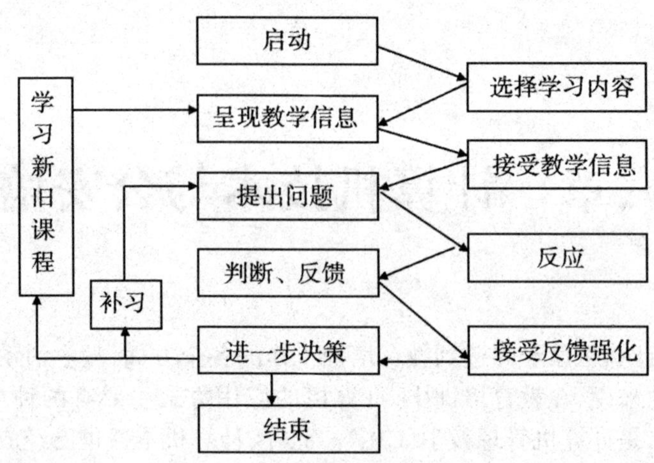

图 6-1 计算机辅助教学系统构成

(一)操作与练习

主要用于实现教学过程中学员练习阶段,利用计算机来编排题目,比较答案及登记分数等工作。它的好处是反馈信息及时准确、利用多媒体方式激励学员以及便于保存学员成绩。

最简单的应用是制作多媒体课件,利用 Powerpoint 软件制作精美的课件,使学员更加方便地掌握知识体系和知识要点。还有一种是概念图,就是以图解的方式,直观地、结构化、个性化地描述众多概念之间的关系。同时,还能链接外部知识,使课堂传授的信息量大大增加。这种将知识用可视化方式呈现出来的模式符合脑科学原理,因而能够很好地提高学习效率。

(二)辅导

课堂的时间毕竟有限,因而可以将教师的授课编写成软件,让学生带回去,由计算机来扮演授课教师的角色,向学员传授知识或技能,并根据学生的需要进行个别化的指导。它能够将知识点呈现在计算机屏幕上,还能向学员现场提问或进行测验,以了解其掌握情况,学员也可以向教师提问。而且,测验的时候可以采取自动出试卷、联机测试、自动阅卷等手段,并自动开展测验数据分析。其优点是学员参与程度高、有利于个别化教学、效率较高等。

(三)游戏

教育游戏就是让计算机以游戏的形式来呈现教学内容,产生一种带有竞争性的潜在的学习环境,实现寓教于乐的目的。比如,有一款背单词的软件,通过单词打靶、单词随想,甚至按照单词的频度,游戏者的熟练程度、记忆的规律,定制个性化的学习计划、学习方法,效果非常突出。公安培训游戏软件的开发具有十分广阔的发展空间,也有非常重要的现实意义,对于公安机关常用的法律法规,我们也可以编写相应的游戏,通过增强趣味性来促进民警记忆和运用,还有一些执法的程序、案例等,完全可以开发出丰富多彩的游戏。

(四)模拟

就是用计算机软件模仿真实自然现象或社会现象,并通过人机交换加以控制,包括实验模拟、管理模拟、训练模拟等。其优点是高效、安全、低成本、形象逼真,容易激发学生兴趣。这种模拟培训在公安实战中应用非常普遍,目前许多公安院校都建有功能齐全的模拟实验室,如模拟犯罪现场、模拟派出所、模拟社区、模拟法庭。但大多是实物的,受到很大的局限,缺乏变化性和灵活性。如果用计算机软件进行模拟显然可以针对培训主题随时更换场景,这也有待于我们进一步开发。

(五)问题求解

对于一些有固定答案和严密逻辑思维的问题,在教学中,可以借助计算机,让学员多途径运用规则和概念,自己去解决那些与实际背景接近的问题,从而应用、检验和精炼已掌握的知识和概念。在这种辅助教学中,要注意让学生既要知其然,还要知其所以然。公安执法中有许多需要逻辑推理的培训,尤其是在侦查案件过程中,我们完全可以借助计算机对犯罪分子的行为特点和规律进行推测和判断。尤其是当前比较前沿的计算机犯罪,通过计算机来窃取信息、数据、资金或知识产权、隐私权,以及破坏和非法修改数据、程序,非法侵入系统恶意破坏,导致系统瘫痪等犯罪的侦查,获取犯罪证据,更有必要发挥计算机辅助教学的功能,利用计算机来破解难题,跟踪犯罪分子。

(六)微型世界

就是利用计算机系统构造一种可供学员自由探索的学习环境。学员可以操纵模拟环境中的对象,建构自己的实验系统。在刑事侦查技术培训中,构建这种微型世界,非常具有实践意义,它能够形象直观地向学员展示侦查破案的整个过程,了解破案的技巧。

(七)计算机支持协作学习

学习需要有一个良好的氛围,但是公安民警很难有这样的时间和空间进行集体学习,因此利用计算机网络支持民警之间的交互活动,进行学伴互教、小组讨论与练习、小组课题研究等,具有非常重要的意义。目前,网络上自发地涌现出许多公安民警学习交流的虚拟组织,如博客圈、QQ 群、论坛、贴吧、聊天室等都是很好的方式,但是缺乏一定的组织性。因此,需要公安培训机构加以正确引导,规范交流行为,拓展学习渠道,开阔学习资源。

(八)虚拟教室

就是在计算机网络上利用多媒体通讯技术来构造一个逼真的学习环境,允许身处异地的教师和学员相互试听、交流、探讨,并实现异步辅导和异步讨论。

综合来看，目前 CAI 各种方式交叉、综合，日益复杂化，并不断向网络化、标准化、虚拟化、合作化等方向发展。

二、计算机培训管理（MI）

当前公安机关信息化工作发展迅速，而培训管理信息化也一样备受重视，它是指利用信息技术来促进培训变革，进而推动培训现代化的过程。它不仅能够创建信息丰富的学习环境，还能为培训工作者，尤其是校外学习者提供极大的空间。

利用计算机开展培训管理主要是可以帮助管理者做一些行政事务，提高工作效率，如设计课程表，对教与学的过程进行控制和管理，包括进行测试评分、统计成绩、成绩分析，还可以设计媒体材料、培训方法、培训活动，以及保存学员信息，进行问卷反馈等。所以，计算机就相当于一个办事员，它能够在低成本高效率的情况下主要完成五大任务：(1)对各种考试考核进行改进、评分和分析，即试卷管理系统；(2)能够对学员进行个别指导，为他提供一套有组织的课程材料或信息包，进行路线最佳选择，即专家辅导系统；(3)可以存储和更新测试成绩和课程进度的记录，即学籍管理系统；(4)为个别学员、指导教师及课程规划人员提供学员学习进度和总体效果方面的分析报告，培训分析系统；(5)还可以作为数据库使用，即情报信息系统。

根据培训对象，我们认为计算机在培训管理方面的作用主要体现在如下几个方面。

(一)管理培训课程

课程管理就是以课程为对象进行决策、规划、开发、组织、协调、实施等活动。利用计算机管理培训课程，可以实现培训课程的标准化、规范化。目前有的学校开发了课程管理系统（CMS），如美国的 Blackboard、WebCT、Sakai，比利时的 Dokeos、Claroline。有的可以有效地管理课程、制作课程内容、加强协作以及自主学习；有的精心设计了学习路径管理，包括课程的发布、日程安排、学习进度跟踪、视频聊天、测试管理、记录保留等功能；有的分为在线课程管理、学员管理、课程讨论、小组学习、作业、测试评估、进度状态跟踪等功能。综合这些系统，我们可以看到作为一个课程管理系统应该具有的基本要素包括学员注册管理、课程目录与内容管理、教学活动与过程管理、学员学习过程评价与成绩管理、学习社区管理、相关学习工具、跟踪和记录学习过程、汇总管理等。[①] 其主要功能模块如下图：

① 黎加厚、赵怡：《课程管理系统及其选择》，第 64 页，现代教育技术，2008 年。

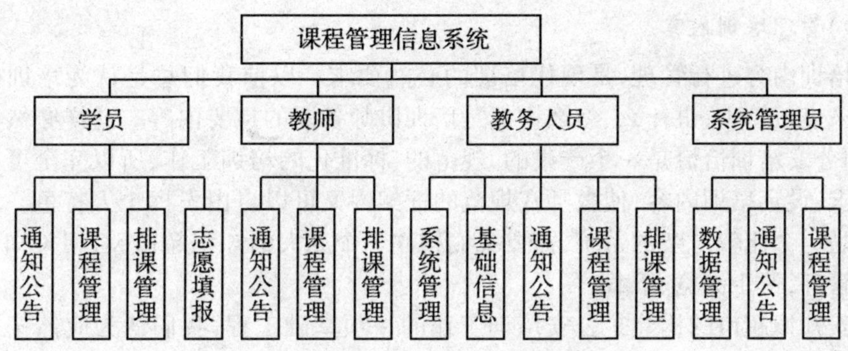

图 6－2　课程管理系统功能模块

(二)管理培训对象

培训学员作为培训的主体,其学习效率和效果如何,也是培训管理者所要关心的重要内容。利用计算机进行学员管理,主要是利用数据库的管理功能,将学员的学习背景、学习过程、学习内容、学习效果等结构化信息归集到系统中来,进行有效管理。其功能如下图:

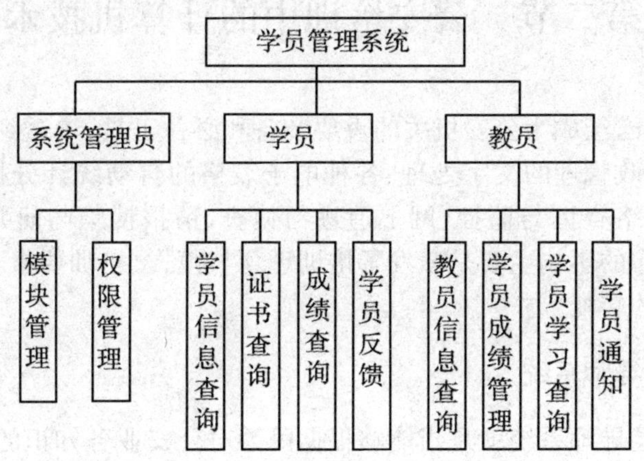

图 6－3　学员管理系统结构

公安培训中学员主要是警员,对于这个系统,我们可以在已有的警员管理系统上,增加一些培训学习的模块,而无须再投入资金重新设计一个新的系统。

(三)管理培训教师

公安培训工作的师资队伍建设是一项重要的工程,我们应该结合公安培训的性质、特点和规律,按照培训的标准和要求加强培训师资的规模、数量、结构、素质等多方面的管理,从而形成一支素质精良、规模适当、结构合理、专兼结合的公安培训队伍。利用计算机对公安培训师资管理的好处是可以充分挖掘公安系统内外的师资力量,对培训讲师的资质、水平、培训经历、特色、专长、培训成果等进行动态的管理。

(四)管理培训内容

对培训内容进行管理,是现代培训的必然要求。以前我们总是认为培训内容是由教师来进行管理,讲什么、怎么讲都是培训讲师备课的重要内容。这样必然存在随意性,而公安培训恰恰是一个严肃的、规范的、标准化的培训工作,所以完全可以按照培训要求,设定培训内容,使教师在规范的框架内又可以自由发挥个人特色。培训内容管理是一个比较复杂的系统,需要我们构建一个庞大的知识超市,对相关知识分门别类地管理,便于浏览、下载。

公安知识超市的构建是公安培训工作的一项基础工程,我们认为应该按三个步骤来进行:一是规划知识体系,就是为公安知识搭建一个逻辑严密,方便查询、扩展的知识架构,这需要专家进行认真研究;二是整理搜集知识,广泛搜集公安工作所需要的各种知识,包括显性知识和隐性知识,尤其要注意收集基层公安机关的各种工作经验和成熟做法;三是知识上架及推广应用,就是将搜集的知识分门别类地安排在设计好的知识框架中,并进行维护、宣传和管理。

第二节　公安培训中的计算机技术

当前,计算机已经成为公安机关的重要装备和必备工具,渗透到公安工作的方方面面,包括日常行政管理的文字处理、各种电子表格的自动统计分析、各种应用系统的开发与运行、网络查询与监控、网上追逃与侦查、情报搜集与研判等等诸多方面。而对公安培训工作的影响主要是激发了培训理念与模式、培训要素与组织、培训技术与方法等多方面的转变。

一、公安智能导师系统

所谓公安智能导师系统就是指能够根据民警对公安业务知识的理解掌握程度和公安专业知识及相关培训知识,智能地选择相应的培训策略,在一定程度上模拟公安专家进行培训活动的软件系统。这种系统注重了对已有知识、公安专家的经验和系统推理功能,其最大特点是可以集中公安机关内部专家的智慧,进行因材施教。

一个完善的公安智能导师系统应该具有三个基本模块,即公安专家模块、民警学员模块和培训讲师模块。其中公安专家模块是包含了系统试图传授给学员的专业知识和技能,代表了国内顶尖公安专家的智慧,民警学员模块是分析参训的民警已经了解什么和不了解什么,以及学员认知的热点,代表了学员的智慧;培训讲师模块是提供有针对性的培训策略,代表了培训教师的智能。当然,要使这个系统顺利运行,还需要一个能理解自然语言的人机接口模块,即用户界面。其基本结构如下图:

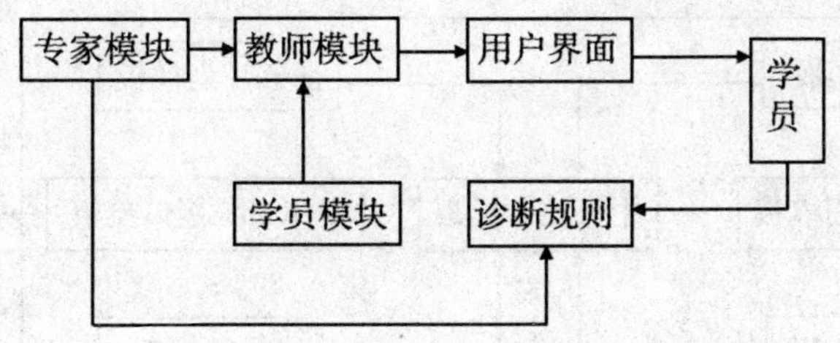

图 6-4 智能导师系统结构

其中学员模块主要为了反应参训民警的认知基础、认知结构和认知特点，建立学员模型是本系统的基础，它是专家进行指导，采取相应培训策略、实施因材施教的重要依据。建立这一模块有三种方法：一是覆盖模型，即学员知识被包含在专家知识之中；二是偏差模型，即用学员知识与专家知识的差距来表示；三是贝叶斯模型，即以数据挖掘和知识发现的贝叶斯网络为基础，通过对大样本的学员学习数据统计分析来建立模型。而认知学员模型可以通过评估法和逐步逼近法来了解学员的认知模型。

专家模块是系统的重要资源，它包含了各个培训专题所涉及的专业知识和技能，以及这些知识和技能拥有者——专家的详细信息。这就要求对全国公安机关的专家进行摸底统计，将他们的专长和特有技能全部一一记录在案，尽可能规范地列出其所具备的特长，包括他们的理论研究成果、工作方法、思维模式等等。在搜集专家时，要尽可能地照顾到各个警种各个层面，使专家的知识总和基本上能够覆盖整个公安业务，形成一个完整的领域知识模块。

教师模块主要提供了各种情况下的培训策略。它在一定程度上实现了培训教师的功能，能够根据学员情况自动安排教学内容和教学进度，并进行指导学习。

二、公安智能代理培训系统

智能代理培训系统是比智能导师系统更为先进的一种计算机软件系统，它既能指导培训讲师科学地“教”，还能帮助民警自主地“学”，具有师生信息、情感和思想交流主动性、针对性和策略性的特点，带有人工智能的成分。一般来讲，这样的系统通常由用户界面模块、学习模块、任务计划模块、操作系统接口模块、执行模块、知识库以及中央控制模块组成。

其中下面几个模块的开发非常重要。

(一)公安知识库

建立公安知识库，这是一个非常浩大的工程，它需要长期的积累和全国各地公安机关、科研机构、公安院校的共同努力，这必然是一个惠及后代的巨大工程。一个拥有强大信息检索、答疑、自动决策和提供建议能力的智能代理系统必然是建立在在知识库中的海量知识基础之上的。一般而言，公安知识库至少应该包含以下基本内容：(1)政治理论知识，包括党的政策、职业道德等；(2)法律知识，包括基本法律和公安执

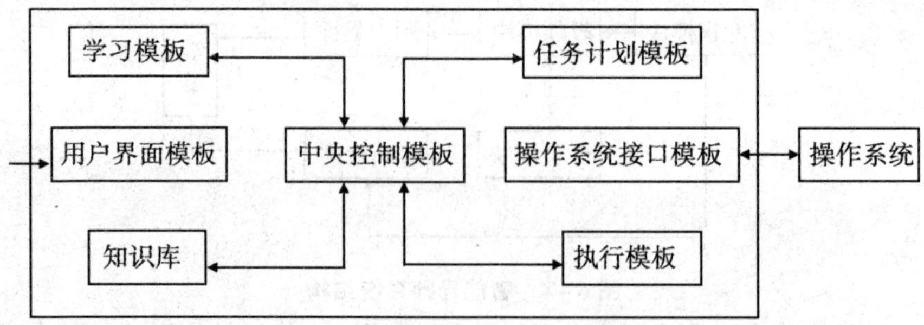

图6-5 智能代理系统结构图

法所涉及的法律及其法律解释,执法案例,常见问题等等;(3)公安业务知识,包括刑事侦查、治安管理、刑事科学技术、消防管理、边防管理、交通管理、国内安全保卫、监所管理、网络安全管理、公安执法指挥、行政管理等业务知识;(4)公安实战经验,包括各级公安机关及基层民警的工作方法、工作模式、工作总结、工作经验以及民警处置各种案件的卷宗等;(5)社会学知识,包括社会发展规律、现状,社会管理工作原理、方法、策略、经验;(6)犯罪学知识,包括犯罪心理、犯罪特点、犯罪活动规律,各种犯罪的案例;(7)科技发展概况,包括公安民警经常接触的各种科技发展基本情况、科技装备的简单操作和应用。所有入库的公安知识必须采用计算机语言转换成人们可以理解的自然语言格式。

(二)培训教师代理

培训教师代理必须能够为不同的受训民警提供学习建议、学习参考资料、及时纠正错误等功能,它实际上就是学员学习的一个指导者和引路人,在学员需要的时候能够及时出现,不需要的时候又能悄然隐退。它一般包含有智能答疑代理、学习指导代理、作业管理代理、考试评价代理以及个人档案代理等多个子系统。

(三)信息搜索代理

学习信息智能搜索系统就是根据用户在特定领域中的兴趣偏好,通过客户端的用户模型,对用户各种学习行为进行跟踪检测,从而获取、修改和维护偏好模型,进一步提高用户模型与兴趣偏好的吻合度。其前提是要建立完善的用户个人档案,拥有一个生动的虚拟用户界面,并通过多次的检索反馈控制,实现智能化的搜索。

(四)目录代理

就是向客户端提供各种知识清单的通讯簿服务,并提供有关指引机制。

(五)知识管理代理

就是能够根据用户的知识背景和岗位要求情况,自动地管理用户的各项知识,并提供其个人的或组织的知识分析报告。

(六)界面代理

就是为用户提供各种用户界面的选择与个性化设计服务。

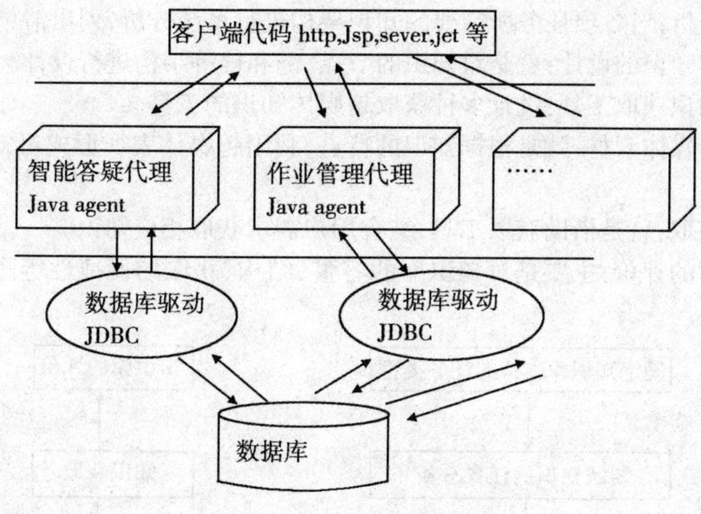

图 6－6　教师代理框架图

（七）冲突协调代理

就是能够为系统冲突提供各种协调途径和解决方案。

三、智能超媒体培训系统

智能超媒体就是将人工智能技术与超媒体的信息组织、管理方式结合在一起而形成的智能型知识处理技术。它最大的好处是能够提供丰富多彩、友好活泼的界面，增强直观感，从而激发学员的兴趣和学习动机，并使学员获得最大的自由度。当前比较流行的开发模型有：Van Patten 模型、Leshin，Pollock 和 Reigeluth 模型、Bergman 和 Moore 模型。该系统主要应处理好下述模块。

（一）知识表征

智能超媒体系统中的知识通常采用超文本的方式，它主要通过节点、链和锚等概念来进行表达。其中，节点就是信息的堆积，主要包括知识槽列表、信息槽列表和锚列表。而知识槽由属性名和属性值组成，用来表示知识点；信息槽由属性名和信息单元组成，用以解释属性名的多媒体信息以及对整个知识的说明信息。链就是结构化的联系方式，通常包括始节点、目标节点、链的类型、属性及函数等内容。锚则包括锚的类型、锚的 ID、锚所依附的对象以及激活区域等要素。这种表示方式，使知识更加具有生动性、直观性，和易于被理解掌握。

（二）公安知识库的建造

建造一个智能超媒体公安知识库需要采取以下基本步骤。

1.明确任务：根据公安培训中要实现的培训目标来对所有的公安知识进行分配和管理，使知识的存放更加方便。

2.任务分析:对各项任务所需要的知识架构进行系统分析,列出清单。

3.超媒体知识的设计:就是对知识的节点、链和锚等结构进行设计。

4.开发知识获取工具:设计多种获取超媒体知识的工具。

5.制作多媒体素材:就是根据知识的特点,利用超媒体表征形式对知识进行多种形式的设计。

6.知识获取:就是借助获取工具,结合用户需求获取相应知识。

7.知识库的评价:主要是对知识库的容量、结构、获取的便捷性等进行评价和反馈。

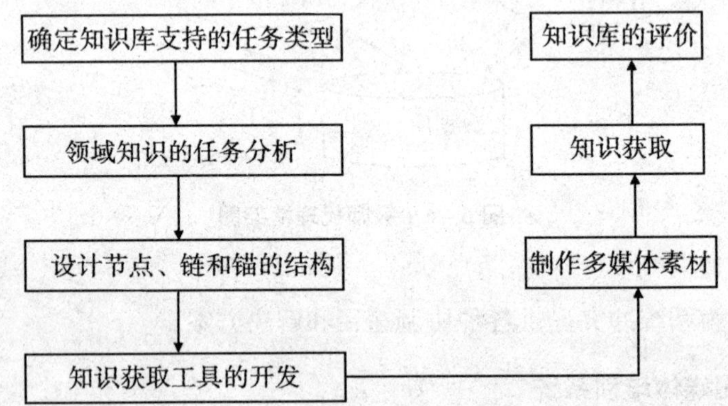

图6-7 智能超媒体库建造步骤

(三)智能导航器

智能导航器就是帮助用户获取自己所需要知识的工具,其主要实现方法有以下一些。

1.信息过滤

对大量信息按照用户的需求进行筛选,主要包括两个层次:一是节点层次的过滤,就是将学员不需要接触的节点隐藏起来,主要由链函数完成;二是知识槽层次的过渡,就是将学员不需要学习的知识槽隐藏起来,主要由导航器来完成。

2.智能标志和学习建议

对用户经常使用的知识或特殊需要的知识按照相应的等级给以标注,以随时提醒用户,并结合其知识欠缺给予学习建议。

3.咨询服务

主要通过直接回答学员提出的各类问题和自动跳转到与学员咨询问题相关的节点由学员自己去发现答案。

第七章　网络技术与公安培训

网络教育已经是第三代远程教育,也叫现代远程教育,是随着信息技术而发展起来的一种新的教育技术,主要以计算机网络、卫星电视网、移动通信网等现代通信网络为技术支撑开展远程教育。它主要具有五个特点,即师生"准永久性分离"的状态、教育组织的影响、技术媒体、双向通信、必要的面对面会议等。其中最为突出的特征就是技术媒体的广泛应用和实现更为丰富高效的双向通信。它为实现终身教育提供了技术上的可能。

第一节　网络培训系统及其构建

远程教育经历了三个发展阶段。第一阶段是函授教育,最早起源于19世纪中叶的英国,匹曼利用函授开设了速记课程,他提出了"只花一分钱,就可将信递到任何地方"的教育理念;第二阶段是多种媒体教学,开始于20世纪60年代,就是将系统观融入到远程教育的设计与实施中,采用了函授、广播电视、录音、录像等媒体,充分利用收音机、录音机、录像机、电视机、人造通信卫星等设备进行教学;第三阶段就是网络远程教育,以微电子、计算机和电子通信技术为核心,又称之为在线教育、电子远程教育、开放学习、网络教育、现代远程教育。

一、网络培训系统的构成

著名远程教育专家穆尔为我们勾勒出了远程教育系统过程的基本模式,如下图所示,这是一个网络培训系统的基本过程和基本构成。其中学科资源的分析是整个系统构建的前提,课程开发则需要由教学设计专家和学科专家共同完成,传输过程主要由通信网络来实现,而互动是多方面的,根据需要进行针对性的设计,同时对学习环境的营造也更加重视。

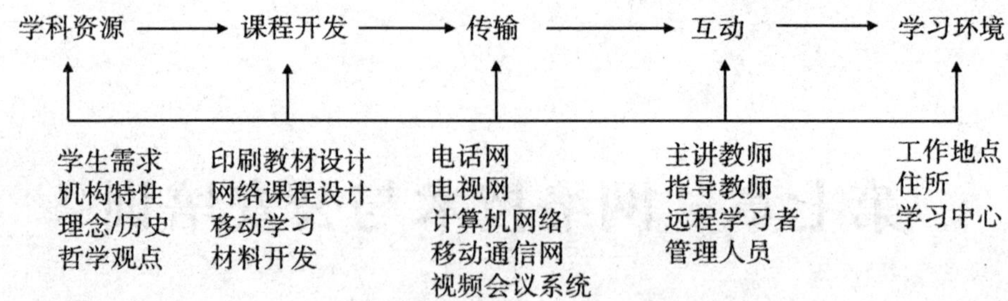

图 7-1　远程教育系统模式图

我们知道,现在的网络培训已经发展成为一个集教学、服务、开发等多个模块的复杂系统,一个基于计算机网络的远程教育系统其硬件一般包含了接入模块、交换模块、服务器模块、网络管理模块、课件开发模块、双向交互式同步教学模块等六个模块。而其软件平台则主要包含四个子系统。

(一)网络课程开发系统

网络课程开发是网络远程教育的前提和基础,其主要目的是根据用户需求和培训目标组织网络教育资源,设计和开发具有针对性的网络培训项目。如北京邮电大学在网络上开发了丰富的多媒体课件库,设计了高并发性、分布式集群、课件逻辑连接、习题交互等功能,并具有极强的可扩展性。其主要构成部分就是课件服务器和课件网关。其中,课件网关是接受用户的教学请求,对用户的合法性进行认证,并依一定的分配算法对用户的访问权限进行调度,保持多个课件服务器的负载平衡,提高网络宽带的利用率。课件服务器主要用于存储众多的课件内容,并根据访问权限提供课件浏览,实现远程教学中相关教学内容的传输。

网络课程开发中最主要的是课件的制作,优秀的课件能够使学员迅速了解学习内容,激发学习兴趣,组织学习资源,提高学习效率。当前,课件制作主要包含流媒体课件制作和 Web 课件制作两种形式。其中,流媒体课件主要对教师音视频、图片、动画等多媒体演示、各种电子讲稿以及计算机操作过程鼠标的运动轨迹,教师在智能电子白板上的即兴板书过程,交互讨论时讲话端学员的音视频和文字交流等进行高效的编辑。Web 课件则主要包括课程的章节目录、教师讲课的音频或视频、与讲解相对应的网页文本或者电子讲稿以及某些知识点的多媒体动画演示等内容。

(二)网上教学系统

网上教学系统就是对开发出来的课程进行教学实施,通过讲解、交流、指导、示范、互动、作业、实验、考试等多种手段促进学员理解知识要点,掌握相应技能,实现培训目标。这个子系统主要包括课件点播、交流工具、协作工具、网上作业和考试、网上学习监控、教师教学活动记录和虚拟实验等。

1.课件点播 COD

网上课件一般包含四种类型,即 Web 型课件、流式课件、Windows 应用程序型课件和其他类型课件。其中流式课件主要是视频流和音频流，适用于 VOD 点播，用户先下载一部分，立即对该部分进行解压缩，在其他部分下载的同时进行播放课件，并于回放之前建立一个数据缓冲区。这样可以快速实现授课实况的数字化，实现视频和授课讲稿的同步播放，并支持多个教室的视频同时广播和服务器端的广播数据备份。另外，还有一种支持各种媒体格式的网上通用课件点播系统，即 THCOD 系统。它很好地实现了前台点播，后台运作。当学员点取某张光盘后，如果数据已转移到缓冲区，那么就可按预定方式运行。否则，将自动转移缓冲区，提示“稍加等待”。而且，它支持先下载后运行的工作方式，学员端的用户界面以更为简洁直观的通用浏览器形式展示，并能自动记录每个课件的访问次数。

2.交流工具

交流是培训教学必不可少的部分，为支持分布在异地的师生间、学员间的交流，远程交流工具提供了同步交流和异步交流两种类型的工具。同步交流工具主要包括基于文本格式的实时聊天室和桌面视音频会议系统，异步交流工具则包括 BBS、内部电子邮箱、博客等。

3.协作工具

通常包括文件共享、工作组、电子白板工具等。

4.网上作业和考试

作业系统具有教师网上发布作业、学员网上提交作业、系统自动批改作业、记录和查询学员的作业成绩等功能。考试系统则具有出卷系统、题库管理、改卷系统、成绩系统、查分系统。并能够实现灵活组卷，通过自定义出卷策略，系统能够根据题型、知识点、难度级别定义出题数量自动生成试卷，如果不满意还可以进行自动换题或手工换题。

5.网上学习监控

通过对学员网上活动追踪来监控其学习过程，包括学员点播课件的次数，BBS 登录次数，发言次数，撰写博客论坛，自测成绩，课外资料浏览，学习时间长度等都可以通过跟踪统计实施监督，对学员学习进行管理和个别指导。其主要功能一般包括学习跟踪、统计分析和自动预警三个部分。

6.教师教学活动记录

系统能够自动记录教师在网络平台上进行教学整个过程的详细信息，能够将作业的布置、批改、辅导、讨论、互动、BBS 答疑次数、时间等情况如实记录下来。

7.虚拟实验

对于一些操作性比较强的技能培训，可以设计一个可视化的三维虚拟实验室或模拟现场，教师和学员都可以自由地、无顾虑地随时进入虚拟实验室操作仪器，利用虚拟的实验器材进行各种实验，获得实验结果。

8.多媒体网络教室

网上多媒体教室是对传统教学的一次革命，不仅实现了强大的教学功能，而且有效拓展了教学培训的空间和时间范围。它一般包含三大部分:计算机网络系统、网络教学支持系统、教学信息资源系统。多媒体网络教室的基本功能有:实时广播、远程控制、学习视察、实时分组、在线交谈、学生管理、电子举手、遥控。

(三)网上教务管理系统

整个教务管理系统包括了学员招生、入学考试、网上录取、注册登记、选课排课、作业提交批改、课程考试阅卷、成绩管理、学籍管理、结业审查等整个环节的咨询、指导和助学服务,同时还可以对教师的档案、教师资格审查、教学业绩考核、任课经历、科研成果、教学效果等进行有效管理。

目前关于网络教育的软件平台非常多,如中华学习网的 PRCEDU 系统就非常实用,成为众多大学网络教育的样板,它主要包含了 12 个独立的子系统,即系统管理子系统、招生管理子系统、教务管理子系统、教材管理子系统、学务管理子系统、财务管理子系统、课件制作子系统、学生学习子系统、教学站管理子系统、新闻公告管理子系统、BBS 子系统、查询统计子系统。

Blackboard 教学管理平台,则为系统配备了 15 项关键功能,即课程管理、课件制作、内容发布、大纲编辑器、学习单元、在线教材、教学工具、个人信息管理、讨论区、虚拟教室/协作工具、小组合作项目、测验和调查、作业、成绩簿、报告和学业表现统计。

WebCT 学习能够在全球范围内覆盖了 80 多个国家,10 余种语言,2600 个学校,它为不同角色的人员提供了不同的功能。

1.管理员:主要功能是服务器管理、课程管理、用户管理、Helpdesk 管理、系统设置、系统公告、系统配置、修改密码;

2.帮助台用户的功能是添加和删除设计者、学生和助教,修改密码和用户信息;

3.设计者的功能有添加测验、内容模块和作业等课程内容,给作业和测验评分,设置页面、文本和链接的颜色。

4.助教的功能是给作业和测验评分,更改学生成绩。

5.学生的功能是查看课程内容、参加测验、提交作业、张贴邮件消息和讨论主题。

(四)学员管理系统

学员管理系统主要是对学员的注册、选课、学习、作业、考核、成绩、结业等进行管理的子系统,当然如果条件允许,还可以进一步搜集学员的知识背景、学习习惯、个性特点、培训效果等方面进行管理,以全面反映学员在系统中学习的踪迹和效果情况。

二、主要的网络学习资源

(一)常用中文期刊论文数据库

CNKI 数据库,网址是 http://www.cnki.net,这是中国知识基础设施工程,包括中国期刊全文数据库、中国优秀博硕士学位论文全文数据库、中国重要报纸全文数据库、中国重要会议论文全文数据库。

万方数字化期刊,网址是 http://www.wanfangdata.com.cn,主要以科技类核心期刊为主线,涵盖了各领域的5600多种期刊论文。

中文科技期刊数据库,网址是 http://202.119.47.6,收录了9000种期刊论文,分社会科学、自然科学、工程技术、农业科学、医药卫生、经济管理、教育科学、图书情报8个专辑。

(二)外文期刊数据库

EBSCO数据库,网址是 http://search.china.epnet.com,是世界著名的专营印刷型期刊、电子期刊、电子文献数据库的出版发行业务的集团公司。

Elsevier Science Direct数据库,网址是 http://www.sciencedirect.com,是荷兰的出版商,收录期刊1600余种,涵盖生命科学、物理、医学、工程技术以及艺术人文、经济学、决策科学、教育与心理学、图书馆与信息科学等资料。

(三)电子图书数据库

超星数字图书馆,网址是 http://www.ssreader.com。

方正数字图书馆,网址是 http://61.152.162.107。

书生之家,网址是 http://edu.21dmedia.com。

读秀知识库,网址是 http://www.duxiu.com。

(四)与公安有关的学习网站

中国法律信息网 http://www.chinalawinfo.com。

中国民商法网 http://www.civillaw.com.cn。

中国刑事法律网 http://www.criminalllaw.com.cn。

中国公法网 http://www.chinapublaw.com。

清华大学法学院图书馆 http://www.lib.tsinghua.edu.cn。

中国政法大学 http://www.cupl.edu.cn。

台湾大学法学院 http://www.ntu.edu.tw。

高点法律网(台湾) http://www.license.com.tw/lawyer。

法律图书馆 http://www.law-lib.com。

正义网 http://www.jcrb.com/zyw。

联合国文件数据库 http://www.ods.un.org。

执法新闻网 http://www.zgzfwb.com。

法治网 http://www.legaldaily.com.cn。

中国警察网 http://www.cpd.com.cn。

警察网 http://www.police.com.cn

第二节　公安网络培训平台的开发

当前我国公安网络培训相对比较薄弱,与现实公安工作发展需要极不相符。公安部政治部主任蔡安季在2011年6月的全国公安教育训练网络学院开通时对公安网络培训提出了总体设想,并要求各级公安机关特别是教育训练部门、公安院校和训练基地,要积极适应公安信息化和教育训练现代化的要求,加强网络学院建设,不断提升公安教育训练工作信息化水平。可以说,发展公安网络培训已经万事俱备。

一、发展公安网络培训的必要性和可行性

当前网络信息技术发展迅猛,带来了生产力、生产方式和社会管理的巨大变革,也给公安工作带来了机遇和挑战。

(一)发展公安网络培训的必要性

1.优化整合公安教育资源的客观需要

随着信息主导警务模式的不断深入发展,公安培训也应该牢固树立信念观念,要敢于善于向信息化要资源,要战斗力。公安培训本质上就是一种公安实战信息的传播过程,它就是将公安理论的发展前沿、公安科技的最新应用以及公安实战的优秀经验和最新动态传授给基层公安民警,使广大民警能够充分借鉴整个系统的经验,提升自身工作能力和业务技能,从而提高工作绩效。网络培训这个平台因为具有强大开放性和互动性,能够快速聚集众多的培训资源,通过专家按照科学的逻辑结构进行整合,形成优秀的培训素材和宝贵的精神财富。

2.构建公安大教育、大培训工作体系的必然要求

近年来,公安部结合公安科技、公安工作发展的需要,适时提出了大教育、大培训的工作体系,这是时代的需要。大教育、大培训的内涵非常丰富,既包含了培训对象的广泛性,也包含了培训内容的丰富性,培训方法的多样性,通过多种渠道,采取多种模式,实行全警培训,全过程培训和全方位培训。既然是大培训,网络培训肯定是不可或缺的,也是题中之意。因此,从具体操作上来讲,就是要把公安教育训练信息化建设纳入公安信息化整体部署和金盾工程二期具体规划,利用公安网这个平台大力发展公安网络教育。

3.实现公安教育训练工作创新的重要途径

传统的公安培训,其效果显然越来越受到质疑。公安民警对培训的需求已经不再是简单地来听教师讲几堂课,参加个考试,拿本结业证书,然后出去旅游一趟。他们更需要真正有用的知识和经验,需要新的思维、新的方法,需要通过培训活动拓宽视野、开阔思路、获取经验、解决问题。而且他们的时间是非常宝贵的,有时很难保证

全脱产参加培训学习。他们必须一边学，一边干，带着问题去学。所以网络培训为民警在日益繁杂的工作中开展业务培训开辟了新的渠道。

（二）发展公安网络培训的可行性

1.公安网络的技术优势

目前已经基本完善的公安网采用ATM、DDN、以太网、帧中继等高速连接方式，集成了语音、数据、多路视频传播，使电话、数据、视频三网合一成为发展趋势，为开展公安远程培训提供了有力的支持，具有其他高等院校发展远程教育无法比拟的优势。依托公安网络实施远程培训，不仅可以节省巨大的网络链路租用维护费用，还可以最大限度地调动各级公安教育部门通过公安网开展远程教育教学活动的积极性，并能有效利用公安网的各种业务资源，使网络远程教育更加贴近公安工作。

2.公安机关的组织优势

公安机关是一个组织严密的机关，各级基层组织在各级政府的领导下互相独立开展工作，有着规范的组织机构、严格的组织纪律、良好的工作作风。各级公安机关之间又有着密切的联系，受到公安部统一规范的业务管理，以及行业内的资源共享、相互协作及业务交流。全国公安网络建成后，几乎各级公安机关都成为这个巨大网络的组成部分，从最基层的科室所队到公安局、厅、部都在公安网上有自己的阵地，实现了所有公安机关的互相联通。只要公安部一声令下，全国所有的警察都能迅速了解动态。这也为我们开展网络培训奠定了很好的组织基础。我们每个业务部门都有相应的主管单位，有各种各样的专家学者，有经验丰富的执法队伍，只需要我们稍加组织就能迅速转变成强大的培训资源。

3.公安机关的资源优势

公安机关拥有众多的社会资源，这种资源包括物质资源、人力资源、信息资源和知识资源。从物质资源看，公安机关拥有强大的信息化装备，目前各级公安机关都装备了大量的电脑、通讯工具、多媒体设施、畅通的信息网络，许多地方做到了每个民警拥有一台以上的电脑，此外还有电视、专线电话、警务通、对讲系统、社会面视频监控系统；人力资源方面，公安机关拥有各方面的拔尖人才，有公安院校培养的毕业生，有社会招聘的大学生，还有众多的专家能够随时调用；在信息资源方面，公安机关掌控着大量的社会资源，包括全国人口信息、车辆信息、危险爆炸物品信息、公共场所、旅馆、网吧，以及各种社会矛盾焦点的信息，随时能够为我们提供执法服务；从知识资源方面看，包括拥有丰富的公安显性知识的公安院校教授学者，也包括各级公安机关具有丰富实战经验的专家和业务能手，有随时可供调用的社会资源。这些都为我们有效开展网络培训奠定了基础。

二、公安网络培训平台的主要功能

目前，公安网络培训的平台正处于探索阶段，比较成熟的有全国公安教育训练网络学院、上海公安远程教育网络学习平台、陕西公安教育训练网络学院等。其中,全国公安教育训练网络学院主要由学习、训练、考试、管理四大系统和教官队伍、精品讲座、在线竞技三大平台构成,已具备较为完整的学习训练和管理功能,便于民警个人自学和开展专项培训、在线考试。它主要具有五大特点,即网络资源的共享性、学习内容的直观性、获取资源的便捷性、训练方式的互动性、考核管理的科学性。可提供政治理论、法律法规、政策文件、网上考试及最新教育训练研究成果等,具有在线浏览、视频播放、快速搜索和点击下载等功能,开设了实景训练、模拟对抗、在线竞技交流等互动平台。

结合网络教育理论和公安实际,我们认为,公安网络培训平台应该具有如下功能。

(一)资源管理功能

主要包括培训需求分析(行业要求分析、学习者分析、学习需求分析、学习起点分析)、专业和训练计划设置以及确定相关课程。由公安院校相关课程的教师、基层专家、教学设计人员、媒体技术人员组成课程组,对网络课程、教材、训练科目、学习辅导资料、实践教学资料、考核资料等资源进行系统开发。资源的发送则主要通过公安专网或互联网、卫星电视和有线电视网、手机移动终端,以及通过光盘或印刷媒体等渠道,根据内容特点、技术特点和实际需要及时便捷地进行更新和推送。

(二)学习支持功能

其目标是为学习者提供必要的支持和服务,激发学习兴趣,改进学习方法,提升学习效率,从而使每一位学习者都能顺利、成功地完成远程学习。为实现该功能,系统主要提供管理性支持、技术性支持、学术性支持、情感性支持,其中,管理性支持就是为学习者提供各种咨询信息、学习资源、学习方法以及过程管理等方面的支持;技术性支持主要包括浏览技巧、查阅信息技巧、网络交互技巧、学习风格测量等;学术性支持主要包括课程或专业选择建议、提供参考文献、在线辅导答疑、交流讨论、实践教学指导以及测试评价等;情感性支持包括引导学习动机、激发学习兴趣、建立学习信心、消除学习过程中的孤独感、摆脱学习困境等。

(三)师资管理功能

从有关数据库中选择并整合最优秀的教师队伍,开发高质量的教育资源。根据专业及学习者个性的需要,设计、开发、发送、更新最优秀的教学资源。在传统面授教育和培训中,主要突出教师个别化,而远程教育和培训,更注重教师的群体性和协作性。

三、公安网络培训平台的基本结构

公安网络培训平台应该具有如下一些栏目。

(一)培训资源

1.多媒体素材库:包括文本类素材、图形类素材、音频类素材、动画类素材、视频类素材,如政治理论、法律法规、政策文件等都可以从网站搜索获取。

2.网络课件库:以知识点为单位,对每一个知识点设计出培训所需要的课件,这些课件要符合软件功能要求、设计原则、输入输出标准、运行的平台要求、开发要求以及公安机关信息化管理的规范标准等要求。

3.案例库:对公安机关典型的执法案例进行规范化的编写入库,包括编写要求、案例组成要件、属性标注等都要做出明确规定,案例的内容、时间、地点、事件、人物等基本要素、对应的知识点、处置的方法、成败教训、主要经验等等。

4.试题库:对有关科目的测试题目要按照科学的原则,按难度、题型等要求组织起来,包括理论模型、试题组织、分布结构、质量要求、参数标注、抽样方式、运行环境等。

5.网络课程:按一定的培训目标、培训策略组织起来的培训内容和教学支撑环境,一般包括培训内容、课程导航、教学设计与开发要求、基本教学环境设计、教学活动安排、课程属性等。

6.开放资源:学院之外的网络培训资源,通过链接的方式与师生共享。

7.下载中心:为师生提供下载各种资源的便利。

(二)各项管理

1.招生管理:对招生通知、招生简章、招生咨询、报名流程、入学考试、报名录取等方面进行管理。

2.学员管理:主要包括新生指南、学员注册、网上选课、在线作业、预约考试、参加考试、成绩查询、毕业申请、学习中心、下载中心、交流园地、学员服务等栏目。

3.教师管理:包括教学计划、教学日历、教材查询、电子邮箱、名师风采等栏目。

4.系统管理:主要为系统管理员提供管理功能,包括对网站新闻、广告、资源的更新维护,邮箱的申请,点播下载系统的开通等各方面的内容。

(三)主要工具

系统应能提供笔记本、小字典、日历、书签、计算器、帮助、打印、关闭、最大化、最小化、后退、前进、刷新等基本操作工具。

媒体组合:文字、视频、音频、音乐、Flash 动画、影视片段等。

公安网络培训平台的主要内容可以用图 7-2 来进行初步表示。

四、公安网络培训系统的设计

(一)设计原则

1.标准化和平台化

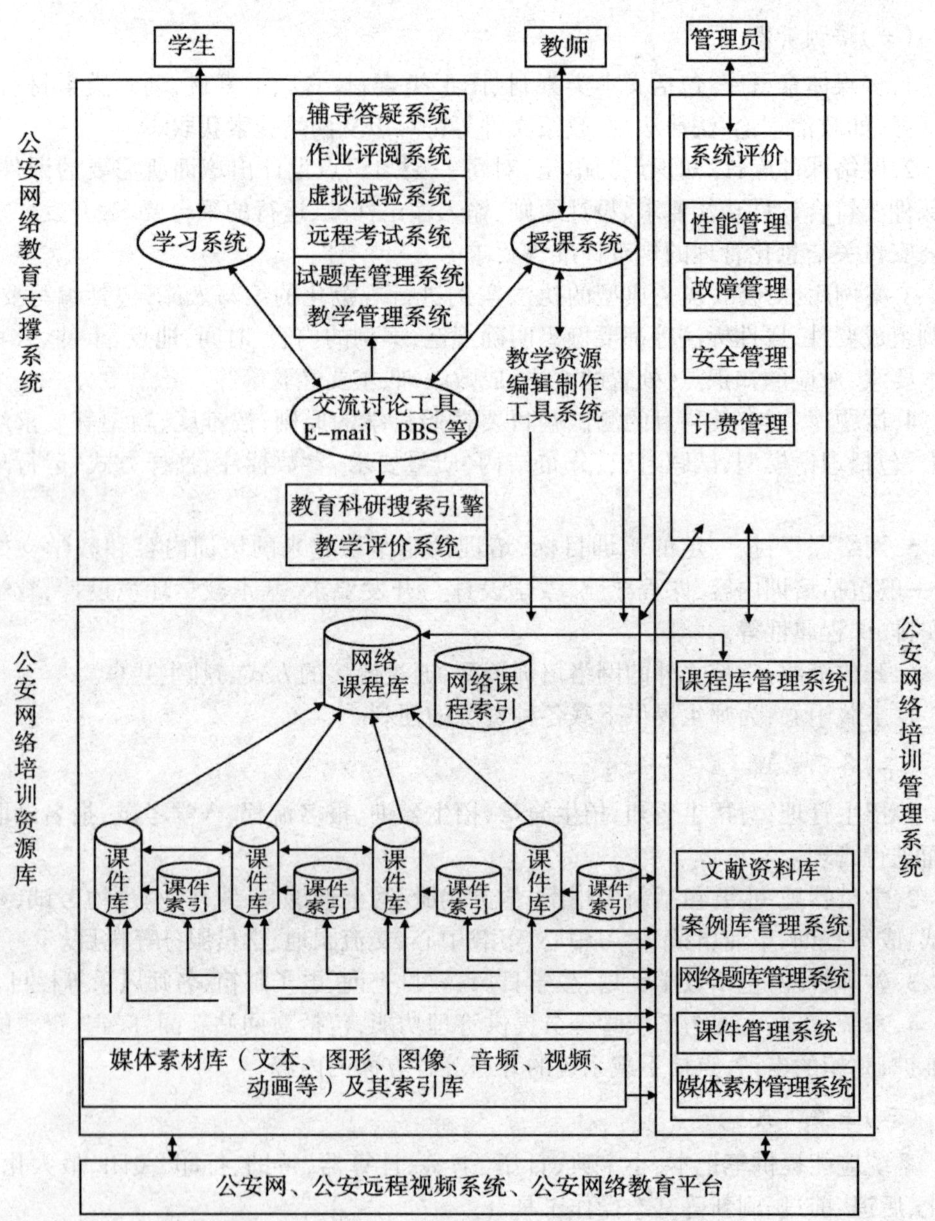

图 7－2　公安网络培训平台

网络培训系统应该按照标准化的要求进行设计，所有课程的建设均以基于公安网运行为出发点。通过标准的数据库对课程素材进行系统管理。①

2.丰富多彩

① 傅钢善：《网络远程教育》，第 181 页，科学出版社，2007 年。

网络课程可拆分、可组合,实现课程的可扩展性,同时以视频、图片、音乐、动画等多媒体组合方式增强课程表现力。

3.交互简便性

注重课程建设中的交互设计,克服师生间无法面对面交流的障碍。同时注重为学员提供个性化学习的空间,使网络适应人的不同需要。

4.支持多种培训策略

网上培训,受训民警是学习的主体,而教师与民警在空间上是分离的关系。因而在设计培训平台时,必须引进新的培训思想、培训方法,尤其要支持探索性学习、协作式学习、角色扮演式学习、辩论式学习、问题式学习等模式。

(二)设计的基本思路

1.丰富培训资源库

将零散的培训资源集中到公安培训网络上来,构建一个内容丰富,容易查找的培训资源库,这是开展网络培训的重要环节,它可以充分利用各级公安机关及公安院校的培训资源,实现资源共享,为民警提供更多选择。高质量的培训资源也是网络培训的基本前提,而要保证资源质量应该注意四个方面:一是抓好选题,要抓住培训中的重点、难点、疑点作为培训资源进行重点开发;二是要加强交互性,至少应该允许学员能够控制媒体播放进度,提高灵活性;三是要注重协作,要加强主管部门、公安院校和科技工作者的沟通协调;四是资源组织方式多样化,包括自由文本方式、超文本方式、网页方式、WWW 方式等。

2.完善网络培训系统

网络培训系统是基于 Internet 基础上的双向多媒体软件系统,它应该包括资源管理、网络课程开发、网络教学、网络教务管理等方面的服务。其中网络教学系统包括在线发布网上课程、教学活动设计和管理、支持学生在网上的教学和探索、支持讨论和协作等功能。网络教务管理系统则应包括教务管理、专业与课程管理、系统管理等模块。网络课程开发工具则需支持网络多媒体开发功能,能够进行多媒体素材的导入、抓取和制作,能够快速高效地生成网络课程;提供素材库与素材库管理软件;提供针对具体学科的网络课程模板和向导库,可以方便和加速网上课程的开发。

第八章 虚拟现实技术与公安培训

虚拟现实技术是发展到一定水平上的计算机技术与思维科学相结合的产物，它在医学、军事训练、教育培训等领域里得到最新应用。这种技术具有仿真性、生动性、实战性、高效性，由于能够带来一种身临其境的感觉，而备受受训者的欢迎。公安培训因为其高度复杂性、灵活性和变化莫测，所以更加适合采用虚拟现实技术。

第一节 虚拟现实技术概述

虚拟现实技术的发展，对于更生动灵活地模拟再现实际工作过程和境地产生了深刻的影响，这种技术极大地推动了诸如星际、核爆炸、航空航天、智能对抗等知识的学习及战斗机驾驶等领域的发展。

一、虚拟现实技术的内涵

虚拟现实(Virtual Reality - VR)也称灵境技术或人工环境，是当前一项顶尖的科学技术，它主要由计算机集成了计算机图形技术、计算机仿真技术、传感技术、人工智能、显示技术和网络并行处理技术等而生成的一种高技术模拟系统。它主要通过视觉、听觉、触觉、嗅觉和味觉等多种感觉通道的立体化实时模拟和实时交互，对现实世界进行全面细致的仿真，它能够创建出一种与现实社会逼真的环境。受训者通过适当的接口置身其中，就可以与虚拟环境进行实时交互，并产生沉浸感觉，从而满足了解决学习媒体的情景化及自然交互性的要求。虚拟现实技术将模拟环境、视景系统和仿真系统合三为一，并利用立体耳际、头盔显示器、图形眼镜、数据服、数据工具、数据扬长手套及脚踏板等传感装置把操作者与计算机生成的三维虚拟环境连结在一起。

这种技术在培训一些隐性知识方面具有得天独厚的优势。目前，美国军队大量采用虚拟现实课件和网络教学为全球美军提供战场应急维修培训、指导和支持，并将虚拟仿真训练应用到了海军、空军等诸多军兵种武器装备的训练上，产生了巨大的军事效益。他们还将这种技术应用到退役老兵心理创伤的恢复，通过再现战争场面，使其学会接受现实，去除心理阴影，起到了很好的作用。

早在60年代初，随着CAD技术的发展，人们就已经开始研究立体声与三维立体显示相结合的计算机系统。80年代，Jaron Lanier提出了虚拟现实的观点，其目的是为了建立一种全新的用户界面，使用户能置身于计算机所表示的三维空间资料库环境中，并可以通过眼、手、耳或特殊的空间三维装置在这个环境中环游，创造出一种身临其境的感觉。它主要涉及了三种基本技术，即三维计算机图形技术、多功能传感器的交互式接口技术和高清晰显示技术。

虚拟现实技术目前在医学方面的应用非常普遍，通过建立虚拟的人体模型，借助于跟踪球、HMD、感觉手套等工具，学员可以很容易了解人体内部各个器官的结构。许多医学院都建有这种虚拟实验室，可以进行"尸体"解剖和各种手术练习。目前比较成熟的有导管插入动脉的模拟器、眼睛手术模拟器、麻醉虚拟现实系统、口腔手术模拟器等。另一个比较突出的应用领域就是游戏，在娱乐方面虚拟现实技术应用非常迅猛，如芝加哥开发了世界上第一台大型可供多人使用的虚拟现实系统，主题是关于一场3025年的未来战争。许多电子游戏厅里都有仿真度非常高的战争游戏、体育游戏。还有些国家开发了虚拟音乐家、虚拟物理实验室。另外一个比较适合的场合是军事、航天培训、体育训练，如美国国防部高级研究计划局一直致力于研究SIMNET虚拟战场系统，以提供坦克协同训练，该系统可连接200多台模拟器，可模拟零重力环境，以代替现在非标准的水下训练宇航员的方法。可以说，虚拟现实技术已经被应用到工业的各个环节，对企业提高开发效率、加强数据采集、分析、处理能力，减少决策失误，起到了重要作用。目前，在工业领域常用的虚拟现实系统：石油、电力、煤炭行业多人在线应急演练，市政、交通、消防应急演练，多人多工种协同作业（化身系统、机器人、人工智能），虚拟制造/设计/装配，模拟驾驶、训练、演示、教学培训，军事模拟、指挥、虚拟战场、电子对抗，地形地貌、地理信息系统、生物工程（基因遗传分子结构研究）、虚拟医学工程（虚拟手术解剖医学分析）、建筑视景与城市规划、矿产、石油、航空航天、科学可视化等。

二、虚拟现实技术的特点

虚拟现实技术是"真实世界的一个映像"，主要有三个特点。

（一）交互性

交互性指用户与虚拟场景中各种对象相互作用的能力。虚拟现实是用计算机图形学构造出酷似真实世界的一种仿真模拟。这个合成的世界并不是静态的，它可以对用户的输入手势、动作命令等做出反应、即实时的交互性。在虚拟环境中，学员如同在真实的环境中一样与虚拟环境中的任务发生交互关系，其中学员是交互主体，虚拟对象是交互客体，主、客体间的交互是全方位的、实时的。对这种交互性的效果主要可以从对象的可操作程度、从用户环境中得到反馈的自然程度及虚拟场景中对象依据物理学定律运动的程度等方面来综合衡量。

(二)沉浸性

沉浸性又称存感性,指用户可以很好地沉浸于计算机生成的虚拟环境中,使用户投入到这种沉浸性虚拟场景中的能力。这也是 VR 系统的核心。虚拟现实使用了人类的所有感官通道,用户不仅能看到和操作屏幕上的图形对象,也能触摸和感觉到它们,使其相信在虚拟环境中人也是确实存在的,而且在操作过程中它可以自始至终发挥作用,就像真正的客观世界一样。

(三)构想性

构想性通过用户沉浸在"真实的"虚拟环境中,与环境进行各种交互作用,从定性和定量综合集成的环境中得到感性和理性的认识,从而深化概念,萌发新意,产生认识的飞跃,实现"学习—创造—再学习—再创造"的过程。

三、虚拟现实系统的构成

一个虚拟现实系统主要包括虚拟环境、感知、自然技能和传感设备等要素。其中,虚拟环境就是借助于计算机生成的具有双视点的、实时动态的三维立体逼真图像,完全实现了三维视觉、三维听觉、触觉和嗅觉。感知是指具有一切人所具有的视觉、听觉、触觉、力觉、运动,甚至味觉、嗅觉等多感知的能力,甚至获得与真实世界一样的感知。自然技能指人的头部转动,眼睛、手势或其他人体行为动作都能通过计算机来捕捉处理,获取与参与者的动作相适应的数据,并作出实时响应。传感设备是指一系列三维交互设备。

一个典型的虚拟现实技术系统主要包括六个模块。

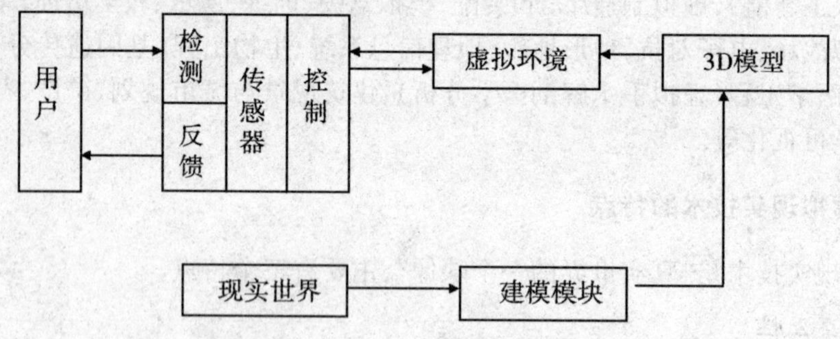

图 8-1 虚拟现实技术系统模式

检测模块:检测用户的操作命令并通过传感器模块作用于虚拟环境。

反馈模块:接受来自传感器模块的信息,并为用户提供实时反馈。

传感器模块:一方面接受来自用户的命令,并将其作用于虚拟环境;另一方面将操作后产生的结果以各种反馈的形式提供给用户。

控制模块:对传感器进行控制,使用户、虚拟环境和现实产生作用。

3D 模型库:现实世界的三维表示,并构成对应的虚拟环境。

建模模块:获取现实世界的三维数据,并建立它们的三维模型。

其中传感器模块包含的传感装置主要有:头盔式立体显示器、三维音响输出装置、定位装置、数据手套、触觉传感器、Group 系列手爪、数据衣,以及语音识别、合成、眼球运动检测等。

四、虚拟现实系统的构建

(一)创造一个虚拟环境

设计一个 VR 系统,首要的问题是创造一个虚拟环境,这个虚拟环境包括三维模型、三维声音等,在这些要素中,因为在人的感觉中视觉摄取的信息量最大,所以创造一个逼真又合理的模型,能够实时、动态地显示出来是最重要的。这就需要开展虚拟现实建模。

一个成功的虚拟现实模型建立需要达到以下标准:(1)精确度。(2)显示速度。(3)操纵效率。(4)易用性。(5)广泛性。

当前,建模的主要技术包括:几何建模、运动建模、软体建模和模型数据库结构。

表 8－1　　建模技术一览表

项目	几何建模	运动建模	软体建模
本质	反应物体形状与外观	客观世界的仿真或折射	对虚拟对象的质量、重量、惯性、表面纹理、硬度和变形模式等特征的建模
信息类型	几何信息、拓扑信息	运动和行为描述	重量建模、表面变形、软硬度
技术指标	交互显示能力、交互式操纵能力、易于构造的能力	模型表现特征、物理属性、行为反应能力、自主性	实时性、准确性
类型	线框建模、表面建模、实体建模	物体位置变化、碰撞检测、对象层次	碰撞检测、粒子建模
目的	看起来像	动起来真	解决变形
关键技术	计算机图形技术	运动生成技术	分形技术、粒子系统

(二)进行实时绘制

实时绘制技术是虚拟现实技术的核心,实时绘制算法的优劣关系到虚拟现实引擎的效率和效果。实时绘制主要涉及消隐技术、LOD 技术、景深技术、纹理映射技术、物理光照模型以及特效技术。

消隐技术就是运用某种算法把物体上看不见的线或面从画面中消去或用虚线画

出。其目的是要把每一个组成物体的面与每一个不透明面进行遮蔽判断，把可见的或部分可见的与不可见的或部分不可见的区别开来，最后绘出那些可见面或面的可见部分，这样就可以得到经过消隐处理的立体图。通常采用的方法有物体空间法和图像空间法。

LOD技术（Levels of Detail）就是层次细节技术，在不影响画面视觉效果的条件下，根据物体模型的节点的位置和重要性，决定资源分配，逐次简化景物的表面细节来减少场景的面数和细节度，从而提高绘制算法的效率，属于一种高效的图形生成加速方法。其主要手段有：剔除法、距离标准、尺寸标准、偏心率、视野深度、运动速度、固定帧率等。

虚拟现实的灯光设置主要包括VRay灯光和Mental Ray灯光两种技法。

（三）场景渲染烘培技巧

烘培是在模型纹理制作完成且布置好场景灯光之后，平展模型表面UV渲染贴图的过程。其目的是把当前的光影信息渲染到一张纹理上，从而增强虚拟现实场景的光影效果，减少三维引擎的运算量，提高程序的运行效果。

五、常用虚拟现实软件

（一）Virtools

Virtool是一套具备丰富的互动行为模块的实时3D环境虚拟现实编辑软件，可以制作出许多不同用途的3D产品，如网际网络、计算机游戏、多媒体、建筑设计、交互式电视、教育训练、仿真与产品展示等。其主界面包括菜单栏、三维编辑区、行为交互模块与数据资源库、层级管理器、脚本流程图和状态栏等。其纹理界面包括了系统文件格式、视频格式、保存选项、MIP级别、插入背景颜色、选择颜色、透明度采样值、被使用、图像存储信息、添加/删除纹理等。材质设置则包括了环境色、漫反射、镜面反射、环境反射、被用于贴图方式、双面材质、填充模式、阴影模式、纹理和特效等。

其粒子系统可以实现爆炸、火焰、烟雾、特殊光效等效果。并根据发射状态分为立方体、曲线、圆筒、圆盘、直线、物体对象、平面、点、球等九种粒子系统效果。

（二）Quest3D

Quest3D是一款容易且有效的实时3D建构工具。其所有的编辑器都是可视化、图形化的，几乎不用手写什么代码，拥有仿真物理模型、人工智能、数据库操作以及漂亮的粒子特效系统。其粒子物体模块可以通过设置粒子大小、方向、寿命、速度、随机速度、结束大小、随机大笑、爆炸周期、重力、旋转、正常速度、插值发射、开始颜色、结束颜色等参数获取满意效果。

（三）VR – Platform

VR – Platform即虚拟现实仿真平台，是适用性强、操作简单、功能强大、高度可视化的三维美工软件。它包含了九个产品体系，虚拟现实编辑器、互联网平台、数字城市平台、物理模拟系统、工业仿真平台、虚拟旅游平台、虚拟展馆、系统开发包、故事编辑器等。

主要功能包括三维模型、相机、物理碰撞、骨骼动画、天空盒、雾效、太阳、粒子系统、形状、材质库等。

第二节　虚拟培训概述

虚拟培训就是利用三维动画、光电声影等虚拟现实技术实现培训环境、培训方法的创新，从而实现培训效果的最大化。

一、虚拟培训的特点

结合虚拟现实技术的虚拟培训具有以下一些特点。

（一）投入资源少

虚拟现实技术可以大大减少实验室的数量，可很好地解决培训过程中资金不足问题。目前许多培训用的设施装备越来越昂贵，建一个完整的实验室，需要许多精密仪器、要有场地、配套设施，有专业的实验员，还要进行维护。而且使用的范围也极其有限。如果采用虚拟与实操相结合，大大减少了实验室的投资，既可节省费用又可进行多品种、多品牌、多型号的训练，满足多种培训目标，解决了学员多、设备少、工位不够等矛盾。

（二）操作安全，允许出错

运用虚拟现实技术进行培训，使有关设备的实习教学操作更加安全，学员的实操过程和编程指令以及一些具有危险性的工作技能训练等都能在模拟仿真中体现出来，操作者可以直观地看到自己的操作过程和操作方法是否正确，然后进行正式的操作，避免了由于学员操作失误而对学生自身和设备造成的危害。此外，学员还可以大胆尝试多种选择，有利于消除紧张情绪，减少练习初期因紧张而产生的畏惧心理。

（三）改变了传统教学方式，使抽象问题形象化、技能培训注重的是实践性

由于技能型隐性知识是民警在长期的实战工作中逐渐累积起来的知识，这种知识难以编码、难以模仿、难以通过语言明确表达，因此技能型隐性知识转移困难。对于这种隐性知识的讲解，用传统的教学方法教学，即使多次讲解学生也较难理解，而利用虚拟仿真软件，可以在形象地展示实战工作技巧的同时，进行理论讲解，使抽象问题变得简单易学。

（四）虚拟现实技术比传统的空间信息可视化更具沉浸感、交互感、自主感与想象感

虚拟现实技术可以将一些经验丰富的老民警的技能型隐性知识转移、沉淀和整合到虚拟现实系统中,供民警进行数字化学习。根据国内一些虚拟现实软件提供的公安工作方法,受训者能够在虚拟的现代化、数字化环境里,根据自己的岗位,进行针对性的训练,以掌握基本技能,增强核心技能。虚拟训练系统不会由于操作不当产生严重的后果,也不会对周围的环境造成污染,安全可靠。在虚拟现实技术支持下,虚拟培训设施与真正的培训设施功能相同,理想的虚拟环境甚至比真的设施还“真”。虚拟现实技术将人与计算机视为一个整体,受训者能够融入虚拟培训环境,成为环境的一部分。受训者沉浸其中,不受外界干扰,反复练习,不断领悟,直到掌握操作技能为止。民警通过虚拟培训设施训练技能,甚至比现实培训基地效率更高,更为节省时间。根据人力资源管理理论,熟能生巧是培训有效转化的精髓,受训者反复操作、反复练习才能找到感觉和知觉,形成感官敏感度和操作记忆。而仅通过讲解的语言传播,通过演示的视觉传播,而没有经过实践练习的新技能很难内化为个人的经验。虚拟环境中的虚拟化体验,还使操作者获得在各种可能出现的情况下正确行动的感受和知识。

此外,虚拟现实培训还具有仿真性、开放性、超越时空、易操作和对应性等特点。(1)仿真性。在虚拟现实技术的支持下,虚拟培训设施与实际使用的设施功能必须相同,操作方法也一样,学员通过虚拟培训设施训练操作技能,必须与在现实培训基地里同样方便。这是因为虚拟培训环境无论对于现实的环境或是对于想象的环境,都是虚拟的但又是逼真的。(2)开放性。虚拟培训环境不同于传统中的培训基地概念,它往往是一个软件系统,或者是一个高科技的演播室,其丰富的器械、布景和道具可以根据培训的需要进行灵活组合,能够营造出许多逼真的操作训练环境。比如进行飞行器技术培训时,虚拟培训环境就是在不同人造背景下飞行器及其飞行的模拟环境。(3)超时空性。虚拟培训环境具有超越时空的特点,它能够将过去世界、现在世界、未来世界、微观世界、宏观世界、客观世界、主观世界、幻想世界等各种背景下的物体和发生的事件进行有机组合,学员可以根据学习需要选择不同的搭配方案。如,学员需要身临超越现实时空的环境进行训练,那么虚拟培训环境就可以提供虚拟太空,可以运用未来的能源,还可以在人的身体里遨游。(4)可操作性。受训者借助专门设备可以与虚拟世界中的事物进行交流和互动,用人类的自然技能实现对虚拟环境的物体或事件进行操作,就像在现实环境里一样。如,学员可以借助专门的手套抓取虚拟环境中的物体,并让它随手的移动而移动。(5)对应性。虚拟现实培训的内容与实际工作的具体环境是密切相对应的。

二、虚拟培训技术的作用

斯图尔特和托马斯指出虚拟现实在教育中的8项用途。

1.探索学员用其他方法不能接近的现有地方和事物,如火灾现场、爆炸现场、恐怖活动现场等。

2.探索没有空间和时间的改变就不能有效测量的真实事物,如犯罪现场、交通事故现场等。

3.创造具有可变特性的地方和事物。

4.通过一个有共同兴趣的全球俱乐部与远隔重洋的人互相交流,或者与来自世界各地的学员在课外自修项目上进行合作,如国际警务合作,国际反恐活动。

5.在想象的空间中与真实的人进行交流以支持协同设计。

6.以非现实的方式与真实的人相互交流,如各种场景中的射击、反劫持等。

7.创造像数据结构这类抽象概念的表征。

8.与参加模拟谈判的代表或具有不同人生观的虚拟历史人物进行交流,如反劫持谈判,对轻生者的劝说,处置群体性事件以及各种纠纷的调解活动。

三、虚拟现实技术对公安培训的重要意义

(一)虚实结合完成技能训练

虚拟现实训练是增强公安培训课堂教学效果和扩大野外训练效果的有效手段。采用虚拟现实进行训练,可以非常方便地解决训练中的理论与实践的结合问题,并很好地实现训练中的视觉、听觉和触觉三统一。

(二)提供了崭新的教学手段

虚拟现实技术打破了传统的教授模式,调用了更多的主客观因素为教学培训服务,使教师克服了各种主观条件的限制,借助于现代化手段,大大提高了教学效果。

(三)丰富了教学内容

虚拟现实训练能在同一模拟现场完成各种不同环境的训练。由于虚拟现实模拟系统具有在同一模拟现场创造不同环境的能力,所以在一次训练中,学员可以既在社区、商场、公路、山林的地形中训练,也可以在天上、大海、沙漠中冲杀,并可变换昼夜的训练条件。不仅如此,虚拟现实可使警员体验到实际生活中一般不大可能遇到的事情。

(四)开创了全新的学习场景,打破了时空的限制

通过虚拟现实技术可实现“遥控领域”的训练。如某地受到恐怖分子化学武器的攻击,需要警员参与到化学救援行动中去,或者火灾以及在其他各种危险性极强的现场,用实物进行控制训练基本上是不可能的,但在虚拟现实环境下,学员穿戴上数据头盔和手套同样逼真地实现目的,获得切身体验,还可以尝试不同抢救方案的可行性和有效性,从而提高行动成功的可能性。

(五)促进了培训观念的改变

虚拟培训教学中,特别强调学员主动参与构建知识结构,强化了学员的“第一人称”效应,变“要我学”为“我要学”,每一位学习者都可以根据自己的学习特点,按照适

合于自己的方式和方法进行学习，这种探索性的学习，有利于激发学员的创造性思维，使学员在情境中通过主动的探索获得知识，从而提高学习者的动力。

三、虚拟培训系统的构建

一个虚拟培训系统应该具有真实准确、三维交互、立体可视化、自由操作、学员考核、在线多人协同等特点。主要包含场景建模和场景驱动。

场景建模包括如下步骤：(1)数据采集，通过实物照片或设计图纸获取实体外观、几何形状、纹理数据等信息，确定模型层次结构。(2)建立树状层次结构，直到底层分解到基本图元结构。(3)进行可视建模。(4)去除冗余。(5)纹理图片。

场景驱动就是通过初始函数、运行时函数对缓存、通道、相机、场景、实体对象、光源等资源的设置，给用户提供一个真实环境，实现他们与场景之间的互动，所以还要驱动整个虚拟场景，实现对场景模型的调用、显示、控制。

当前比较成熟的虚拟培训系统主要在 IT 行业、制造业、煤矿、电力、医学等领域。

第三节　虚拟现实技术在公安培训中的应用

虚拟现实技术是人们共享信息和体验的一种手段，是一种特殊的交流媒体。这种技术是适应公安信息化发展的产物，为刑事侦查、消防训练、反恐演练、交通管理等公安执法活动提供了全新的理念和全新的方法，也为公安培训工作开阔了新的视野。它在公安实战和公安培训领域的应用必将会十分广阔。

一、虚拟现场勘查系统

在公安实战中，对各种现场进行勘查，寻找线索是非常普遍的工作。现场勘查包括犯罪现场、交通事故现场、治安案件现场、突发事件现场等等。

虚拟犯罪现场就是将犯罪现场每一个角落的各种信息收集、整理及归纳，并按照侦查理论建立起完整的信息模型，再用网络连接起来，使民警能够快速、完整、形象地了解犯罪现场曾经发生的一切，还可以在这样的虚拟环境中，全方位、多种样式，从不同的角度、不同的高度、不同的距离随意进行观察，利用测距功能可以对某一行为或现象的可行性进行分析，如：精确的测量各个现场的距离，根据案犯的行动速度来计算其到达另一现场所需要的时间，以分析犯罪嫌疑人作案的可行性或其逃逸的路线、时间。还可以根据勘查的结果将虚拟的犯罪嫌疑人置于环境中，再现其活动过程。

通过虚拟现实技术重建犯罪现场，再现犯罪嫌疑人在现场的活动过程，不仅是现场勘查的目的之一，也是分析犯罪嫌疑人犯罪心理的重要依据。利用虚拟现实技术来进行现场重建，为民警提供了全方位、多角度研究现场，审视现场勘查全过程的平台。该平台主要构成如下图所示。

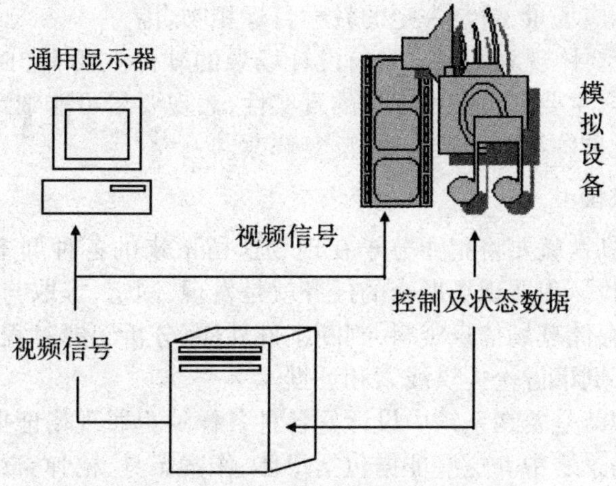

图 8－2 虚拟现场勘查系统结构图

在犯罪现场重建过程中,首先要将犯罪嫌疑人的行为按照现场分析的结果预先设定在现场中,受训者以第三者的角度从各角度旁观案犯的作案过程,以验证当初的分析结果,或者预先设置好各个物证的空间位置,以受训者的主观角度去尝试完成作案过程。这样,受训者就更容易分析体会案犯的犯罪心理。对一些较为特殊的案件现场,如爆炸、深井、高空、危险等由于种种原因不能直接观察的现场,受训者可以乘坐虚拟的飞机、潜艇等来进行随意的观察,其可视化的重建效果可以给研究者以身临其境的感觉。教师在讲述现场勘查时,学员借助多种输入输出设备进入虚拟的案件现场中,由虚拟的教员按照课程的安排一边讲一边引导学员实际动手操作。

构建虚拟犯罪现场主要应解决四个问题。

(一)犯罪场景模型

设计不同案件、不同场景、不同条件下的虚拟仿真案件现场,通过输入设备实现人机对话,使学员完成对各种类型案件的现场勘查、不同条件下的各种物证的现场提取、收集、包装等实践内容的学习,使学生在虚拟仿真的环境中体会出实战的真实感觉。同时,学员可以根据自己设定的参数生成多种不同的现场,进行随机性的实践训练。

虚拟系统所提供的各种犯罪场景模型可以包括城市、农村,白天、黑夜,室内、室外,公共场所、家庭,宾馆、办公室,山区、平原,雨雪天、晴天,甚至包括原始现场、破坏现场、伪造现场,要尽可能全面地涵盖各种案发的现场。也可以从案卷中提炼出发案频率比较高的犯罪现场,根据有关因素进行设计。设计时应注意如下几个方面。

1.场景与作案动机、作案规律密切联系。不同的场景,犯罪的特点应该是不同的,设定场景的目的就是让学员知道在不同的环境下,犯罪分子的心理、行为特征都会有本质的不同。因此,民警调查取证的时候也要采用不同的措施。

2.场景要具有代表性。场景就是特定的时空,主要根据犯罪活动规定,根据不同的教学难度设定相应场景，要与一定的教学目标相吻合。

3.场景的设计要体现真实性。当前设计场景的软件主要有3D MAX、maya等，它不以美观性为标准，主要突出案发现场的真实性，表现要尽可能细致、逼真，包括尺寸大小、材质、光影效果等都要精雕细琢，反复修改。

(二)现场证据模型

设计好场景之后，就要将犯罪分子在现场遗留下来的各种刑事证据放置场景之中，让受训者去寻找。犯罪现场勘查的任务就是发现、固定、提取与犯罪有关的痕迹、物证及其他信息，存储现场信息资料，判断案件性质，分析犯罪过程，确定侦查方向和范围，为侦查破案、刑事诉讼提供线索和证据。

现场证据模型就是要在系统中设计好各种各样的犯罪现场证据，根据教学需要，可以实现隐藏到场景之中。这些证据包括尸体、作案工具、枪弹、毒物、指纹、足迹、毛发、唾液、精斑、笔记、斗殴痕迹等等。

设计证据模型时要注意以下问题。

1.证据要体现多样性。各种证据根据破案的难度，大量存放在证据库中，随时可供教师备课时调用。设计的时候也并非都要清晰完整，有些证据恰恰是模模糊糊，遭受严重破坏的，所以要根据教学需要来确定。

2.证据摆放要具有隐蔽性。犯罪现场的各种物品采集并非越多越好，有些证据是具有干扰性的。因此，摆放时，要注意将各种证据混在一起，让学员根据案例去判断，到底是有效证据还是干扰证据。

(三)勘查工具模型

学员进入虚拟现场，可以拿着虚拟的勘查工具，对现场进行勘查。这些工具主要包括警戒带、橡胶手套、照相机、摄像机、录音笔、放大镜、马蹄镜、剪子、镊子、卷尺、物证袋、玻璃刀、钢锯、锤子、耙子、钳子、筛子、铲子、螺丝刀、扳手、防护眼镜、万用表、手电筒、紫外灯、防潮箱、指纹粉、指纹刷、指纹胶带、印泥、滤纸、显现剂、特种铅笔、现场记录本等。这些工具可以通过鼠标来领取，也可以让受训者进入虚拟现场去“拿”取，然后跟踪受训者的动作，及时作出反应。

(四)勘查评判模型

现场勘查虚拟实验，最后要对受训者进行评判，主要是看犯罪现场处置的程序方法是否合理，收集的证据是否齐全有用，以及现场保护措施是否得力，分析判断是否准确等等方面进行量化评定。评判应该具有可选择性，一种是即时评判，一种是综合评判。即时评判就是密切跟踪学员现场勘查过程，随时可以对每一个动作进行评判；综合评判就是在实验结束后进行全面综合评价。

二、虚拟物证检验系统

刑事物证是一个比较规范的概念，具有非常广泛的来源。鉴别这些东西不可能让学员一一接触,因此采取虚拟方式比较可靠。我们知道,现场物证是犯罪嫌疑人行为的作用结果,一般表现为犯罪工具、犯罪行为侵害的客体物、实施犯罪所留下的痕迹和其他可供揭露犯罪的物品。民警在现场勘查中对现场物证的初步分析往往基于经验,这些分析还需要经过数据的测量运算和实验结果来验证,而现实中由于受实验环境、材料、观察的角度等条件的制约,一些现场实验无法多次重复进行或进行多角度观察。因此,有必要借助虚拟现实技术,通过虚拟的现场实验环境,设置多种可能的参数,反复地进行试验,教师在讲述现场勘查时,学员可借助多种输入输出设备进入虚拟的案件现场环境中完成现场勘查工作及各种物证的提取、包装、送检、检验鉴定等环节的实践训练,并通过物证综合利用实现犯罪现场重建,可以多角度观察整个物证形成的全过程,来验证分析结果的准确性。这样不仅使一些现场实验变成了可能,而且大大降低了实验的成本和风险,提高了实验的可靠性和效率。

(一)公安物证虚拟实验室的构成

虚拟实验室是基于 WEB 技术、VR 技术构建的实验教学系统,主要由虚拟实验台、虚拟器材库和实验管理系统组成。学员可以在虚拟实验台上动手操作,又可以自主设计实验,以培养操作能力、分析诊断能力和设计创新能力。

1.虚拟实验台

根据实验的类型,设计不同的实验台,主要有法医病理损伤、法医物证、DNA、毒化、微量物证、痕迹、刑事照相、指纹、枪弹、文件、爆炸等实验台。每个实验台要根据检验时所需要的仪器、试剂、工具,实现的功能等配备齐全。

2.虚拟器材库

扫描电子显微镜、傅立叶红外光谱仪、显微分光光度计、气相色谱/质谱联用仪、气相色谱仪、多波段光源检测系统、紫外可见光光度计、薄层扫描仪、法医图像分析仪、DNA 扩增仪、测序仪、语音识别工作站、文件检验仪、测谎仪、指纹比对仪、防伪检验仪、FID/FPD/NPD/ECD/TCD 等检测器,顶空进样器,HPLC、UV、GC/MS 等。

3.实验管理系统

主要包括对实验程序、实验物品领取、实验人员审查、实验结果、实验成绩等方面管理。

(二)开发过程

虚拟实验室的开发主要分为模型建立、制作交互文档和网络发布三个阶段。

1.模型建立

主要借助 3DMAX 进行建模。首先,要设计好产品模型,根据现实的产品尺寸比例及外观首先做到在视觉上具有真实性,有些复杂的模型还要考虑层次性,分别建模,并尽量删除冗余的元素。其次,要对模型的材质和场景灯光进行编辑和设计,包括材质的图片格式,烘培模式,设置好烘培参数。

2.制作交互文档

VRP设置主要针对动作、事件和场景三类要素进行设计。动作包括物体移动、旋转、平移、缩放、视角切换、现实物体、交互控制、粒子特效等;事件包括场景开始事件、鼠标和键盘事件、计时器、用于特定情况下由其他事件激发自定义事件等。场景包括文件中后期加入的界面、材质、声音等交互现象。VRP交互设计就是在脚本编辑器中建立事件、动作和场景的相互关系,用户触发某个事件或某个事件自动发生时,相应的场景做出相应的动作。

3.网络发布

VRP完成交互设置后,将VRP对象导出为支持网络发布的VRPIE格式,学员就可以从网络上通过IE浏览器使用虚拟实验室了。

三、虚拟法医系统

法医的主要任务是鉴别尸体,推断死亡原因、时间和性质,以及对涉法活体进行损伤、劳动能力、性别、性机能、精神状态等进行鉴定,可分为法医病理鉴定、法医临床鉴定、法医精神病鉴定、法医物证鉴定和法医毒物鉴定。鉴定主要在人体上进行,所以可以借助医学领域中的虚拟手术技术,建立虚拟的人体模型,借助跟踪器、头盔显示器、数字手套,学员可以很容易地了解人体内部各器官结构。可以让法医在接近真实人体和器官的仿真模型上进行解剖练习,可以真实地看到一个损伤所涉及的各种组织器官,以及他体内发生的病变,呈现出的形态,甚至闻到气味,还能从器官中提取有关物质进行化验,从而获取丰富的死亡信息。

瑞士一个实验室的医生开发出一套名为虚拟法医的系统,使用光学3D扫描仪,将尸体放置在检测台上,上方悬挂一个机器人手臂,对身体的轮廓进行检测,获取数据由计算机进行评估。包含CT扫描仪、磁共振扫描仪、尸检血管照相设备、尸检活体组织检查设备等,不必破环身体组织完整性,就能进行分析,其准确率高达80%。

四、虚拟反恐演练

当前国内关于反恐训练的模式方法非常多,归纳起来主要有两种:一种是游戏软件,如反恐精英;一种是战争射击游戏。这两种方法都是针对警察参加单兵作战时,各种武器的运用操作能力以及反应能力的训练,而对不同环境下的整体作战和随机应变的设计比较欠缺,这一类的训练科目和训练手段还停留在没有真实对抗的假想型单向化训练模式,这与实际作战中警察身心全方位投入的要求相差甚远,因此采用虚拟现实技术是提高反恐演练效果的必然选择。这主要是由反恐怖斗争的复杂性、对抗性、多变性和危险性决定的。

反恐演练实际上已经引起全球的高度重视,近年来,各国家纷纷开展反恐联合演习,以对付国际恐怖主义犯罪活动,我国近年来也与上海合作组织定期开展综合性的反恐演练。从国际趋势来看,在这种演习中大量应用高科技手段,主要是广泛利用了虚拟现实技术,从而使反恐演习更加逼真有效。如美国的SIMNET系统是一个洲际范围的分布式虚拟环境。1992年荷兰研制完成了毒刺导弹训练器VST也是虚拟现实环境下单兵武器的模拟操作系统。美国海军航空兵实战演习系统TOPSCENE(战术操作实况),是一个综合运用军事测绘成果和虚拟现实技术的装备,被广泛应用于海军、海军陆战队、陆军和空军,已配备100多套。该系统运用SGI图形工作站(最高配置为ONYX2、4个R1000CPU)来处理图像数据,在高配置下,每秒能产生30帧详细、逼真的高分辨率战场图像。系统可以模拟各种地形要素、不同的气象条件,还可仿真带有夜视仪、红外显示器或合成孔径雷达显示效果的夜间战斗过程。

基于虚拟现实技术的反恐演练系统主要包含如下几个子系统。

(一)实时实况影像对抗训练系统

与恐怖分子进行对抗,是反恐演练的重要内容,利用虚拟现实技术开展实时实况影像互动对抗训练具有很好的效果,该系统主要包含了总控台、采集卡、实弹射击屏、软件控制台、反恐影像训练系统、模拟现实影像靶射击训练系统等模块。其中场景采集系统包括蓝箱、CCD摄像机、激光测距仪等多种训练设施。训练控制系统包括了红外探测设备、计算机及视频图像采集卡、图形工作站等有关装备。场景生成系统则主要包括收弹靶墙、投影幕布、投影仪、麦克风、三维音响设备、模拟光源等。

(二)区域查缉训练系统

区域查缉训练是公安培训实战训练中的重要内容,要求学员能够在不同的区域环境中,根据环境特点及时制定查缉策略。采用虚拟现实技术开展查缉训练,能够针对重点区域,产生逼真的3D仿真场景,为学员提供各种查缉、遭遇、解救人质、对峙、枪战等不同的训练科目,产生人人对抗、人机对抗等实战训练的效果。

(三)实景训练系统

利用光电声像等技术,为受训民警提供虚拟的鸣枪、拔枪、躲闪、语音控制、推门等交互手段,使民警完全处于一个逼真的实战环境中开展训练。

该系统的设计具有以下几点要求:1.必须能够支持靶道型的精度、速射、跑靶、闪现、起倒等基础预置课件的自动控制,使初级参训人员在接近实景的条件下进行实弹射击训练,设备还能及时分析如受训者出枪速度、射击间隔、换弹速度、弹着密度等等技术参数。2.支持用户自行摄制和编辑特定训练实景和情节,也可单向直接接入反劫机、反劫持、反恐怖、排爆、火灾等各种训练场景的实时视音频信号。3.能够支持实时互动双向高清图像智能对抗训练技术。4.具有开放式的节目接口,用户可根据自身训练科目的需求和预案设置开展极富针对性的训练,使训练走向多元化、专业化。5.在狙击训练时,能够针对机会创造、时机掌握、动态目标移动条件,实现各种距离的实弹狙击训练,同时与场地环境模拟控制系统联动,实现逆光、侧风、夜间等不利环境下的狙击训练,特别是实时情景的狙击训练。6.可以实现场地战术设备和实时影像设备的混合使用,制造出一个与实际环境相类似的训练情景,利用战术靶机实现战斗的前景,利用实时影像技术实现动态对抗和战斗景深,有效解决反劫机、反劫船、反劫车、反大规模劫持人质训练的难题。

系统的主要功能模块包括:堵控查缉、危险控制、解救谈判、武力使用、精确狙击、多气候条件作战等多个科目的真人间实弹直接对抗。

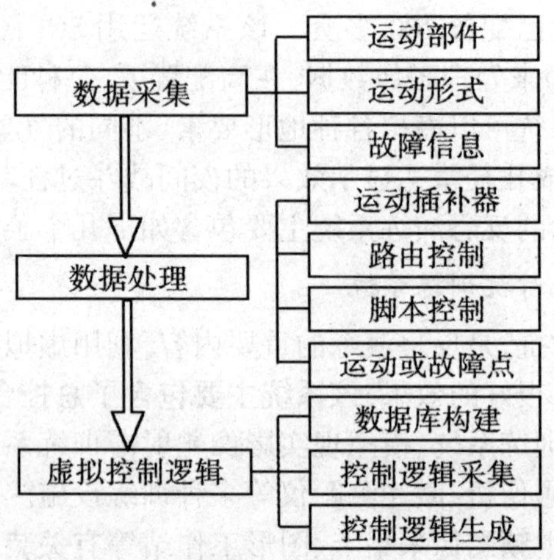

图 8-3　虚拟数据控制流程

【案例】

警务室里的大课堂

在德州市公安局开发区分局高地警务室,有一个非常火爆的警务执法工作体验区,它采用虚拟现实技术对居民进行警务知识普及教育发挥了很好的作用。既给居民培训了安全知识,又拉近了警民关系。民警反映,在周边居民的执法环境明显优于其他社区,市民对执法工作非常配合和理解,并纷纷加入到普及教育志愿者队伍中来。

高地警务室的体验区主要有四个特色模块:

1.安全知识教育。采用触摸电脑屏幕为市民提供各种安全防范知识和技能的查询,如识别假币、假证件、毒品、危险物品等等。

2.模拟交警指挥。利用光电感应设备教市民如何过马路,如何指挥交通。

3.机动车驾驶体验区。利用游戏操作杆模拟机动车驾驶,体验各种情景下车辆驾驶的安全性。

4.消防展示区。向市民展示各种消防器材、消防标识、体验消防器材的操作使用。

管理篇

第九章　公安培训需求管理

培训需求分析就是寻找和发现公安机关中有哪些人需要学习什么知识,锻炼何种技能,以帮助他们更好地完成工作。这是进行有效培训的基础和前提,也是衡量培训方案好坏的标准。在以往的公安培训中,我们更多地强调培训部门或者上级主管部门的意志,培训主要以贯彻上级主管部门的意志精神为主,向受训者灌输各种要求和有关标准化、规范化的做法。这种培训往往很难引起教与学的共鸣,从而带来消极应付的后果,大大降低了培训效果。

第一节　培训需求分析的意义与方法

按照人力资源培训与开发的理论,任何培训首先要对培训的需求进行分析评价,然后确定培训目标,选择设计培训方案,实施培训,最后对培训效果进行评价。所以,需求分析是培训过程的首要和必要环节,是其他培训活动的前提和基础,在培训中具有重大作用。

一、培训需求分析的意义

培训需求分析就是在设计和规划培训项目之前,深入调查研究,确定培训的必要性和内容,了解谁要培训,为什么要培训,培训什么等问题。需求分析具有掌握信息、获得支持、预算成本,为培训评价提供依据等作用。

(一)寻找民警工作绩效存在问题及其原因

在需求分析时,我们要探明民警的工作为什么没有达到预定的标准,在完成各项任务中,有哪些力不能及的事,哪些没有做好的事,哪些群众还不满意的事。应该说,当前的公安工作并非完美无缺,而是存在很多问题,所以首先要去现实中寻找实际问题。根据不同的培训对象,他们所存在的问题肯定是不一样的,因此培训需求必须从其组织环境中去寻找。只有找准原因,才能有的放矢,才能确保培训的内容、方法和效果到位。

(二)确认差距

培训需求分析的基本目标就是确认差距。主要包括两个方面,一是工作绩效差距,主要分析各公安机关及其民警之间的工作绩效实际水平与应有水平之间的差距,这一差距主要通过绩效评估来实现;二是为了达到一定工作目标,在知识、技术、能力、观念等方面而存在的差距。可以说,确认差距就是要确定一个参照物,即根据公安工作的性质任务,确定一个公安工作的标准。首先必须彻底弄明白公安机关各区域各警种各岗位的工作标准是什么,形成一个规范化的岗位技能标准体系;其次要分析现实中缺少的知识、技术、能力、观念;最后对标准和现实的差距进行分析。

(三)了解民警个人需求

每个民警自身的性格与个性、阅历与学历、能力与知识、兴趣爱好、职业素养、职业生涯规划都是不相同的,在培训开发中,要尽可能地把民警个人成长与组织的共同发展结合起来,使之互相一致,从而提高民警对培训的参与度、投入度和影响力。

(四)完善民警职业信息资料库

培训需求分析本身就是一个搜集公安机关和民警有关信息资料的过程,通过这个过程可以为我们建立一个完善的民警个人培训档案,这个信息档案便于我们今后对民警进行职业生涯管理,也便于掌握民警的技能、特长等情况,合理调度警力资源。通过问卷、访谈、测试等一系列科学方法,广泛了解基层民警的特点,建立完善民警职业信息资料库,尽可能详细地记录民警的各种职业信息,并通过有关系统进行科学高效管理。这是开展现代公安培训的基础工作。

(五)确定培训的成本与价值

培训需求分析可以解决一个培训项目需要投入多少成本才能获得多大效益的问题,从而确定该培训项目值不值得开展。如何实现公安培训经费效益最大化,这是培训分析研究的重点。需求分析就是要解决花多少钱达到什么样的效果。

二、培训需求分析的方法

(一)观察法

以旁观者的角度观察民警在工作中的表现,了解其工作能力,分析其工作特点。这种方法简单易行,比较客观。但是要求观察员是有娴熟的观察技巧,尽量不要干扰被观察者的正常状态。一般通过研究者深入公安基层岗位,观察民警工作过程,从中发现问题,并进行统计分析,研究确定培训需求。

(二)问卷法

问卷法是比较常用的社会科学研究方法,也是量化研究的重要方法。我们预先一定要设计好一份科学合理的调查问卷,问卷设计要考虑到基层公安机关工作实际,不要产生歧义,不要引起误解,问题可以是开放式,也可以是封闭式,两者各有利弊,根据实际需要。对于责任心比较强的调查对象,开放式的问题也许会受到比较好的效果。而一般调查对象,尽可能地让对方选择,以方便其作答,但在设计备选项时一定要切合实际。当前,网络生活不断丰富,适时开展网络问卷调查是非常有必要的。其实,公安培训主管部门应该经常性地开展这种调查,获取更真实,更丰富的基层民警对培训的想法。

(三)咨询法

咨询法就是由培训主管部门征求各方意见,获取培训需求的信息。咨询的对象有:上级主管部门、公安系统内外相关领域的专家、专业的调查咨询公司。尤其是在公安科技培训方面,有时仅获取公安系统内部的信息是远远不够的,这时就有必要了解研究这些技术的专家,了解该技术最新发展前沿,使用中存在的问题,以便更准确地定义培训需求。

(四)团队讨论法

团队讨论法又叫头脑风暴法,就是集合各方面的人员一起来讨论培训需求问题。先让大家畅所欲言,尽可能多地发表意见,随后对众多意见进行评价,汇总分析。这样能够集中大家的智慧,从问题的多个角度展开思考探索,有助于更全面地解决问题。这种方法非常重要的一点就是选择哪些人来进行讨论,要求每个讨论者要有足够的责任心,正义感,敢于批评,敢于争辩,通过争辩获得真理。

(五)测验法

测验法是学校常用的一种方法,通过对学生的测验、测试,可以了解其知识掌握情况。此法对公安民警照样适应,尤其是针对一些知识性的培训,比如法律知识培训、执法理念培训以及有关科技知识培训。首先,设计一套水平测试卷,对民警进行全员测试,就像进行一场体验一样;然后,借助有关软件对答卷进行定量分析,了解其对知识的掌握情况,包括总体分数、分数的分布情况、错误的集中度、每个题目的正确率;最后,根据学员分数划定等级,为每一级民警制定相应的培训方案。

如果我们能够健全民警岗位技能标准体系,对每个岗位所应掌握的知识和技能进行全方位的核定,制定出相应标准,那么这种测验完全可以变得常规化、自动化,可以在公安网上发布测试题,由民警自行测验,根据得分情况掌握自己的培训方向、培训重点,然后选择培训方案。

(六)评价中心法

建立民警综合素质评价中心是一个非常有意义的想法,很多情况下,我们并不知道民警的短板在哪里,甚至民警自己也不知道。因此,我们有必要借助科学的评价模型,邀请专家,将民警吸引到评价中心来,自主地接受评价。当然评价要客观,要注意保护个人隐私,要诚恳地给予帮助。

第二节　公安培训需求分析内容和程序

培训需求分析是一项科学性的工作，必须按照一定的程序，采用科学的方法，科学有序地进行。

一、培训需求分析的内容

需求分析主要从组织、任务、民警个人三个层面进行。

(一)组织战略层面

从公安机关本身的性质任务层面分析培训需求。主要是了解公安机关的性质特点、目标任务、面临形势、战略规划、职责权力、组织资源、职业形象、文化氛围、环境限制等等。

1.性质特点

公安机关是武装性质的社会管理机构，是国家政权的重要组成部分。这一性质对从事公安工作的人员的思想素质、职业信仰必须有特殊的规定和要求，因此加强公安民警的职业道德、职业精神教育是公安培训首要的任务。忠诚意识、纪律意识、奉献意识、廉洁意识等等都是培训的重要目标和内容。

2.目标任务

公安机关的目标任务有长期、中期和短期的区别，长期任务就是打击犯罪，维护社会稳定，保障人民生命财产安全，衡量公安工作成效的指标，就是看一个地方社会治安情况，看社会的安全指数。而中期目标是某个阶段根据社会状况表现出的不同特点，由公安机关制定的战略规划及打击治理的重点。短期目标则是针对一个较短时期内开展的专项维稳活动，比如重大活动的维稳，如奥运会期间、世博会期间、十八大召开期间、两会期间、节假日期间等特定时期对社会治安管理提出的特殊要求。

3.公安形势

公安形势是需求分析的重要内容，也是公安培训的重要背景。公安形势是某一时期社会矛盾、社会焦点问题的集中体现，是国家政治经济形势的重要组成部分，加强公安形势分析是我们做好培训的基础和保障。

4.公安权力

公安机关权力构成主要包括治安行政处置权、治安行政处罚权、监督检查权、劳动教养审批权、治安行政强制权、侦查权、刑事强制权、预审权、刑罚执行权、武装保卫权、武装追捕、押解、看押、巡逻权、武装边检守卫、暴力紧急情况使用武器警械、紧急优先权、紧急使用权、紧急排险权、封闭权、管制权、戒严执行权。

5.公安资源

主要包括公安机关所拥有的人力资源、装备资源、信息资源。其中人力资源是分析的重点,包括公安民警的选拔、培训教育、淘汰等制度和政策,公安民警的构成、素质状况、技能储备等情况分析。装备资源包括公安机关的设施、武器、警械、仪器、设备等。信息资源包括公安机关获取信息的渠道、能力、手段等。

6.公安文化

公安文化也是培训需求分析的重要内容,因为一个组织的文化对成员的影响是非常深刻的,它是组织氛围、组织形象、组织效率、工作作风、工作环境的重要体现。全国的公安机关是一个大文化,各级公安机关又有自己的子文化系统,他们在长期的共事中形成了一些办事作风、办事风格、工作氛围,都反映了特定环境下民警的成长轨迹。

(二)任务层面

任务分析就是要知道当前有什么样的任务要去执行,执行这一任务需要民警具备哪些知识、技术、能力、态度和意识。公安机关这样独立的专项任务非常多,比如处置群体性事件、侦破有关刑事案件、社会面防控、消防管理、专项打击活动、大型活动的安全保卫、交通肇事案件处置与防控等等都是当前执法的重点。

一般开展任务分析采用5个步骤。

1.通过工作分析,撰写详细的工作说明书

对一项工作进行系统分析,确定其主要构成成分,在此基础上进行信息收集、分析和综合,并撰写工作说明书,简要介绍一项工作从事的主要活动,准确反应职位、工作职责、任职资格等情况。

2.分析工作中包含的具体任务

通过有关科学方法准确把握工作中的主要任务、如何执行每一项任务、其执行标准是什么、执行的绩效变动情况如何。

3.分析完成任务的资格条件

要完成工作任务,民警需要具备哪些知识、技能、态度和其他素质特征,并依据工作标准,对各项任务的重要性、难易程度加以说明。

其中,知识就是对成功完成某项任务所需要信息的掌握和了解,这些信息通常是陈述性或程序性的信息;技术是个人在某项作业上的熟练程序或胜任力水平,这通常可以量化;能力是指个人在执行任务之初拥有的更一般化、更持久的特质或能力;其他特征则包括人格、兴趣爱好和态度等。

4.确定培训能获得的知识技能

综合考虑各项工作的重要性、时间成本、所需知识、技术、能力、学习难度等因素决定培训中应包含哪些工作和技能,并进行排序,优先考虑排名靠前的任务和知识、技术、能力。

5.培训需求排列

由于资源的稀缺性,还必须考虑用于培训的各项资源,包括设备、物资、师资、费用等,进行需求排列,需求优先指标可以通过公式进行计算。

需求优先指标 = 任务重要性 ×(任务重要性—任职者的工作熟练程度)。

(三)民警个人层面

根据任务分析的结果,利用绩效标准,衡量民警的知识、技术、能力和态度是否足够,以及目前具备哪些。其目的在于决定民警的培训需求。这种人员分析包括判别性分析和诊断性分析两个部分,其中判别性分析是通过评估民警的工作绩效,将其确定为优秀者或不佳者。诊断性分析则用来寻找隐藏在个人绩效背后的表现,分析工作绩效产生的原因。

人员分析常用的方法有:绩效评估法、观察工作样本、访谈、问卷调查、测验、态度调查、评定量表、关键事件法、工作日志、情境模拟、诊断量表、评价中心、辅导、述职系统等方法。当前比较流行的是胜任能力模型分析法。

二、民警胜任能力模型

(一)胜任能力和胜任能力模型

胜任能力就是凝聚在人身上的一种深层次的和持续存在的部分特质,它比较稳定,可以在各类情况或工作任务中加以预测,而且这种能力可以通过培训和发展加以改善,能将优秀者与表现普通者区分开来的个体潜在特征。它可以将完成工作所需要具备的知识、技能、态度、社会角色和个人特质等用行为方式描述出来。

胜任力模型是指组织中特定的工作岗位所要求的与绩效相关的一系列素质或素质组合,这些素质是可观察、可分级、可被测评、可衡量的。

著名管理学家乔恩·沃纳对一般员工的胜任力进行分析,提出了 36 种比较普遍性的素质:分析能力、预期/前瞻性能力、注重细节、应变能力、指导能力、多样化导向、沟通、成本意识、创造力/革新、顾客导向、决策能力、授权、可依赖性、激励/动机、情感智力、情感互动、授权能力、领导能力、倾听、反馈、知觉/判断、持续性/坚韧、计划和组织、问题解决能力、质量导向、结果导向、安全导向、自我发展、制定战略的能力、压力管理、采取主动权/责任感、团队工作能力、技术应用、时间管理、书面沟通等。①

建立民警胜任能力模型可以科学完整地规定各警种、职级、职位民警的任职能力素质要求,为公安机关选人、用人、育人以及绩效评估、警力配置、人才规划提供依据,并为民警岗位成才和职业发展指明方向。

(二)民警胜任能力模型的建立

胜任能力模型是指具有或完全具有某种资格的状态或品质。也就是一个能够有效地或出色地完成工作,所具有的内在的基本特质,包括心理特质、从警动机、道德品

① 郭士光:《拓展训练及其在企业员工培训中的应用研究》,合肥工业大学学位论文,2010 年。

格、工作技能、自我认知、社会角色和知识体系等。其中知识就是从事公安工作所需要的基础知识和专业知识,技能就是掌握和运用一些专门技术进行侦查破案、管理社会治安或管理交通秩序等工作的能力。

1.界定民警胜任能力体系

什么样的人能够胜任警察工作,这是民警胜任能力体系要解决的问题。公安机关民警的胜任能力包含三部分,即通用核心胜任能力、业务胜任能力和专业胜任能力。一般而言,管理者职位越高,业务胜任能力要求越高。

(1)通用胜任能力是作为公安人才选拔、储备、激励和培养的基础,是民警履行职责应具备的基本特质、品格和能力,体现民警团队的核心价值观、人文理念和通用能力。主要可以通过以下五个维度分析。

忠于职守:政治意识、法律意识、公仆意识

公正执法:责任意识、证据意识、程序意识、观察能力、判断能力、分析能力

创新思维:技术应用、时间管理、应变能力、创造革新

合作共享:团队精神、大局观、资源整合

沟通协调:表达能力、逻辑分析、协调推进、持续坚韧、问题解决能力

对不同层次的民警胜任能力应该有所区别,如对基层民警要求具备政治意识、法律意识、公仆意识、廉洁意识、证据意识、程序意识、实事求是、注重细节、沟通表达、观察能力、持续坚韧。对机关干部则要求责任意识、判断能力、分析能力、团队精神、大局观、逻辑分析等。对领导干部则要求具有资源整合、时间管理、技术应用、结果导向、问题解决等。此外,还要对每一项能力进行详细的行为描述。

表 9－1　　民警核心胜任力模型

一级维度	二级维度	具体考察点	行为描述
忠于职守	政治意识	忠于党	切实巩固执政党地位,信仰坚定
忠于职守	政治意识	忠于祖国	维护国家利益和社会稳定
忠于职守	法律意识	熟悉法律	熟悉法律条文及其执法依据、尺度
忠于职守	法律意识	依法办事	明确法律要求,忠于法律原则
忠于职守	公仆意识	执法为民	权为民所用、利为民所谋、心为民所系
忠于职守	公仆意识	奉献精神	全心全意为人民服务
公正执法	责任意识	履行职责	按照岗位职责办事,注重服务质量、工作效率
公正执法	证据意识	实事求是	客观获取证据
公正执法	证据意识	注重细节	善于利用技术手段,不放过蛛丝马迹
公正执法	程序意识	规范操作	坚持公开公平公正透明
公正执法	观察能力	现场勘察	明察秋毫,嗅觉灵敏

（续表）

一级维度	二级维度	具体考察点	行为描述
公正执法	判断能力	思维清晰	面对复杂的矛盾能厘清头绪,保持头脑清醒
公正执法	分析能力	逻辑推理	根据客观事实进行科学判断
创新思维	技术应用	科技应用	迅速掌握最新科技应用,洞察发展动向
创新思维	技术应用	科技革新	利用科技原理解决公安现实问题
创新思维	时间管理	效率意识	具有较强的效率意识,工作不拖拉,计划性强
合作共享	团队精神	凝聚力	具有感召力和亲和力,将团队成员凝聚起来
合作共享	大局观	全局观念	能够站到全局统筹考虑问题
合作共享	影响力	影响力	运用事实和数据,而非权力因素影响他人
沟通协调	逻辑分析	分析判断	思路清晰,逻辑感强
沟通协调	语言表达	清晰表达	表达时清晰、明确,使人能准确领会
沟通协调	解决问题	决策果敢	敢想敢干,作风硬朗
沟通协调	坚韧性	坚定毅力	执著追求工作目标直至完成任务

(2)业务胜任能力则应根据公安业务的不同大致可分为侦查、治安管理、交通管理、网监、技术、缉毒、消防、边防、保卫、看守、公安指挥、行政管理等类型。每种业务的胜任能力不尽相同,其知识、技能结构,甚至个人特质方面都会有所差别。我们应该通过调查了解和各种测试的方式获取这些信息,形成每项业务的胜任能力体系,作为进一步开展培训的依据。下面列举几种业务的胜任能力结构。

①实战指挥能力结构如下。

A－1 分析判断能力:准确判断真相的能力、透过现象看本质的能力、发现事物内在联系与规律的能力。

A－2 观察预测能力:敏锐观察、准确感知、见微知著、善抓重点和关键、定量分析、定性推理、预测环境。

A－3 科学决策能力:洞察能力、判断能力、思维能力。

A－4 运筹谋划能力:协调警力、协同作战、组织保障、筹划能力。

A－5 控制协调能力:规范、约束、监督、协调、调节。

A－6 战术组合能力:创新战法、创造性思维、不拘一格。

A－7 把握战机能力:善于创造战机、善于发现战机、善于等待战机。

A－8 灵活应变能力:随机应变、灵活处置、掌握主动权。

②警察的执法能力结构如下。

D－1 公共服务能力:主要指公正执法、热情服务,为公民、国家和社会提供公共安全产品和公安安全服务的能力。

D－2 侦查能力：研究和分析案情的能力，勘察现场、发现和搜集证据的能力；查获犯罪嫌疑人的能力。

D－3 法律运用能力：认知能力、定性能力、维权能力、遵守程序能力、行使权利能力。

D－4 人际交往能力：表达与听知能力、人际融合能力、解决问题能力。

D－5 擒拿格斗能力：信心、力量、耐力、时机、速度、协调、平衡、灵活性等。

③网监警察的业务能力结构如下。

I－1 取证技术应用能力：专业技术分析、关联分析、心理学和行为分析、侦查技术分析、可视化分析。

I－2 信息监控与过滤技术应用能力：信息流安全管理、网络犯罪信息线索跟踪挖掘、信息过滤、反路由。

I－3 防范技术应用能力：安全软件控制，防病毒、防黑客入侵。

I－4 隐蔽破袭技术应用能力：信息安全保护、系统入侵检测能力、系统事件反应能力、系统快速恢复能力。

I－5 特殊职业意识：协作意识、证据意识、长期坚持意识。

I－6 实战能力：情报获取能力、应用网侦手段能力、创新能力。

(3)专业胜任能力是对每一种公安业务进一步细分到具体的岗位所从事的特殊工作，比如法医、现场勘察、痕迹鉴定、社区管理、交通指挥、交通事故鉴别、处置群体性事件、网络侦查、网络监控、经侦、毒物化验、DNA 检验、心理画像、反恐、灭火、谈判等等众多的专业工作，除了必备的基本素质外，还需要一些专业知识和技能。

①派出所所长的胜任能力如下：

S－1 政治思想素质：政治敏感性和洞察力、为人民服务的宗旨观念、爱岗敬业、奉献精神、身体力行带头示范、遵纪守法、清正廉洁、诚实守信。

S－2 心理素质：身体健康、精力充沛、责任心、包容心、自信心、心理调适能力、抗挫折能力、稳定情感和情绪控制能力等。

S－3 沟通协调能力：表达能力、群众工作能力、关爱民警、善于做思想工作等。

S－4 执法能力：公平公正、熟悉法律法规、政策水平、分析判断能力、正确处理复杂问题和突发事件、信息研判能力等。

S－5 领导能力，良好思维能力、合作能力、授权能力、科学决策、组织管理、领导策略、有魄力、班子建设、灵活反应等。

S－6 实战指挥能力。

S－7 创新能力。

S－8 学习能力。

②劫持谈判手胜任能力如下：

T－1 专业威信：成熟自信、敏锐洞察力、良好记忆力、心理承受力、灵活应变力、语言表达力。

T-2弱化对方心理防御的能力:良好的共情力、信息传递力、策略有效力。

关于警察胜任能力的构建,国外有许多研究,如美国、加拿大、英国在招聘警察或对警察进行培训的时候,都提出了相应的胜任能力结构,列举如下:

表9-2　　警察胜任能力体系

	研究者	主要观点
美国	Mills和Bohannon (1980)	聪明、自信、自我管理、有责任感、头脑冷静
	Love和Hughes (1981)	决断力、顺应力、灵活性、持续性、主动性、敏感性、政治敏感性、影响力、情绪控制、自信、虚心、可靠性、领导能力
	Pugh (1985)	1.对问题情景快速有效的反应; 2.在复杂情景中,表现出主动的问题解决的能力,有效判断和想象的能力; 3.在决定逮捕、警告或使用权力时,表现出成熟的判断力; 4.忍受不同形式的压力; 5.在持续面对人性最坏的一面时,能保持平衡的观点; 6.诚实、有责任心、奉献精神、可靠性。
加拿大	Sgt. G.R. Gregoire (1999)	支配力、批判性思考能力、组织管理能力、沟通能力、关系建立、组织洞察力
	Rotman (2003)	领导能力和策略、沟通能力、人力资源管理能力、警察服务意识、社区知识、政治敏锐力和下属部门管理及经济管理
英国	麦西亚西部警局	有效沟通能力、关注公众与社区或关系建立与影响力、个人责任、弹力、问题解决、包容、团队合作

(资料来源:公安机关基层领导干部胜任能力模型构建——以昆明市城区派出所为例)

2.构建能力管理培训体系

基于胜任能力模型的培训体系具有多方面的优势,因为在这一系统中,民警的工作绩效、职业发展都是根据其所具备的胜任能力的水平来确定的。所以,民警自然而然会去主动争取培训机会,以提高自身的胜任能力。当然这个体系的建立不是一蹴而就的,需要我们对公安机关的各个岗位进行系统的分析,制定出一个总体的胜任能力标准。

3.寻找能力体系短板

寻找各级民警能力短板主要采取的方法是胜任能力评估。其过程是:民警自评—上级评估—审核评估结果—专家复评。突破战斗力短板,是提升民警整体作战能力的关键。

"短板理论"是由美国管理学家彼得提出的,其意就是盛水的木桶是由许多块木板箍成的,而盛水量是由最短的那块木板决定的。因此,能力中的短板是决定整体能力水平的重要因素。培训就是要设法找到这个短板,并改善它。

第三节　公安培训需求管理现代化的设想

公安培训需求管理现代化是一个崭新的课题,研究这一课题的目的是为了使我们更加准确地把握公安培训需求,并以最佳的效率实现培训需求。

一、公安培训需求管理

(一)概念与内容

所谓公安培训需求管理就是对各级公安机关及民警因为环境变化、岗位、职务变动、职业生涯发展,以及其他各种原因所引发的培训需求进行有效搜集、整理、组织、协调的过程。

我们认为公安培训需求管理的主要任务有:(1)通过调查研究,动态化地搜集、整理、分类各级公安机关及民警的培训需求;(2)定期进行公安培训需求分析,提供需求分析报告;(3)定期检查公安培训需求的满足、尚未满足及其原因情况;(4)对公安培训需求实现的方式、途径、成本、效益等进行分析;(5)通过对需求进行整理分析,决定哪些需求予以开发,哪些需求予以放弃,哪些需求有待观察。

培训需求管理的模型如下图:

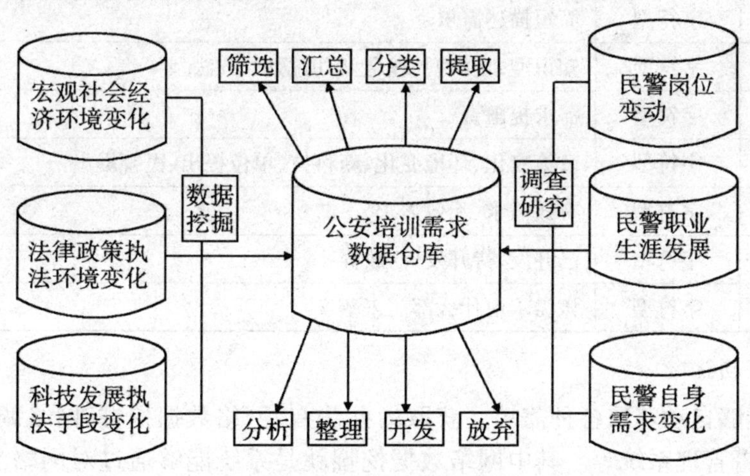

图 9-1　公安培训需求管理模型

(二)公安培训需求分析的意义

首先,对公安培训需求进行管理是公安队伍建设的必然要求。社会经济不断发展,公安执法环境日益变化,对公安民警的执法要求必然是不断更新的,为了更好地实现公安执法目标,必须使队伍的知识和能力适应环境的不断变化。因此对公安培训需求进行管理,就是为了实现公安队伍建设与执法环境变化的互动。

其次,对公安培训需求进行管理是促进培训高效化的客观需要。培训要真正实现目标,必须与公安机关和民警的需求相一致,必须符合公安实战发展的需要。因此,搜集、整理、分析、组织培训需求应该成为公安培训管理部门的常态化工作。

最后,对公安培训需求进行管理是公安培训管理的重要组成部分。公安培训管理包括培训需求、培训设计开发、培训组织实施、培训评价考核等各个过程的管理,而培训需求管理是首要环节,也是决定后续工作效率高低的关键。

二、公安培训需求管理现代化

公安培训需求管理现代化主要具有以下四个方面的特质。

(一)信息化

对于公安培训需求的管理应该按照信息化的规范标准来开展管理,只有这样才能保证管理的现代化。对各种需求实行代码管理,按照标准的分类,规范的描述,结构化的信息表达方式,应该建立如下数据库:

表 9-3　公安培训需求数据库

字段名	字段类型	说　明
需求代码	字符型	对需求按照多级分类编制代码
需求名称	字符型	简短描述需求
需求类型	字符型	知识型、技能型、理念型、道德型、方法型
需求来源	字符型	需求提出者
获取渠道	字符型	政策变化、环境变化、新科技、单位提出、民警提出
需求性质	字符型	有效需求、无效需求
需求状态	字符型	已开发、待开发、已放弃
需求归属	字符型	该需求由什么部门来落实

(二)自动化

应该能够自动获取各种需求。获取的办法有:网络数据挖掘、网络调查、电子邮件系统、民警管理系统等。其中网络数据挖掘就是系统能够通过对网络上的有关信息,包括政策变动、法律修订、新法出台、犯罪新动向等等信息自动生成培训需求信息,并自动传送到需求仓库中来;网络调查就是有目的地在民警中开展网络调查,了解民警对培训的需求;电子邮件系统就是由民警或各级公安机关给系统发送邮件,报请有关培训需求;警员管理系统就是由员工管理系统中的民警职务、岗位变动自动生成的培训需求,如警衔晋升、职务晋升、担任局长等情况下,能够自动向培训需求仓库发送培训需求信息。

(三)系统化

系统化就是对培训需求的管理不是一个部门一个动作,而是涉及多个部门一连串动作的有序组合。所有信息通过进口过滤输入到系统中,进行相应的信息处理环节,最后输出系统,并进行有效反馈,从而形成一个闭合循环。

(四)智能化

通过有关软件设计,能够达到对培训需求信息的智能化处理,包括信息的获取、筛选、汇总、分类、提取、放弃、转移,都能做到自动进行,并能够对某些信息发出预警。比如,某民警警衔晋升时,能够自动发出培训警报,并列举出相应的培训科目、培训目标。还可以设计有关的技能测试系统,对民警的专业技能进行自动测试,进行分析,提出相应的培训需求。

三、公安培训需求管理现代化的实现途径

根据需求管理的模型,我们发现要实现公安培训需求管理的现代化,关键是要实现需求信息获取方式的现代化、需求分析的现代化和需求处置的现代化。

(一)需求信息的获取

如何高效快捷地获取公安培训需求信息,我们可以借助现代信息技术手段,通过多种渠道,采取不同方法广泛开拓需求信息的来源,这些信息主要包括:国际政治经济形势、国家政治经济环境、法律法规变动、犯罪活动规律、社会思潮变化、公安队伍建设、公安工作形势与任务、公安执法手段、依据和方法的改变,以及民警自身情况的变化。

对于这些信息的获取,可以采取如下方法。

1.网络数据挖掘法:利用网络数据挖掘工具,对社会热点、难点、重点问题给予高度关注,并及时跟踪,随时与公安工作关联,从中发现培训需求。

2.岗位预警法:对某些基层公安机关的岗位建立相关预警指标,如社区民警岗位要根据社区内重点人口、重点场所进行监控,一旦有异动,及时提出培训需求的预警。如对经侦大队民警,对本地区重点企业单位和重点人员进行预警控制,根据这些单位和人员情况提出培训需求。

3.网上民警技能测试法:在公安网上,建立各警种、各岗位的民警技能素质测试系统,使民警能够通过系统测试及时了解自身知识结构、专业技能、心理素质等情况,掌握优缺点,及时进行补充充电,提出培训需求。如民警心理压力测试、民警法律知识测试、民警专业技能测试等等系统均可逐一进行开发试用。

4.网上调查问卷法:鼓励民警通过网络调查问卷反应自己对培训的需求,也可以开设有关论坛,供民警探讨,及时反馈培训需求信息。

5.岗位技能标准比对法:在建立民警岗位技能标准体系的基础上,对民警现实的技能进行摸底测试,然后与相应的技能标准进行比对,寻找差距,发现培训需求。

6.规范化信息自动提取:针对国家方针政策的调整,法律法规的变化,民警职业生涯发展阶段性变化,常规性的打击或执法任务下达,能够准确地自动提取有关条文列入培训需求数据仓库中。

(二)培训需求分析现代化

1.网络信息关联分析

对网络上的海量信息进行相关分析是提取公安培训信息的前提条件,我们知道互联网上的信息非常繁杂,我们不可能搜索穷尽所有的网络信息,而必须挑选其中与公安业务、公安培训工作相关的信息进行分析,从中提取公安培训需求信息。比如犯罪分子频繁出现在某个区域从事类似的犯罪活动,那么我们是否需要对该区域的某些警察进行某种业务的培训呢。或者某个时段某个路段频发交通事故,那么也要分析一下,是否该地区的交警需要提高管理业务,以加强对该路段的交通管理。尤其是当各种群体性事件不断发生,比如拆迁问题、下岗问题、集资问题、环境污染问题,那么就需要对治安管理的警察加强此方面的培训,以提高民警应对该类事件的能力。

2.多渠道信息集成

培训需求的信息有很多,包括宏观环境、公安工作新形势、新任务、新特点、犯罪活动新情况、民警自身的知识、技能、个性,社会各界对公安工作的态度、评价等等,而这些信息应该来自多种渠道,包括网络信息、媒体信息、调查问卷、民警测验、技能比武、岗位练兵、绩效考核、工作总结、经验交流、各级评价等等。最后所有渠道的信息都能汇总到培训需求分析这个系统中来,并能够通过技术处理,为需求培训提供依据。

3.信息自动过滤

信息有许多,大部分是我们不需要的,因此,系统应该能够自动过滤一些无用信息,能够自动拦截泥沙,将各种垃圾信息、干扰信息、错误信息自动过滤掉,为我们节省更多的精力研究分析有用信息。

4.科学的分析诊断模型

对众多反映民警培训需求的信息进行科学分析是问题的关键。如此众多的信息如果都依靠人工来完成,显然是不现实的。因此,我们有必要设计出科学合理的评价分析模型,能够准确地分析民警对相关业务的适应情况,分析他们的知识、技能、个性特点,诊断出他们在职业发展中存在的问题。

(三)培训需求处置现代化

对培训需求分析的结果,要结合组织拥有的培训资源情况,认真予以解决。

1.自动化定制培训

自动化定制培训是由培训机构为特定的基层民警专门设计的培训方案的一个智能软件系统。该系统可以根据民警工作情况、自身条件、环境要素、培训资源、职业技能标准、职业发展方向、类型等状况进行量身定制,切实解决民警工作中存在的具体问题。其基本模式如下图所示：

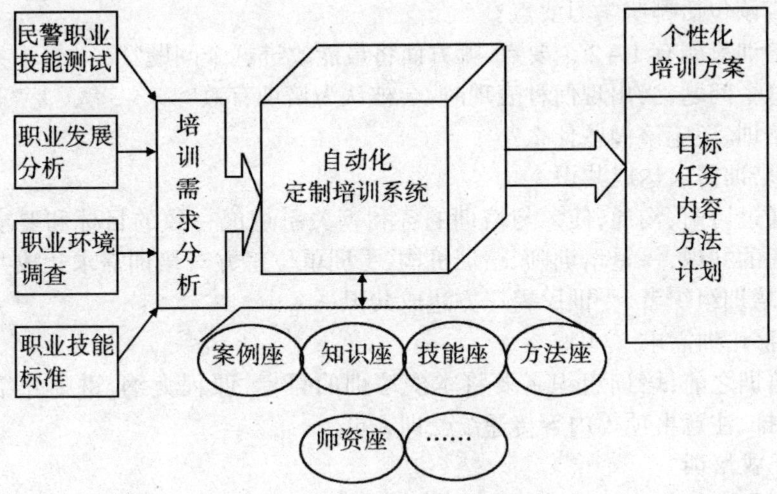

图 9-4 自动化定制系统

这里关键是设计好定制系统的立方体，该立方体是一个智能判别民警职业技能及其学习类型，自动从有关数据库中抽取培训信息，为其定制培训方案的黑匣子。它能够将四面八方输入的信息，以培训需求分析报告的形式汇集，并提炼归纳为几个关键点，根据此关键点来设计培训方案，为其确定培训的目标、任务、内容、方法及计划安排等等。

2. PDAC 管理模型

PDAC 模型是培训需求管理的主要方法，它主要由四个步骤组成，即提出（propose）、定义（define）、共识（agree）、传播（communicate）。

(1)提出培训需求

培训需求由谁提出，这是需要认真研究的问题，在以往的公安培训中，大部分培训都是由公安机关人事训练部门提出的，其依据就是公安工作政策、形势变化，以及某些制度规定必须参加培训的事项。但是，这个方法显然效果不是很理想。培训往往成为一种应付，民警有"被培训"的感觉，不是我要学，而是要我学。所以，今后，我们应该大力拓展其他需求渠道，包括民警个人提出需求、专家提出需求、基层公安机关提出培训需求，甚至可以由社区、群众以及有关单位或部门提出对民警进行培训的需求。

(2)定义培训需求

定义培训需求就是要对需求的性质、内容和任务进行界定，这一阶段主要应明确以下几个非常重要的问题：

培训最需要解决的问题是什么？

是什么行为或因素导致了这个结果？

哪些行为或因素是可以进行培训的？

培训应该包括哪些学习要点？

如果培训只能有 1 – 2 个要点，哪方面将最能改进这个问题？

针对这个问题，当出现何种表现时，会被认为培训有效？

除了培训，还应该做些什么？

(3)对培训需求达成共识

就是通过协商、沟通，使参与培训的各利害关系达成一致的目标和要求，主要包括两个方面的共识，一是培训师、培训机构、受训单位三方对培训需求达成共识；二是单位主管、培训组织者、受训民警三方达成共识。

(4)传播培训需求

正式培训之前，培训组织者要将本次培训的目标、课程大纲、讲师介绍、培训时间、食宿安排、注意事项等内容传递给受训人员。

3.菜单式培训

菜单式培训是对传统教育培训模式的创新和完善，更容易被受训者接受，更具有灵活性、针对性、实效性。

菜单式培训关键是提供的菜单是否具有吸引力，以及做出的“菜”是否合民警的口味。多年来，公安机关本着“干什么，学什么，缺什么，补什么”的培训原则开展民警培训，但是在真正的执行过程中，我们发现，民警想学的，培训机构办不了，培训机构能够办的班，民警却不想学。所以实施菜单式培训有三件事是必须大力去做的。

(1)设计好培训“菜单”

培训菜单根据什么来确定？答案是根据民警的需求。菜单主要根据民警职业生涯发展、公安工作需要、职业技能标准等方面来确定，可以分为“大众菜”、“特色菜”、“招牌菜”。所谓“大众菜”就是任何民警都必须要接受的培训，包括政治意识、法律素养、职业道德、基本技能、行为习惯等方面的培训。“特色菜”则是相关警种或岗位所需要掌握的特殊技能和特有知识。而“招牌菜”则是能够为民警实现职业生涯目标而提供的特长爱好或强化某方面的技能训练，比如演讲口才、心里谈判、领导科学、沟通协调、指挥决策等方面的能力培养。根据这些类型，建立一个完善的培训课程体系，也就是菜单体系。各种课程又可分为速成班、强化班、基础班、提高班、研修班等多个层次。

(2)精选做“菜”的原料

“配料”是做好“菜”最基本、最关键的环节。要使培训这道“菜”可口，必须要做好三个方面的精选，即精选教学资源，包括培训教材、讲义、阅读材料、案例材料、经验介绍等等一切支撑培训目的的文本、图片、视频、音频、事件、活动等资料；精选培训师资，就是要从公安机关内外精选有丰富实战经验又懂得授课技巧、善于沟通的教师参与培训；精选培训手段，如何将培训内容传授给学员，有许多方法和技巧，可以借助各种手段，包括科技的、心理的、物质的各种培训设备、仪器、技术、方案等等。

(3)打造招牌“菜”

作为一个培训机构应该有几个特色性的培训项目,吸引民警来参加培训。这些特色项目是其拳头产品,是培训机构长期实践所积累起来的经验,在培训师资、模式、方法、条件等方面具有某些独特的优势。这样的培训项目往往能够为民警实现职业生涯的突破提供有力的帮助。可以培训一些专有人才,比如培训痕迹专家、刑事画像专家、心理谈判专家、反扒专家、沟通能手、黑客克星等等。

第十章　公安培训资源管理

加强公安培训工作，资源是不可或缺的条件。因此，加强培训资源的管理也是培训工作不可或缺的内容。公安培训的各种资源主要包括：公安培训人才、培训设备、公安院校、培训基地、培训信息、培训经费等，可分为人、财、物、信息四个方面。其关系如下图：

表 10-1　　培训资源构成

培训资源	描述	实例
信息 Information	主要指培训的内容、知识点	概念、规则、原理、方法
材料 Material	信息的载体	教材、录音带、录像带、课件
设备 Device	加工传递信息的工具	幻灯、投影仪、录音机、计算机
人员 People	培训师及管理人员	专家、教师、工作人员
场所 Setting	培训的物理环境	教室、实验室、训练场
资金 Captital	培训所需费用	培训费、管理费

下面我们分别对公安培训信息管理系统的设计、培训资金管理、培训场地、装备、师资以及教学资源管理等方面进行阐述。

第一节　公安培训信息管理系统

要实现公安培训管理现代化应该首先建立一个比较完善的管理信息系统。该系统能够充分利用公安系统内部多套网络的优势，健全信息渠道，完善搜集、整理、分析和使用一切培训信息的各项功能，并能够利用信息进行科学的培训决策，还能对培训的全过程进行科学有效的组织、协调、指挥、控制和激励。

一、系统分析

公安培训管理信息系统主要以公安网为运行平台，既能够满足公安机关教育训练部门搜集、整理、分析各种业务信息的需要，又能方便各级公安机关及基层民警、培训教师、学员等相关人员进行业务交流互动、共享培训信息。

（一）系统需求分析

公安培训信息管理系统是改进公安培训工作、提高培训质量、全面提升公安队伍整体素质的必然选择,也是金盾工程建设延伸发展的必然结果。

1.开发公安培训管理信息系统的必要性

开发公安培训管理信息系统对当前的公安培训工作具有十分重要的意义。

社会经济与信息科技的发展对公安民警的素质提出了越来越高的要求。随着改革开放的深入和我国经济社会的发展,尤其是科技进步的脚步不断加快,各种社会矛盾交织、社会治安日益复杂化、犯罪分子更加狡猾,公安工作面临着严峻的考验,这种考验最终实际上就落在公安民警的素质提高上。而提高民警素质的主要方法就是加强公安培训,通过现代培训手段,让民警的职业技能、拥有的专业知识、掌握的各项能力始终走在犯罪分子的前面,使敌人望而生畏。所谓“魔高一尺,道高一丈”,只有不断培训才能做到这一点。

但是,当前的培训工作并不十分乐观。一方面民警日常工作繁忙,警力不足,要面对各种各样的临时性任务,被众多繁杂的事务压得喘不过气来;另一方面急需提高专业技能,抽出有限的时间去参加培训,效果却并不理想,各级培训机构不能深入公安基层,无法了解民警心声,不能授予一招制敌的真功夫。要解决这些矛盾,必须加强公安培训管理水平,切实提高培训质量和培训效果。

2.开发公安培训管理信息系统的可行性

公安机关经过金盾工程建设,已经在内部形成了强大的网络,目前各级公安机关都在公安网上建立起了办事、议事、宣传、展示的平台,全国公安信息八大平台为治安管理、侦查破案提供了有力的信息保证,发挥了巨大的作用。

同时,各级公安机关在金盾工程的基础上纷纷开发自己的工作应用软件,也取得了可喜的效果,许多基层公安机关针对各种专项工作,开发了多种应用系统和小软件,充分利用公安网的信息数据开展实战工作,尝到了甜头。

公安民警掀起学科技、用科技的高潮,通过近几年的培训,科技素质得到有效提升,各级机关都有电脑,都有自己的网站,基本上做到人人会上机操作,人人能阅读、查询、使用公安网上的各种信息。

(二)系统环境分析

公安培训管理信息系统应该是在公安网上运行的一个数据库管理系统软件,它为公安机关培训管理部门提供了一个共同的管理平台,便于各级公安机关在网上填报、查询、下载各项数据,开展有关数据分析,提出相应的激励措施。

1.硬件环境

运行公安培训管理信息系统的硬件环境并不复杂,当前各级公安机关基本上都能做到。其基本要求有以下一些。

(1)计算机、服务器:运行速度、储存能力要达到一定要求。

(2)网络设备:带宽能够满足系统运行需要。

(3)专业存储设备:安全地存储备份众多的数据。

(4)输入输出设备:打印机、扫描仪等。

(5)专用机房:对温度、湿度、空间、防尘、防静电等有一定要求。

2.软件环境

(1)Windows 操作系统。

(2)IE 网络浏览器。

(3)OFFICE 办公自动化软件。

(4)杀毒软件。

(5)数字证书。

二、系统主要内容

公安培训管理信息系统主要是对公安培训中的各种资源和培训活动信息进行有效管理,其主要内容包括培训对象、培训师、培训课程、培训基地、培训经费、培训过程等模块。本文主要列举几个方面进行论述。

(一)培训对象管理

公安培训的对象就是各级公安机关的民警,管理培训对象的主要目的就是通过全面搜集公安民警职业道德、职业意识、职业精神、职业素养、职业技能、职业知识、职业发展等诸方面的情况,了解他们对公安实战工作的适应情况,存在的问题,发展潜力,为他们进行科学的职业生涯规划提供系统支撑。

1.培训对象管理所需数据及其来源

对培训对象进行管理,需要大量民警职业的相关信息,这些信息主要来源于:

(1)公安网上的警员基本信息数据库。

(2)各级公安机关的人事档案。

(3)各级培训机构对民警开展培训的相关记录。

(4)各级公安机关教育训练管理部门对民警职业素养的调查分析。

(5)公安人事训练部门关于各警种、岗位民警的职业素质方面的基本要求。

(6)社会媒体关于民警职业技能、职业素养的报道。

一般而言,面对众多海量信息,我们需要的信息主要有两个方面:一是宏观信息,即社会媒体中所反映出来的民警职业技能、职业素养方面的、带有方向性、普遍性的问题;二是民警个人信息,包括民警的年龄、性别、岗位、学历、专业、职务、特长、兴趣爱好、工作经历、技能等级、以前学过的专业知识、参加过的培训、培训成绩和收获、工作方面的成就、岗位变动情况、职务变动情况。这两类信息的获取途径、整理方法、密级等各不相同。

2.管理的主要任务

培训对象管理主要应完成如下工作任务:

(1)高效录入。通过各种数据接口,能够准确快速地录入我们所需要的各类信息,有的信息可以由民警个人录入,有的可以由培训部门、民警所属公安机关人事部门、教育训练管理部门集体录入,有的数据可以通过外界媒体整体导入。

(2)灵活查询。能够根据信息使用者的需要灵活查询有关信息,提供各种条件查询、模糊查询、跨库查询、综合查询的功能。

(3)智能分析。能够根据分析者的需要高效提取有关数据,并提供相应的统计分析手段和数学模型开展定量分析。

(二)培训师资管理

培训师的管理主要是将公安系统内外各种专业人才统一纳入到信息系统进行管理,整合内外资源,便于随时调用信息,培养、开发、利用师资,管理好师资队伍。

作为公安教育训练管理部门应该拥有整个公安系统内部的专家库和教育训练师资库,这项工作,当前已经在做,但是尚不系统,不够规范统一,没有形成信息共享。

师资库和专家库的建设其实相对比较简单,只要在警员基本信息库的基础上进行筛选、补充、完善,形成专门针对培训的一个新的数据库。其主要来源有五:

(1)全国公安院校。

(2)各级公安机关有实战经验的专家。

(3)社会科研机构相关拔尖人才。

(4)社会培训机构相关师资。

(5)普通高校相关专家。

我们所需要掌握的专家和师资的基本信息有:姓名、性别、年龄、专业、学历、职称、研究方向、实战经历、培训资质、取得成就、发表高水平论文、出版的著作、培训授课的经历、学员反馈信息等。

该项管理的主要任务就是信息的录入和分类查询。录入的时候要经过一定的审核程序,在专家的选择和分类上要非常慎重,符合什么样的条件才能列入专家库,以及专家的研究方向、培训资质如何确定,必要的时候应该进行相关的资质认定。

(三)培训课程管理

课程管理是一个比较难的内容,我们想通过该系统对公安机关开展过的各类培训课程进行一些科学的分析,试图从分析中发现问题,为进一步改善课程设置,提高课程的科学性、有效性。

1.要构建有关课程管理的数据库

课程库应该包含如下信息:课程名称、培训对象、课程目标、课程大纲、培养重点、难点、课程包含的知识点(分类分层统一编号)、技能点、实战应用情况、相关的案例与事例、培训方法、考核方法、课程前沿课题与发展趋势、该培训班次、学员反馈情况。

2.要以课程的知识点和培训目标为标准对授课过程进行管理

一门培训课程总是有其独特的适用范围、培养目标和培养内容,这是课程的灵魂,开展课程管理的目的就是要通过细分课程有关指标,统一规范课程评价标准,对授课过程进行有效的监督与管理。在这里,必须对知识点的内容要求进行统一的编码管理。

3.要以发展的眼光不断完善课程

课程是随着社会发展而不断变化的,尤其是公安实战工作日新月异,对敌斗争形势瞬息万变,要求课程要跟上公安实战的需要,不断调整课程的方向和内容,随时补充、修改知识点,调整培训方法和手段。

(四)培训基地管理

培训基地管理就是对各级公安机关的培训机构,包括公安院校的培训部门进行统一规范管理,对这些培训基地的信息进行系统规范细致的整理,全面反应培训机构的软硬件建设、师资建设、培训特色、专长、承担培训的能力、效果、经历、考核评比等情况,便于上级公安机关有效整合培训资源,合理调度,科学规划,有计划地发展、建设培训基地。

培训基地管理应采集的信息包括:基地名称、地址、占地面积、固定资产、培训规模、负责人、主管部门、师资实力、取得培训资质时间、拥有的各种实验设备仪器、专用场所、学员生活设施、能够承担的培训项目、承办过的培训项目、培训人数、学员反馈以及培训特色、专长等。

培训基地管理的主要任务是:培训基地的申请、审批、取消,基地信息录入、修改、维护,基地检查、考核、评估,基地建设的标准实施。

(五)培训过程管理

培训过程管理就是以培训班次为对象,对公安培训的需求调研、计划方案、准备实施、授课听课、考试考核、学员反馈、评估评价等整个培训流程的信息管理。这是整个管理的难点和重点。

公安培训管理业务流程如下图:

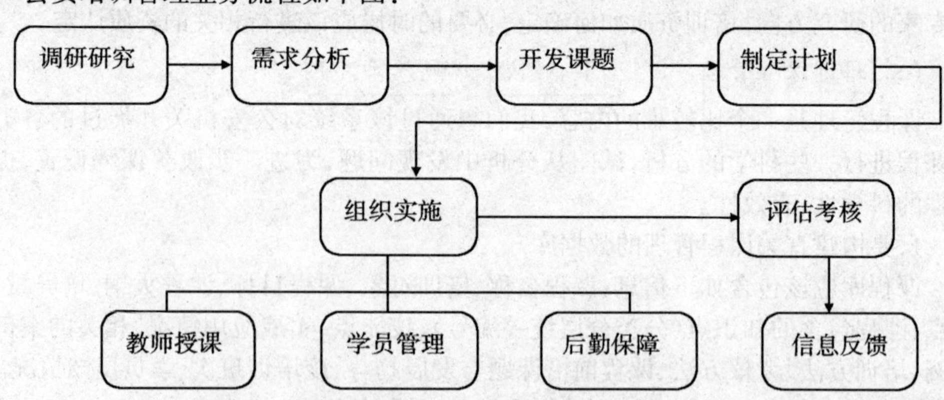

图 10－1　公安培训管理流程图

根据这一业务流程应该建立有关的数据库,采集整理如下信息:调研课题名称、调研时间、调研人、调研范围、调研主题、调研结论，培训项目立项依据、培训需求分析报告、审批责任人，培训对象、目标、任务、要求、步骤、方法、实施单位，课程名称、授课教师、教案准备、授课时间、授课内容、教学方法、教学场地、教学器材、教学资源、作业辅导，学员名单、签到考勤、作业成绩、课堂表现、考试成绩、学员反馈，课题评价、教师评价、后勤保障服务质量评价、培训的组织管理评价。

这些数据需要多个数据库进行关联，在具体分析管理的时候，应该能够根据分析主题进行交叉调用，实现信息的无障碍共享。

四、系统基本框架

公安培训管理信息系统是一个集数据库管理与公安培训业务信息发布、共享的网络平台，系统规划时将集合培训活动准备、开展、检查、反馈等各个阶段的业务流程和数据流程，按照系统需要解决的问题设计有关功能模块，构成一个完整的信息管理系统。

(一)业务流程分析

1.公安培训管理的业务非常复杂，包括教员管理、学员管理、培训基地、教材管理、培训经费管理、项目管理、培训实施、培训预警、培训评估、信息反馈、培训信息发布等业务，下面主要介绍学员管理、项目管理、培训实施管理、培训预警管理、定制培训等业务。

1.学员管理

在公安培训管理信息系统中要对众多的成员进行管理，包括学员、教员、培训机构、专家库、培训管理人员等有关人员进行数据的录入、修改、分类查询、汇总分析、输出报表以及挖掘信息。学员管理是培训管理的一项重要内容，要求系统能将公安机关的所有民警都纳入到管理体系中来，其业务流程如下图：

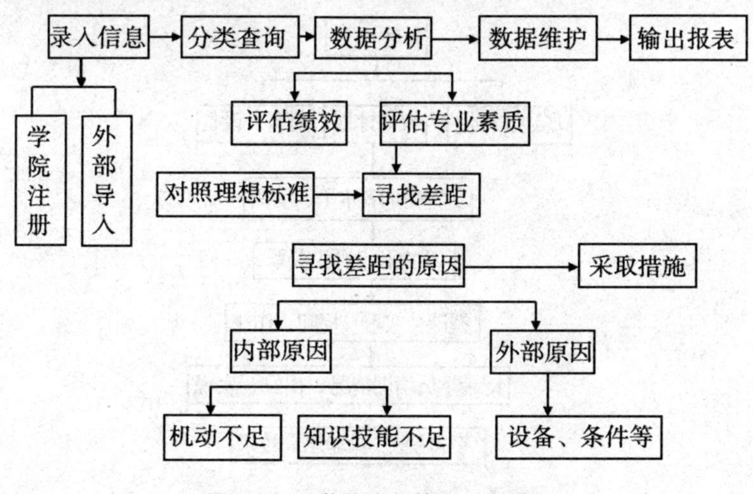

图10－2　学员信息管理业务流程

2.培训项目管理

培训需求分析是整个培训与开发的起点,直接决定了后续工作的有效性。随后就要开展项目设计与开发,培训项目设计就是将确定的培训需求转化为培训目标、教材说明、测试细则及讲授策略的过程;项目开发则侧重于将教材说明、测试细则、讲授策略具体化为各种教学材料和考核考试材料。其业务流程如下:

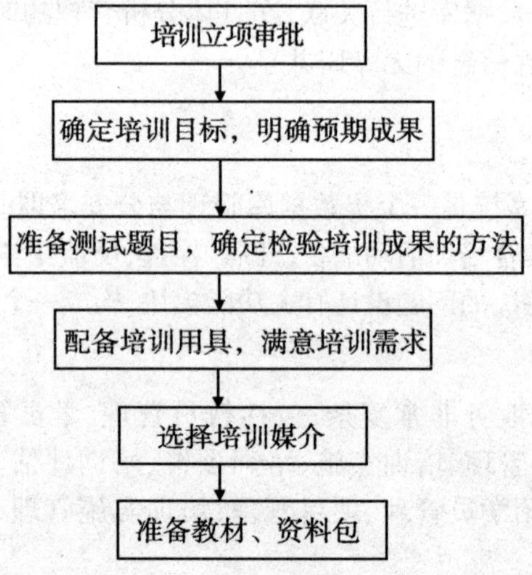

图 10-3　培训项目管理业务流程

3.培训实施管理

培训项目的实施过程包括培训场地的选择与布置、课程计划准备、培训设备、环境布置、了解学员学习动机和受训者水平、建立和谐师生关系、授课、实验、作业、记录学员参训情况、考试考核等工作。

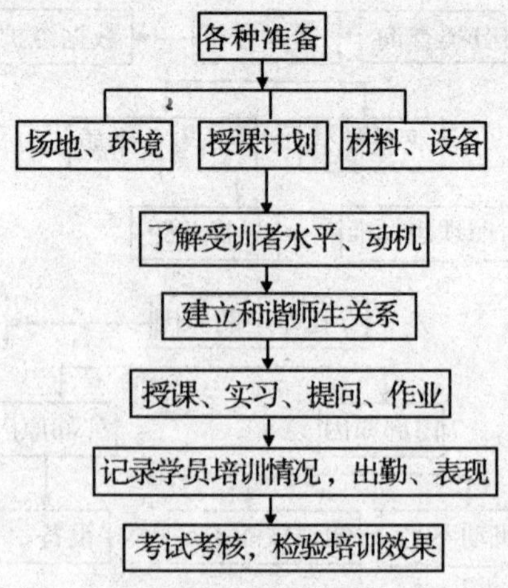

图 10-4　培训实施业务流程

4.培训预警管理

培训预警管理就是通过对公安业务发展过程和民警实战工作的全方位考察，系统能够及时提醒管理者对某些人员、某些岗位进行培训，以便民警的专业知识和职业技能及时跟上形势变化、岗位、职务变动和新任务、新环境的需要。其工作原理是通过数据挖掘对当前公安实战工作和民警素质的某些关键指标进行评估分析，对照有关标准或工作任务，当发现有重大偏差，或者有异常情况出现时，发出预警信息，告知培训的必要性。

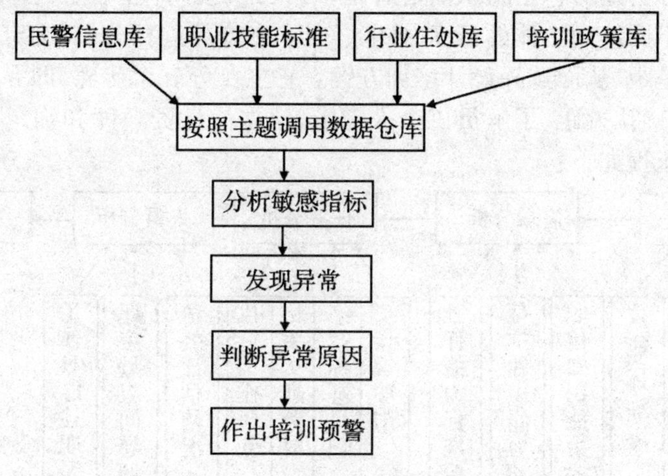

图 10－5　培训预警管理业务流程

5.定制培训管理

定制培训就是根据特定的受训单位或个人的请求，对受训者进行有关测试，根据测试结果，为受训者制定相应的培训计划的过程。其业务流程如下图：

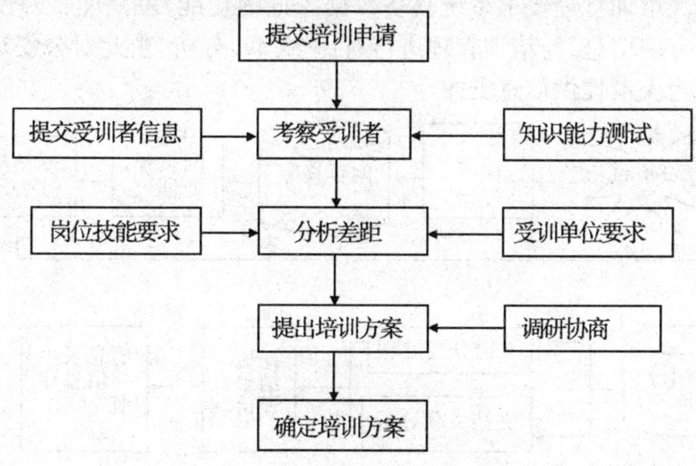

图 10－6　定制培训业务流程

(二)数据流程分析

在公安培训管理信息系统中会有大量的数据在系统内外流动,这些数据包括民警信息、公安业务信息、教员信息、培训基地信息、教材信息、财务信息、课程信息,乃至网页信息。这些信息的形式多种多样,有文字、表格、数字、图形、声音、视频,他们都围绕某一个信息处理的动作进行交汇、流动。本文仅选择几个数据流程加以分析。

1.培训需求分析数据流程

培训需求分析是对包括组织高层管理者、人力资源管理部门、各级管理人员、其他人员在内的不同培训主体的目标、技能、知识、态度等进行分析,确定员工现有状况和应有状况的差距,从而选择设计培训方案。它主要分五个步骤,即寻找组织绩效问题产生的原因、确认差距、了解员工个人需求、建立信息资料库和确定培训的成本与价值。其数据流程如下:

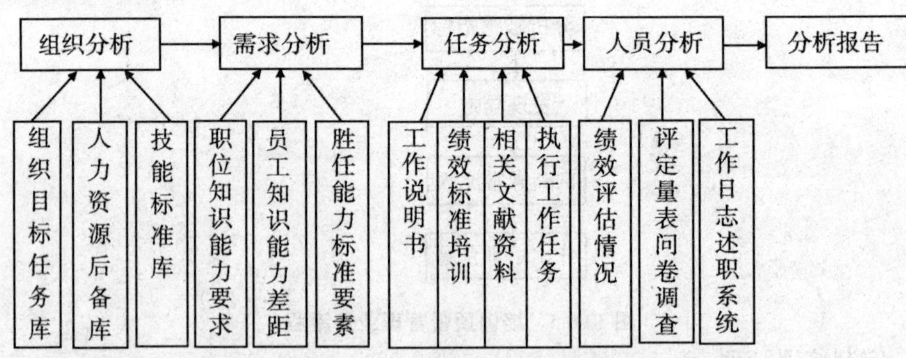

图 10-7 培训需求分析数据流程

2.Web 文本挖掘数据流程

我们说现代培训管理要求系统具备数据挖掘的功能,就是能针对网络上各种形式的数据提取有用信息,与培训管理进行对比、关联、分析,由此对公安培训工作给予一定的启发或为决策提供信息支撑。

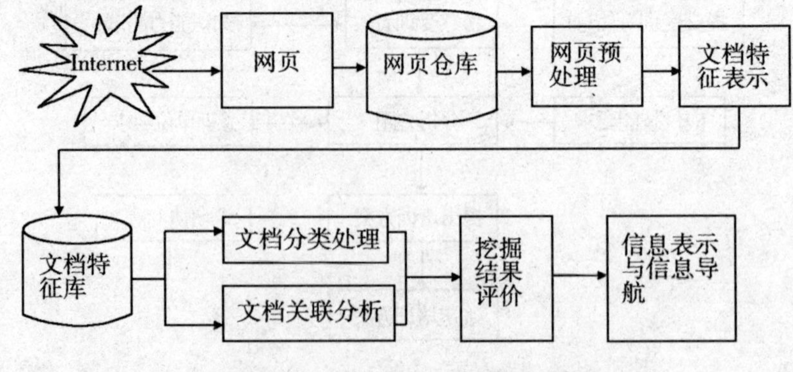

图 10-8 Web 文本挖掘数据流程图

3.培训效果评估数据流程

培训效果评估是指系统地搜集有关培训项目的描述性和评判性信息,通过运用不同测量工具来评价培训目标的达成度,以此判断培训的有效性。

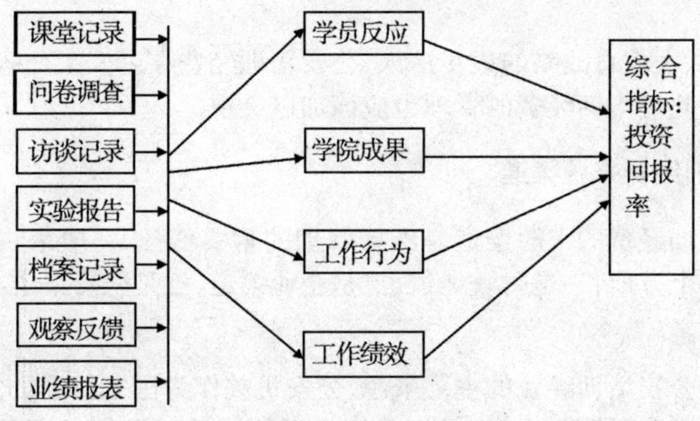

图 10-9 培训评估数据流程

(三)系统结构分析

公安培训管理信息系统的功能比较繁杂,我们将其归结为六个子系统模块,即成员管理、信息查询、挖掘分析、过程管理、培训评价和资源共享。每个子系统下面又有多种功能需要实现,如成员管理包含了对在职民警、参训学员、培训师资、专家、培训基地等各方面成员的管理,在职民警的管理可以直接将数据库链接到公安网的警员基本信息平台上去,而参训学员的管理需要重新建立有关数据库,可以由学员在报名注册时录入,由学员登录公安网时填写有关学员登记表,培训的师资和专家管理应由培训管理部门根据资质搜集有关师资、专家的信息进行录入,而培训基地要有各培训基地在申请资质和每年填报报表时更新有关信息。其他各子系统下均可根据工作需要进一步细分,本文不再赘述。

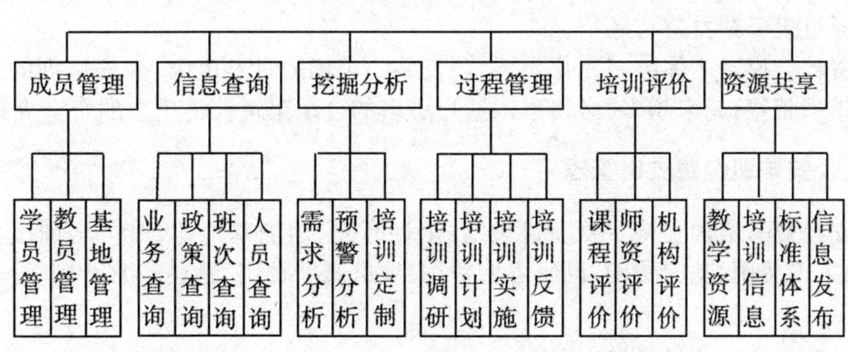

图 10-10 公安培训管理信息系统结构框架图

第二节 公安培训经费管理

随着大培训、大教育战略的逐步深入,公安培训经费在公安工作投入中的比重应该逐渐提高。因此对培训经费的管理也应该加以重视。

一、公安培训经费来源渠道

拓宽公安培训经费的来源渠道是经费管理的重要任务,一般来讲公安培训经费的来源渠道有三个方面:一是财政渠道,二是企业渠道,三是融资渠道。

(一)财政渠道

财政预算是公安培训经费的主要来源,公安机关作为国家机器的重要组成部分,其投入主体就是国家财政。一般来讲,公安培训的硬件建设等方面可以由上级公安机关和当地财政部门通过专项资金进行统筹预算拨付,而有关人员经费则应从当地公安机关的队伍建设经费中进行列支,有必要拿出一些专项经费作为参加培训人员的差旅费用、学习补助、学习费用。财政经费的特点是计划性比较强,必须经过科学预算,严格执行法定程序,并要求全程监督。

(二)企业渠道

企业渠道是由与公安培训课题相关的企业提供一定的经费,其主要方式包括:一是企业赞助、捐助。企业有责任为社会公共安全尽一部分义务,尤其是生产公安设备的企业,他们往往会通过与公安部门的合作,扩大自己的市场,通过赞助公安部门获得更大的市场利益。二是双方合作,即公安机关与企业联合开发有关公安科技产品,公安专家帮助设计监制,而由企业投资生产,双方合作互赢。

(三)融资渠道

就是通过银行借款等方式筹集有关资金进行公安培训课题的开发与实施,产生效益后通过投资获益进行还贷。

随着社会投资主体的多元化发展,公安装备市场的日益庞大,公安培训的经费来源也会越来越宽,越来越多,必将可以通过更多的合法渠道获得更多的资金支持。

二、公安培训经费支出管理

公安经费的培训支持主要项目包括:培训开发、培训基地建设费、培训设备物资购置费、人工费用、差旅费用、调研咨询费用、项目研发费用、考察旅游费用、管理费用等。

(一)培训基地建设费用

用于培训基地固定资产建设,包括土地征用、房屋建筑、设备采购、装修装潢、配套设施等重要物资而发生的费用。

（二）培训设备物资购置费

主要包含各类培训用品的购置，包括教学用公安科技设备、仪器、教学用具、教学设备、现代教育设施、各种易耗品等。

（三）人工费用

包括教师的授课报酬、生活补贴、交通补贴，教学管理人员的工资、福利、补贴等。

（四）差旅费

包括学员的食宿、交通、出差补助，培训组织者、参与者各种出差交通、食宿、补助等费用的发放。

（五）研发费

主要包括各种调研、考察、咨询费用，以及调研过程中发生的设备购置、租赁、资料印刷、材料消耗等费用。

（六）培训费用

主要是培训过程中发生的各类费用，包括培训教材费、资料费、学员参观考察费、各种教学活动耗材、交通费等。

（七）管理费用

就是培训组织管理活动中所需要的对人、财、物进行管理所发生的各项费用，包括设备的维修、临时用工聘用、考核奖励、教学评估、学员管理等费用。

三、培训经费管理程序

培训经费的支出要严格遵守财经纪律，按照有关程序有计划地进行管理。

（一）经费预算的编制与审批

预算编制应严格遵守目标相关、政策相符、实事求是的原则。应在年初制订各项费用开支的初步预算计划，报请财务部门审核，并由领导批准才能列入年度开支范围。预算批准后必须严格执行，一般不作调整。

（二）各种费用报销程序

各级公安机关应设立专人负责审批报销公安科技培训经费。一般由科技处或者组教处或人事处等部门按照机关人力资源管理开发、教育训练的计划对参加培训人员发生的各种费用进行审批，签字确认后到财务部门报销。涉及基地建设等重大国有资产购置建设的应由国有资产管理部门、财务装备部门和后勤保障部门共同研究。

（三）经费使用管理与监督

针对上级主管部门、各级公安机关、公安院校、培训基地等单位的经费来源、拨付、划转和支出情况,应将各自的经费使用管理纳入到财务监督的渠道,归口各单位审计、纪律检查部门严格加以监督。

四、公安培训经费效益评价分析

关于公安培训经费使用效益的评价,主要可以从宏观效益和微观效益两个角度进行评价。

(一)宏观效益评价

培训的宏观效益主要体现在经过培训使学员在工作理念、工作态度、工作方法、工作效率等方面得到提高和改善,与在学员身上所花费的培训经费之间的对比关系。

公安机关综合效益是一个由多种因素构成的综合指标,可以通过社会安全系数、居民满意度、刑事案件破案率、刑事案件下降率、公安机关办事效率、服务满意率等指标进行一定的加权平均后获得一个综合数值进行衡量。

培训成本则包括发生在对民警进行培训中的一切费用。可以用总费用,也可以采用班均费用,即每个培训班平均所花费的经费。

(二)微观效益评价

微观效益则是对某一次培训的费用效益的评价。可以通过下列指标进行评价分析。

班次人均消耗经费 = 本班次所发生的各类培训费用/学员人数

满意费用比 = 学员满意程度/人均消耗经费

第三节 公安培训基地管理

公安培训基地是有组织、有计划地对公安民警开展培训,提高民警业务技能,增强民警综合素质,提高战斗力的专门教育训练机构,包括公安院校、各级公安机关以及社会上与公安业务培训相关的各类培训学校、培训基地。

公安培训基地的建设要按照分工明确、优势互补、布局合理、竞争有序的原则进行科学规划,不仅要注重硬件建设,更要加大自身建设。重点突出培训特色和优势,在坚持服务服从公安队伍建设需要的基础上,统筹规划,量力而行,分步实施,合理设置,集中人财物力建设规模适当、功能合理,设施使用,设备先进的理论与实战相结合的培训基地。公安部要加强统一规划,要善于整合公安院校、普通高校、科研机构和地方培训机构在学科建设、专业课程、基础研究等方面的资源优势,加强合作、取长补短、优势互补,从而形成功能齐全的公安培训网络体系。

一、申报

（一）申报条件

申报公安培训基地需具备下列条件：1.有组织机构和管理制度；2.有与培训任务相适应的专兼职教师队伍和管理人员队伍；3.有与进行培训相适应的教学场所、设施、设备；4.有相应的培训经费来源。

（二）申报程序

申报公安培训基地的基本程序：提出申请—上级公安机关审查—公安部人事训练局接受—考察组考察—人事训练局批准—上级公安机关备案—挂牌培训。

二、评估考核

公安部人事训练局每年应定期对各培训基地进行评估考核，并制定考核标准、考核内容、考核办法和考核程序，抽调人员成立专门的考核专家组。考核内容包括：1.基础设施完善情况，包括教学场所、教学设备、仪器配备、学员学习生活休息设施、环境建设等。2.人员配备情况，包括专兼职教师的学历水平、培训阅历、教学水平、科研成果、学员评价等情况，管理人员的素质，服务态度等情况。3.制度建设情况，各项管理制度是否完善，招生制度、学员管理制度、教师管理制度、人事管理制度、后勤保障制度、培训管理制度、财务管理制度等是否合理。4.学员反馈情况，考察曾经举办过的各期培训班的具体效果，跟踪调查参训学员的反应情况。5.成绩荣誉情况，包括培训基地历年来取得的各种荣誉，教师科研成果，学员发展进步，基地管理成绩等方面的综合表现。

三、管理

公安部人事训练局对各级培训基地要加强管理，把握进出口，对优秀的基地要给予表彰奖励，推广其先进做法，对存在问题的基地要采取措施，并进行处罚。

（一）奖励

包括物质奖励和荣誉奖励，以荣誉奖励为主。

荣誉奖励包括：授予培训示范单位、培训先进单位、集体记功等荣誉称号。

（二）处罚

包括责成改进、整顿改善、暂停招生、取消招生资格、摘牌等。

（三）建立培训监督机构

依据《公安机关督察条例》，将培训工作纳入公安督察内容，实行培训与监督分离，确保培训监督的公正性。同时，要制定有关培训标准，对培训基地的师资、管理、教室、培训设施、环境、食宿卫生等进行量化评估。

第四节　培训教学资源管理

培训教学资源是指用于公安培训教学用的教材、辅助材料、案例、试题等资料，包含有媒体资源、实战资源、网络资源等等。

一、媒体资源

培训媒体是培训信息的载体和加工、传递信息的工具，它是组成培训系统的重要因素，是教与学沟通的桥梁和纽带。其主要作用是，使学习者接受的教学信息更为一致，可以激发学员的动机和兴趣，增加学习者的感知深度，提供有效的交互，有利于提高教学质量和效果，有利于实施个别化学习，有利于开展协作学习，促进教师作用发生变化，有利于开展特殊教育等。教学媒体经历了课本、教具、音像材料、计算机多媒体四次重大飞跃。

不同的媒体具有不同的培训功能，适用于不同的目的，在选择媒体时，我们必须考虑到它们在功能、目的、使用代价和使用方式等方面的不同，甚至有时还需要分析各种媒体的表现力、重现力、接触面、参与性及受控性等方面的区别。

表 10－2　**常用培训媒体特性对比表**

		教科书	程序课本	黑板	模型	卷片幻灯	电影	投影	电视	反应分析装置	模拟机	录像	教育信息处理器	计算机教学系统
功能	呈现信息	A	A	B	B	A	A	B	A	D	B	A	D	B
	反馈信息	C	B	D	C	D	C	B	D	B	A	B	D	A
	激起反应	B	A	C	C	B	B	C	B	D	A	A	D	A
	控制反应	B	A	C	C	B	B	C	B	D	A	A	D	B
	诊断评价	D	B	D	C	D	D	D	D	A	B	B	A	A
目标	知识	A	A	B	B	A	A	A	B		D	A		A
	技能	D	C	D	B	D	B	D	D		A	A		C
	能力	B	B	B	B	C	B	B	B		B	B		B
	态度	B	C	C	B	A	B	D	A		C	C		C

（续表）

		教科书	程序课本	黑板	模型	卷片幻灯	电影	投影	电视	反应分析装置	模拟机	录像	教育信息处理器	计算机教学系统
代价	准备精力	B	C	A	B	D	B	B	B	C	D	C	D	D
	设备投资	B	C	A	C	C	C	C	C	D	D	D	D	D
	日常耗费	A	A	A	B	D	C	B	A	B	A	C	D	D
	保存性	B	B	B	A	C	A	A	D	D	A	A	C	C
	反复性	B	B	B	A	C	A	A	D	D	A	A	C	C
使用方式	便利性	B	B	C	B	C	A	A	A	B	B	B	D	C
	个别指导	A	B	B	B	D	B	D	B	D	A	A	D	A
	集体指导	A	B	B	B	A	B	A	A	A	D	B	B	B
	实用性	A	B	A	B	B	B	A	A	B	A	B	C	C

注:A表示适用;B表示可以用;C表示比较困难;D表示不适用。

选择什么样的媒体要依据培训主客体的具体情况来决定,主要应考虑如下因素:1.学员的特征,包括学生的年龄、兴趣、动机、认知风格和认知技能。2.培训任务,包括培训目标、培训内容的性质以及采取的方法。3.客观条件,包括媒体的易获性、适用性,资源状况、经济能力、师生技能、使用环境及管理水平。

二、实战经验资源

公安机关的实战经验是公安培训必不可少的资源。可以说,基层公安机关每天都在产生大量的实战信息,包括与社会公共安全有关的各类事件、因素、环境,公安机关的各种管控行动,打防举措,出台的各种政策法规,总结出来的各种工作经验、汇报材料、案卷整理分析等等。这些信息中哪些可以作为公安培训的经典案例或成功经验,汇集成为教学资源呢?为做好资源管理需要开展“三个一”建设,即一个平台、一项制度、一个习惯。

(一)一个平台

一个平台,就是公安机关实战经验交流信息平台。我们可以定义为“公安实战论坛”、“公安实战经验数据库”、“公安工作方法库”、“公安经典案例库”等等。关键是这个平台要有足够的容量,能够包容众多的信息。我们也可以仿照中国知网的模式,在公安网上构建一个强大的“公安智库”网站,专门汇集这方面的信息,这需要公安部的有关部门牵头来做。

(二)一个制度

一个制度,就是实战经验信息化制度,要鼓励基层公安机关及民警将自己的实战经验信息化,供全警共享。对于提供这些信息的单位和个人要给予一定的报酬,报酬可以根据点击、下载、评论情况列出等次。同时对什么样的信息可以上网,可以收录到"智库"中来,收录的进来的信息如何分类,如何评定等级一系列要求进行规范,制定相应的制度,明确信息的来源、分类、格式标准、评价标准、奖励标准等等。

(三)一个习惯

一个习惯,就是要让民警养成总结思考的习惯,养成信息共享的习惯。每完成一项工作都要认真总结一下经验教训,并形成书面材料,提供给"智库",同时也要善于从智库中查询、借鉴各种经验信息,辅助工作。

三、网络培训资源

(一)网络培训资源的分布

互联网不仅改变了人类传统的信息渠道,创造了崭新的信息交流方式和交流环境,而且极大增强和拓宽了人类获取信息、加工信息和交流信息的能力,提高和改善了信息交流的时效、规模和效果。网络信息资源非常丰富,从公安培训的角度来看,主要的信息资源有如下几类。

1.在线数据库。包括图书馆目录和各种专门用途的数据库,如中国知网、超星数字图书馆、龙源期刊网等。世界上比较著名的有 ERIC 教育资源信息中心(http://eric.syr.edu)和 NASW 数据库,都是由美国教育部资助的权威教育文献数据库,M&M 素质教育软件库(http://www.mm - soft.com/catalog.asp)。

2.电子期刊。主要有电子报纸、电子杂志、电子新闻和信息服务,如中国信息管理中心网(http://www.chinainfo.gov.cn/periodical/index.htm)。

3.电子书。利用专门软件制作的电子书,具有超媒体、反应性、学习者控制和界面复合性的特点。

4.教育网站。许多大学都有自己的网站,还有些教育主管部门也开设了网站,提供丰富的教育培训资源。如《教育技术通讯》(http://www.etc.edu.cn),美国教育部(http://www.ed.gov),中国教育部(http://www.moe.edu.cn),以及一些信息服务机构和培训公司也经常提供一些教育培训信息,如中国国家图书馆(http://nlc.nlc.gov.cn)。

5.个人网页。某些教育爱好者或教育培训专家根据个人爱好建立的网站也有很高的学术价值和丰富的培训资源。

(二)网络资源的特点

1.信息形式的多样性;

2.信息获取的便捷性;

3.信息的共享性；

4.信息的时效性；

5.信息的交互性；

6.内容的丰富性。

（三）网络培训资源的获取

网络培训资源分布在世界各国的教育科研网上，要想在这种海量信息中找到对自己有帮助的资源非常不容易，这时就要借助搜索技术。

1.利用检索工具，包括WAIS、Archie、Veronica、Jughead等搜索工具，比较流行的有Yahoo、Alta、Vista、Lycos和北大天网等。

2.自动搜寻工具：能够进行自动搜寻网络资源、自动索引或摘要、提供检索方法和用户界面，如Alta Vista、Open Text等。

3.人工分类工具：先利用人工或机器搜寻，再利用人工分类，制作索引数据库，如Yahoo、Magellan等。

4.通过权威站点推荐或连接。

5.通过印刷媒体的介绍。

（四）网络资源搜索策略

从网络上搜寻所需要的资源必须懂得一定的策略，掌握一定的方法，否则，只能是大海捞针，收获渺茫。其具体搜索策略如下图：

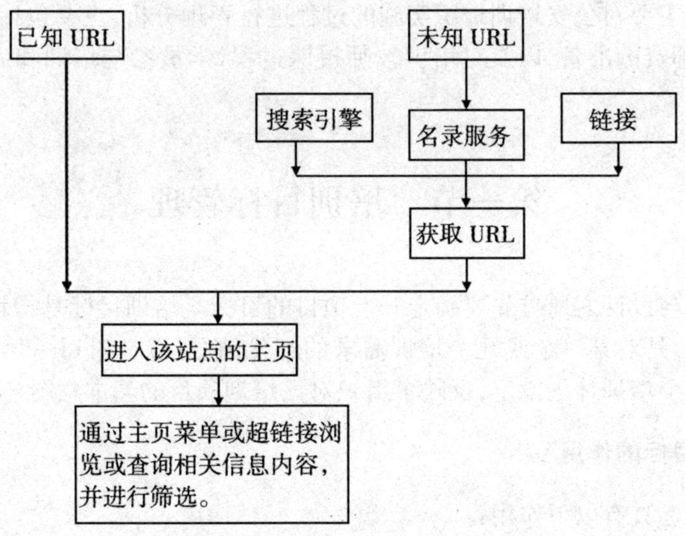

第十一章　公安培训过程管理

公安培训项目设计就是将确定的培训需求转化为培训目标、教材说明、测试细则以及讲授策略的过程。而培训项目的开发是指将教材说明、测试细则以及讲授策略进一步转化为具体的学习材料和指导教师所需材料以及具体测试题目的过程。

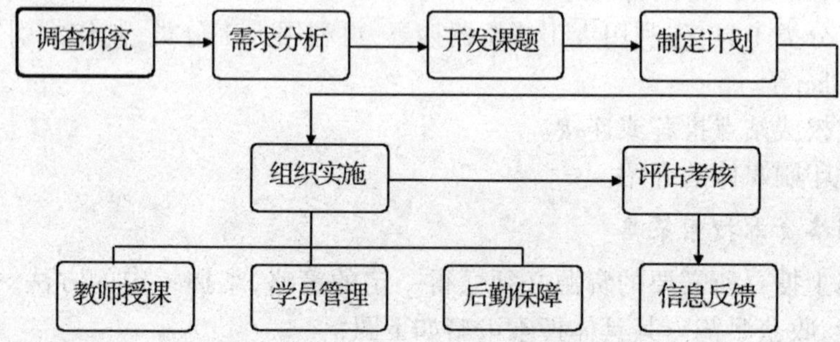

在此我们主要对公安培训组织实施的过程进行管理分析，主要包括培训资料、培训场地、培训师资的准备，以及对培训教师授课过程，学员参与培训和后勤保障等情况进行分析。

第一节　培训目标管理

培训开发与设计之前首先要确定开发项目的目标。培训目标是指培训活动的目的和预期成果，是对某一个或几个培训需求的细化，它可以针对每一培训阶段设置，也可以面向整个培训计划设定，反映了组织对该培训项目的基本意图与期望。

一、培训目标的作用

明确的目标具有以下作用：

1.它能协调满足受训者、培训单位和公安机关各方面的需要。

2.能够帮助受训者理解为什么要培训。

3.可以使培训结果的评价有一个基准，是培训评估的主要依据。

4.有助于明确培训成果的类型。

5.能指导培训政策及其实施过程,是确定培训内容与培训方法的基本依据。

6.为培训的组织者确保必须完成的任务。

二、确定培训目标的原则

1.每项任务均有一项目标,让受训者了解受训后所达到的要求,目标要具有可操作性。

2.目标应针对具体的工作任务,表述要明确。

3.目标应符合公安机关的整体目标。

4.目标应该由培训者与受训者共同制定,受训者有充分的自主权。

三、确定培训目标的方法

培训目标是文字、符号、图画或图表的组合,它指出了受训者应该从培训中取得的成果。因此,确定培训目标应该从三个方面进行界定,即受训者在掌握了需要学习的东西后应有什么行为表现,其行为如何表现,评价学习成果的标准是什么。

在编写培训目标的时候,还要回答如下问题:公安机关希望民警能够做什么?公安机关希望他们在哪些特定情况下表现出这些行为?公安机关希望他们的工作水平达到什么标准?民警自己如何理解自己的工作?民警对自身工作如何评价?

四、培训目标管理

对公安培训的目标进行管理是为了统筹协调公安培训工作,使培训能够符合公安实战需要,也能促进民警自身发展,还有利于培训管理部门进行培训规划,使培训工作更加具有系统性、针对性和可持续发展。

(一)健全公安培训目标体系

公安培训的目标是非常复杂的系统,从不同的角度看公安培训的目标有众多的层次和类型,形成一个复杂的网络。

1.知识目标。

有的培训是为了使学员掌握知识,所以按照学习知识的目标分类主要有六种培训目标:(1)知道:学习记忆性知识,要求对具体事实、方法、过程、理论进行强化记忆。(2)领会:理解和把握知识材料的意义,通过转换、解释、推断促进对知识的领会。(3)运用:将学到的规则、方法、步骤、原理、原则和概念运用到公安实战中。(4)分析:把复杂知识分解成若干组成部分,并理解各部分之间的联系。(5)综合:使学员将学到的片段概念或知识、原理、原则与事实等整合成新的知识整体。(6)评价:使学员超越学习内容,能够依据某些标准做出价值判断。

2.情感目标。

还有一些培训是为了培养学员的情感,因此从情感目标来看,培训的目标有:接受、反应、价值判断、价值组织和价值个性化等五个层次。

3.技能目标。

公安培训更多的时候是为了使学员掌握一些动作技能,因此其目标可分为:反射动作、基本动作、知觉能力、体能、技巧动作和有意的沟通等六个层次。或者根据学习的结果培训目标可分为获得言语信息、智力技能、认知策略、态度和动作技能等类型。

4.综合目标。

当前我们常用的目标主要包含五大类:(1)培养政治理论素质和职业道德素养;(2)培养基本态度和作风习惯;(3)培养专业技能和工作技巧;(4)培养体能素质;(5)掌握执法理念和工作模式。

(二)时间管理

培训目标是一个复杂而庞大的系统,民警的一生需要学习培训的知识、技能有许许多多,但是这些培训任务不可能同时去完成,必须有计划、分步骤、分主次地去实施培训工作。时间管理就是用技巧、技术和工具帮助民警有效地运用时间、降低变动性,完成培训任务,实现培训目标。它是目标管理的一种有效手段。

1.SMART原则

S－Specific,即具体性,指学习目标必须清晰,能够产生行为导向,使民警明确学什么,练什么。

M－Measurable,指可衡量性,目标必须能够用量化指标表示,学习培训的效果通过某种测试方式,进行量化表示。

A－Attainable,即可行性。目标既要符合受训者的能力范围,还要有一定难度,通过努力能够实现,而不努力是实现不了的。

R－Relevant,即相关性,目标应该与民警当前工作实际紧密相关,而且必须考虑其当前的岗位、职务、知识水平、理解能力、动手能力、经验等情况。

T－Time－based,及时性,目标必须在确定的时间内完成。制定的目标必须按照预定的计划不折不扣地去完成,严格执行时间标准。

2.时间ABC分类法

将自己需要培训学习的内容按轻重缓急分为A(紧急、重要)、B(次要)、C(一般)三类,分别安排优先顺序及占用时间的百分比。

(三)目标考核

如何确定培训是否达到目标,以及实现目标的程度如何,这需要采用科学方法对目标实施情况进行考核。这种考核最简单最传统的方法是考试,考试分卷面考试、口头考试和行为考试,对一般知识性的培训可以采取卷面考试,但有些技巧性的东西就需要采用口头考试或行为考试的方式来进行。而且,即便是卷面考试,也要出个试卷,多少分才算合格,都需要根据培训目标标准进行科学设计。

此外,还可以采取模拟实战考试的方式进行,公安培训许多课程很难用分数进行衡量,关键还得拉出来试试。比如擒拿格斗训练、查缉战术训练、犯罪现场勘查、交通事故处置、群体性事件处置等等都可以采取实战或者模拟实战的方式来进行考核。

考核还必须与奖惩挂钩才能发挥作用,对于考核优秀者应给予必要的奖励,而对不合格者要采取一定措施予以惩罚,或者将考核情况与工作绩效甚至晋升、收入挂钩。

第二节　培训教学设计

明确培训目标之后,下一步就是要进行教学设计。教学设计主要包括准备培训材料、设计教学过程、组织教学方式。所谓培训材料就是指有助于实现培训目标,满足培训需求的所有资料,包括:课程描述、课程计划、学员用书、阅读资料、教师资料(包括教材、教学计划、进度表、视听材料、图片、练习册、角色扮演、行为示范、案例研究等背景资料和有关软件)以及测试的题目。获取这些资料的途径主要有:培训教师提供、培训单位开发和外部购买或者三者结合。

一、培训材料

(一)课程概念

课程资料是培训用的主要材料,它主要包括课程描述和课程计划,其中课程描述主要阐明培训项目基本信息,包括课程名称、基本要求、培训目的、课程目标、时间安排以及任课教师等信息。课程计划则是对培训内容和活动的设计,一个完善的课程计划应该具备如下要素:1.学习目标;2.培训对象;3.为掌握本课程,教师及学员应具备的基本条件;4.时间分配;5.课程大纲;6.活动安排;7.辅助材料;8.培训环境布置;9.前期准备;10.具体培训内容;11.效果评估;12.培训成果的应用。

鉴于公安工作的重经验性、操作性,在准备公安培训课程资料时,我们首先应该大胆甩开现有书本资料的束缚,善于借鉴公安机关及基层民警的经验和好的做法,善于从公安实战中搜集整理鲜活的现实资料。我们建议从基层公安机关中广泛搜集成熟的工作方法,进行整理编辑,大量吸收到课程资料中来。其次,要大力开展网络教育资源挖掘。当前因特网和公安网上拥有海量的教育信息,如何从中搜索到培训所需要的信息,需要借助网络挖掘技术。Web 挖掘是一门交叉学科,设计数据挖掘、机器学习、模式识别、人工智能、统计学、计算机语言学、计算机网络技术、信息学多个领域,包括 Web 内容挖掘、Web 访问信息挖掘和 Web 结构挖掘。

(二)辅助材料

为增强学员对培训内容的兴趣,帮助其记忆培训内容,我们还要准备一些培训的辅助材料。一般而言,根据记忆的效率,我们的记忆中有 20% 是听到的,30% 是看到

的,50%是看并听到的,70%是做过的。所以在准备辅助材料时,我们主要提供以下四类材料:

1.阅读材料:与培训内容一致的参考资料,包括培训用的案例、公安实战中的案件卷宗、背景资料等。

2.视觉材料:可以是幻灯片、场景、图形、标语、图表、照片、视频资料、电影片段、好的环境等。一个好的视觉材料要具备 3B 原则,即字体足够大(Big)、醒目(Bold)、美观(Beautiful)。

3.听觉材料:令人感兴趣的词汇、音乐、声音、重音、故事、对话等。准备这类材料时要注意音调变化、有一定节奏、音量适中、发音清楚。

4.感觉材料:包括情绪、实践活动以及各种可品尝的、可触摸的材料等。

(三)测试题目

测试题目是为了检验学员受训后知识、技能以及绩效而准备的材料,主要作用是评价学员面临的问题及缺陷,激励学员积极性,考察培训的内容、方法是否有效,评价学员受训收获及表现。

测试题目设计时要根据培训对象的特点,尤其是要考虑成年人的记忆力、理解力情况,采用不同的类型,包括判断题、选择题、简答题、填空题、配对题、现场演示、口头作答、角色扮演等多种形式。

二、教学设计

教学设计是运用系统方法分析教学问题和确定教学目标,建立解决教学问题的策略方案,其目的是为了获得更好的教学效果。教学设计有以下几种主要模式。

(一)格拉奇和伊利模式

该模式强调了教学内容和教学目标之间的交互作用,设计按照目标、学习者、策略和评价四个环节进行。

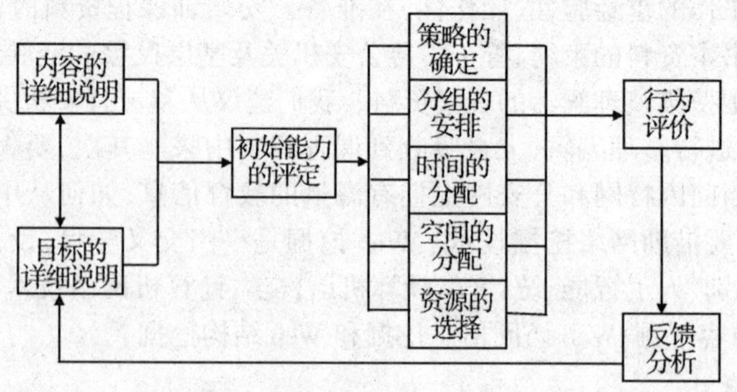

图 11-1 格拉奇和伊利模式

(二)肯普模式

肯普提出了十个要素的椭圆结构模式,他强调十个要素间的相互联系和相互作用,他将学习需要和学习目的位于中心,成为教学设计的依据和归宿。

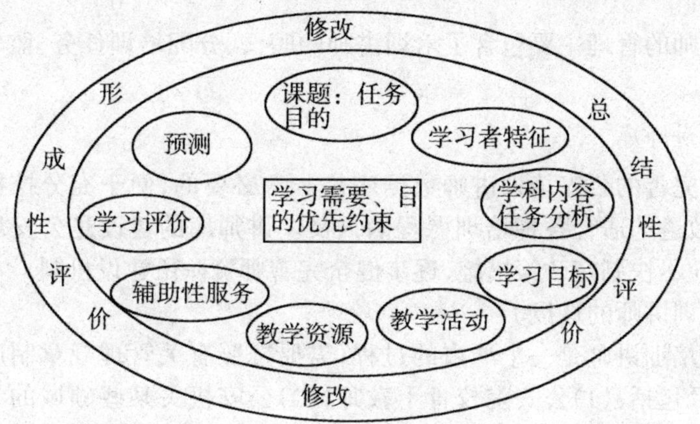

图 11－2　肯普模式

该模式是以学科教学、课堂教学为中心,教师可以根据实际情况在模式中设计自己工作的起点,按照具体需要编排顺序。

教学设计的过程包含了四个阶段:第一阶段是前端分析,主要是分析学习需要、教学内容和学习者特征;第二阶段是阐明学习目标和编制测试题;第三阶段是制定教学策略,根据教学目标、内容、对象以及当地条件,确定教学顺序、方法、组织形式以及相应的媒体;第四阶段是评价教学设计成果。

(三)小组活动设计

培训过程中经常会对受训学员进行分组,采取小组活动方式进行交流、讨论,鼓励学员表达自己的思想和情感,强化理解有关概念。小组活动经常在案例分析、培训游戏、角色扮演、行动示范、头脑风暴法、拓展训练、自我评估练习、鱼缸式练习、篮中练习等培训方法中使用。

小组活动设计就是根据培训方法的要求对学员进行分组,对小组人数、成员、讨论主题、小组活动纪律等方面做出规划。

第三节　培训人员管理

公安培训参与的人员主要有培训讲师、参训学员、培训组织管理人员及后勤服务人员等等。培训过程中人员具有非常重要的作用,培训讲师是否按照培训大纲授课、方法是否得当、要点是否到位,参训学员是否到位并全身心地投入到学习过程中踊跃互动、积极思考,组织管理人员是否为培训提供有效的后勤保障等,对这些人员的管理的侧重点有所不同,其中培训讲师和参训学员的管理是关键。

一、培训讲师管理

对培训讲师的管理主要包含了培训讲师的聘任、分配培训任务、监督实施以及考核激励。

(一)培训讲师库

建立一个完善的公安培训讲师数据库是非常必要的,便于充分挖掘公安培训的师资队伍,高效遴选适合各种培训课程的人员。讲师库的建设是公安培训主管部门的重要职责,应尽快制定政策措施,逐步健全完善师资队伍建设机制。

1.公安培训讲师的选拔

选拔公安培训讲师是一个严肃的过程,需要按照有关管理规章制度进行广泛遴选,其主要途径包括:(1)公安院校骨干教师;(2)公安机关某些领域的专家;(3)基层民警;(4)普通高校相关专业拔尖人才;(5)社会科研部门的相关领域专家。

选拔讲师的主要方式有:(1)通过人事部门有关程序将合适人选录入公安院校;(2)与有关专家签订协议,长期聘用;(3)兼职聘用;(4)借调。

2.公安培训讲师的管理

培训培训者是人力资源培训的一项重要任务,优秀的师资是实现培训目标的前提。尤其是针对当前我国公安培训工作的实际,通过提高院校教师的公安实战能力和基层专家的教学技能来加强师资的培训尤为必要。管理的关键是要有完善的规章制度,确立标准,建立高效的运作机制。

(二)教学过程监控

对教学过程进行有效监控是督促培训讲师按照培训计划认真履行培训职责,确保培训效果的关键。教学过程主要包括如下几个环节。

1.教学答疑

讲师必须认真解答学员提出的问题,要如实反映答疑过程中的问题接到确认、问题资源管理、提出新问题等有关环节。

2.作业管理

主要检查教师是否按时按量布置作业和批阅学员作业,并对学员完成的情况、教师批阅的态度、质量等情况进行反馈。

3.主持讨论

主持讨论是教学的重要环节,要检查教师是否认真规划设计讨论主题、方式、过程。其中讨论包括:(1)同步讨论:主要评价教师如何引导讨论展开、控制讨论发言的聚合度、发表自己的言论与见解、管理学员的发言与行为,及时警告、组织讨论活动、控制讨论进度;(2)异步讨论:主要评价如何引导学员发表自己的讨论意见、恢复参与讨论者的问题、查看学员发言、删除无聊的发言、开辟新的讨论话题、删除不合适的讨论话题。

4.发布课程资源:要检查教师在有关渠道检索、浏览资源、上传资源、分类存储资源、删除资源的情况。

5.个别学习辅导:监督教师浏览学员的基本情况、浏览学员的学习记录、浏览学员成绩记录、浏览学员网上学习活动、有针对性地提出辅导意见、提供辅导材料等。

6.考试管理:查看教师如何生成试卷、联机阅卷、录入试题、试题管理等有关工作。

7.其他活动:查看教师如何发布公告信息、修订课程内容、做好教学笔记。

(三)评价教师的教学技巧

教师是培训的主导者,其个人形象和魅力往往会影响到学员的心理,甚至影响培训效果,因此要注意采用一定的技巧,具体可以通过听评课方式,从如下几个方面进行评价。

1.身体语言和仪表

教师在培训中要善于巧妙地通过身体语言向学员传达自信、诚实和友好。

2.目光接触

是否善于运用目标接触与学员进行有效沟通,一般来讲目光接触要注意以下原则:(1)使自己的目光接触到整个团队;(2)不要忘记离自己较远的人;(3)要自然随意,切忌紧盯某一个人;(4)接触时间不可过长,一般为2-3秒;(5)要注意观察学员反应,根据学员情绪来调节表情、语气、语调等。

3.微笑

授课时是否过于严肃,把自己与学员隔阂起来,是否善于用微笑拉近彼此的距离。

4.姿势

站立时要正直,重心稳,要遵守三忌:一忌左右摇晃,二忌双手叉腰,三忌双手交叉在胸前。

5.手势

手势运用要恰当。手势是一种很好的肢体语言,对强化情感具有很重要的作用,但一定要适中,不可过多,以免分散学员注意力,幅度也要适中,潇洒自如。

6.移动

位置移动是否合理。授课不必站在一个位置不动,要善于通过移动空间,来转换师生的角度和情绪。必要时,可走下讲台,走到学员中间,与学员共同探讨。

7.提问

提问要科学。要留出足够的时间让学员去思考和提问,也允许学员提问。回答学员提问时要认真地听并简单重述其提问,要善于征求别人的建议,然后做出总结分析，最后与提问者进行确认。

8.授课过程中要保持冷静

遇到粗鲁或难回答的问题时，不要紧张，要保持镇静礼貌，避免与学员争论。

(四)评价教学效果

主要通过问卷调查方式对教学效果进行反馈评价，这一切应该通过计算机软件来自动执行，尽量避免人为干扰。

二、学员管理

这里的学员管理主要是了解学员参与学习的情况，包括学习的积极性、学习参与度、学习的效果等。

(一)学员基本信息

了解学员的基本情况，才能做到因材施教。了解学员信息的渠道有很多，如查阅学员档案，进行问卷调查，与学员进行座谈，举办联谊活动，课后个别聊天，也可以在课程上安排学员讨论，介绍自身情况。作为教师要了解学员的知识背景、职业经历、学习兴趣、心理特征；而作为培训主管单位要了解学员的学习动机、学习态度、学习效果、学习评价等信息。

(二)学员学习活动管理

对学员的整个学习活动进行有效管理是增强培训效果的重要措施，其管理的内容主要包含如下八个方面。

1.学习课程内容：要了解学员如何选择课程，选择的原则、动机、结果是什么。

2.学习答疑：看学员在学习过程中是否经常提出问题以及是否得到圆满解答。

3.做作业：看学员是否定时完成作业，做作业的态度是否端正，是否查阅了大量资料，是否进行调查研究，有没有抄作业或敷衍了事的现象。

4.参加讨论或发言：看学员对待课堂讨论的态度和表现，发言是否积极，发言的内容是否有针对性，效果如何。

5.检索课程资源：看学员查阅资料的能力，是否充分利用各种资源。

6.查看辅导信息：学员是否关注辅导信息，对辅导的态度如何。

7.参加考试：学员是否积极准备考试，考试的态度、表现和成绩如何。

8.其他学习活动：看学员是否及时浏览有关公告信息、查看课程信息、做好学习笔记。

三、管理服务人员

公安培训是一个综合性的项目，牵扯到众多的人员，其中管理服务人员也是重要的组成部分，包括班主任、招生、接待、联络、财务、餐饮、食宿、车辆保障、设备管理、场地管理等办事人员，还有一些培训的组织者、决策者、中介等。

对这些管理服务人员也要按照规范化、精细化、人性化的要求进行管理。首先，要有完善的规章制度，包括对这些人员的招聘、考核、奖惩等方面的规定，对他们提出明确的目标要求，并严格加以规范。其次，要加大对管理服务人员的教育培训，尤其要加强服务意识、质量意识、纪律意识等方面的灌输教育，要通过教育培训形成先进的管理服务理念，提高工作标准，改进工作方法，切实改善工作质量，保证培训工作正常有序运行。

第十二章　公安培训质量控制与管理

培训质量是培训工作的生命线，是衡量培训价值的根本标准。

公安培训体系本身是一个非常庞杂的系统，这个系统的有序运转，需要充足的物资、经费和人员，同时也需要进行有效的管理。从组织设计到运行质量的控制，到评价考核，资源管理与调控，都需要进行组织协调，有计划、有组织地加以激励、整合、优化。其管理关系如下图所示：

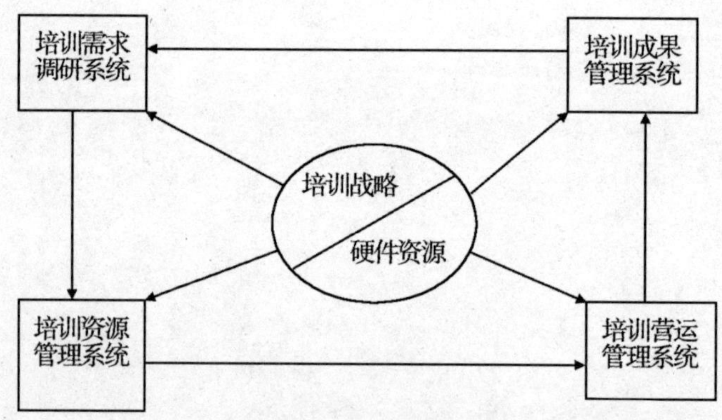

图 12－1　培训管理关系图

第一节　公安培训质量控制体系

开展公安培训，最重要的是培训质量，没有质量的培训只能浪费时间和金钱，不仅不能促进公安工作的发展，而且会导致民警的厌学心理滋生蔓延，带来不良的后果。因此，建立健全公安培训质量监控体系，进行培训的全过程监控是十分必要的。

培训质量控制不同于产品的生产管理，它没有具体明确的质量标准，也无法像生产管理那样对每个生产元素和加工环节进行直接控制。培训的每个环节都具有很强的主观能动性和不确定性。一堂同样内容的课不同的教师授课效果不一样，甚至同一个教师在不同时间授课的效果也会不一样。因此，其质量控制方法也不能简单照搬产品质量控制的方法。

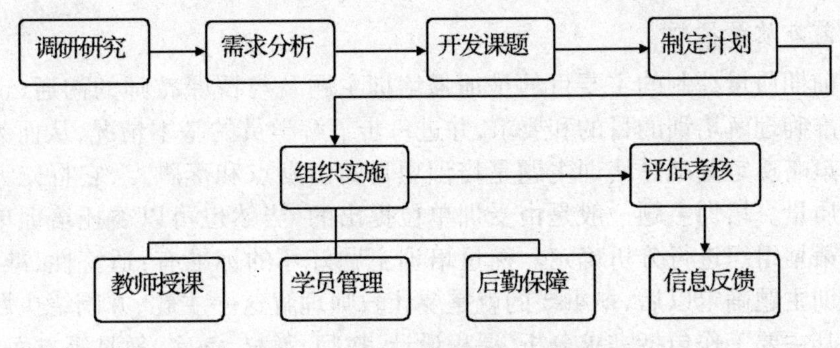

图 12－2　公安培训质量控制体系

一、培训质量控制的特点

教育培训产品本质上是服务产品，具有服务的无形性、生产过程与消费过程的时空不可分离性、产品质量的不可恢复性以及产品质量的非一致性等特点。其质量控制也具有不同于一般产品的特点。

(一)质量标准的模糊性

培训不同于有形产品，其质量究竟如何来衡量，达到一个什么样的程度才算好？这都是一个非常模糊的概念，包含的因素相当多，而且其效果也不是立即就能显现出来，它的评价一般只能采取定性的方法，很难进行量化或者无法完全量化。用一两个数字根本不可能把培训质量问题说清楚。它只能是一种很笼统的感觉。

(二)教学过程的弹性化

教与学并非一种刚性行为，而是由诸多环节和因素交织在一起共同决定的，而且每个环节都具有多种选择，由此导致实现同一个教学目标的多种方法和渠道，而不可能按照一种固定的模式进行标准式的教与学。

(三)影响因素的复杂性

影响培训质量的因素包括课程体系与内容、主讲教师(学历、阅历、个性、气质等)、教学现场的组织管理、前期宣传推广、学员背景(知识背景、职业经历、学习特点等等)、现场的参与程度、后期的跟踪服务等方面。

二、培训质量控制方法

从培训的过程来看，培训质量控制可以分为前期、中期与后期三个阶段。其中前期主要工作包括：培训调查与需求分析、课程体系设计、主讲教师选聘与沟通、宣传与推广、资料收集、教学准备等环节。中期工作包括：讲授、示范、练习、教学互动、布置学习环境、营造学习气氛、布置作业、考试考核等环节。后期工作主要有：问卷设计、跟踪调查、教学评估与信息反馈、奖惩管理。

（一）前期质量控制

培训前期质量控制的主要目的是加强培训主题及与授课教师的沟通，也就是说要使教师准确理解培训的目的和要求，并进一步了解学员的基本情况，从而为制定相应的培训策略奠定基础。培训主题是培训项目的出发点和落脚点，它将先天地决定着培训的质量。培训主题一般是由受训单位提出的，当然也可以委托培训单位或者有关培训策划组织进行分析确定。衡量培训主题好坏的标准有：适宜性、准确性、科学性。培训主题确定以后，最重要的就是要让教师理解这一主题，并围绕主题组织培训资源。其主要工作包括需求分析、课程设计、教师、教材、教室、教具等方面。

在这里，调查与需求分析的目的是确定符合培训者需要的主题；课程体系设计则是为了科学实现主题；教师选聘与沟通就是要选聘与主题相适应的教师并使其正确理解主题，围绕主题组织教学内容，做好教学准备；宣传推广就是要让学员理解参与这个主题培训的必要性和重要性，能够为其工作解决什么问题，从而引起重视，做好心理准备。①

前期各项工作与培训主题间的关系如下图：

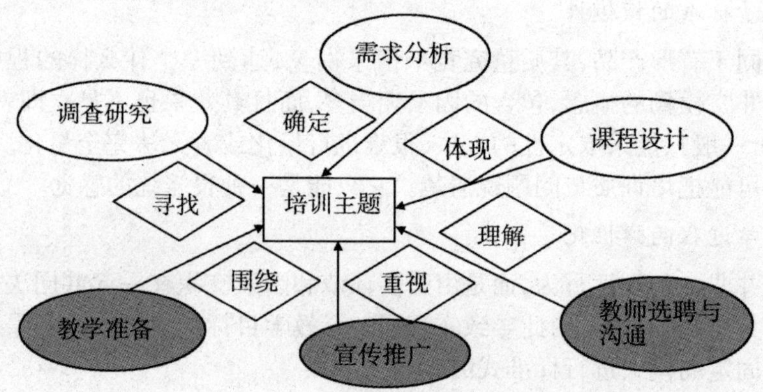

图 12－3　培训前期质量控制图

那么，如何确保培训主题质量？首先要明确什么样的培训主题才是好的主题。其基本要素有：一是符合公安实际工作需要的，确实是公安机关急需提高的知识和能力，包括公安机关面临的新形势、新矛盾、新课题；二是能够通过有关课程或者培训手段实现的，公安培训的内容非常丰富，有灌输理念、训练技能、增长知识、提高思维能力等等，培训主题必须紧紧围绕有关目标而开展；三是能够为主讲教师准确理解，并且符合教师特长的，再好的主题必须通过教师的传授才能展示出来，教师的选择应注重其实际应用能力，而非理论水平，不一定要追求高学历、理论水平，最关键要合适；四是要千方百计吸引学员兴趣，得到学员充分响应的、引起兴趣的办法有很多，除主题本身对学员有吸引力，还要看如何展示、组织教学活动，充分运用现代教育技术，运

① 陈岗：《公安科技培训质量控制思路与方法探析》，现代企业教育，2010年第7期。

用语言、行为等艺术调动学员积极参与;五是所需的各类教学资源比较丰富的,来源广泛,要大量借鉴实战部门的经验材料,最好采用现身说法,资料是组成主题的重要部分,资料的形式、内容、载体等都对主题有很大影响。

为实现培训主题质量的有效控制,着重应抓好以下六个环节。一是调查研究环节,认真组织有关人员深入基层公安机关开展调查研究,全面掌握公安机关实战应用中的焦点、重点和难点,把握公安工作现状,获取公安培训的各种需求情况,各种培训资源分布情况;二是需求分析环节,采取数学模型、计算机软件或其他科学手段,通过全面科学的分析,确定好当前培训的主题;三是课程设计环节,要切实按照社会矛盾、法律法规、政治经济环境的变化、公安实战的特点,研究公安工作及社会发展的内在规律,根据当前公安工作的实际情况组织好培训资源;四是沟通环节,要通过图文、声像等多种形式采用丰富的手段,将培训主题表达清楚完整,使教师能够迅速、生动、准确地理解培训目标和培训对象的情况;五是宣传招生环节,改变以往单纯下达任务或者轮流委派的方式,要将被动参加培训改为主动参加,通过宣传推广吸引学员,激发学员参加培训的欲望;六是教学准备环节,从师资、经费、住宿、教学训练设备、仪器器材、场地、教学内容等方方面面做好充分准备。

(二)中期质量控制

培训中期的各项工作是整个培训的基石,也是教师通过组织各种培训资源,全面实施培训方案,向学员传授知识和技能,实现培训目标的过程。培训中期质量控制的关键点是:教学活动组织实施。教学组织是实施培训主题,实现培训目标的关键和重点。在教学过程中一切人、财、物、信息、心理活动、情绪情感都要由教师进行科学组织,使他们得到有机结合和生动展现,为教学目标服务。其主要工作包括教学内容的组织、表述、展示、资源链接,学员思想感情的驾驭、身心的参与、潜力的开发、辅助教学用具和设备仪器的操作、各种活动的开展等等环节。其关系图如下:

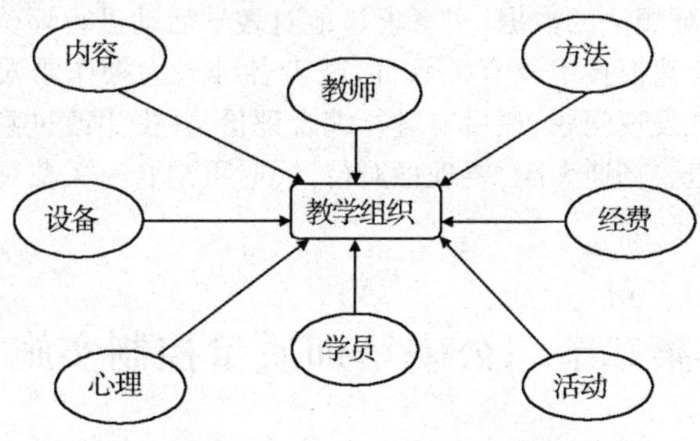

图 12-4　培训中期质量控制图

教学组织得好不好就是要看教师所准备的教学内容是否充分,是否符合培训主题的需要,是否具有可操作性、可接受性,甚至包括趣味性、逻辑性、参与性。还要看教师对这些内容的表述和展示方式方法是否科学合理，是否与学员互动，是否具有形象的直观效果，能够进入学员深层记忆之中。要看教师如何利用情绪感情进行讲授，如何分析驾驭学员心理，调动学生思想感情，通过各种教学游戏，示范操作，模拟演示，情景扮演等教学活动，激发其参与学习过程的强烈欲望，并付诸行动，达到教学互动，教学相长的目的。要看学习过程中所需要的各种器材设备是否配套齐全，场地物资经费能否及时得到保障，满足教学需要。

（三）后期质量控制

培训后期质量控制的关键点是教学评估。教学评估是对整个教学培训过程的总结和评价，是一种信息反馈工作，是教与学的沟通交流，也是培训质量控制的重要手段。该阶段的主要工作包括：设计教学评估调查表和评估指标体系，确定评估方法，组织教学评估，进行评估反馈，提出教学改进意见和建议。其关系如下图：

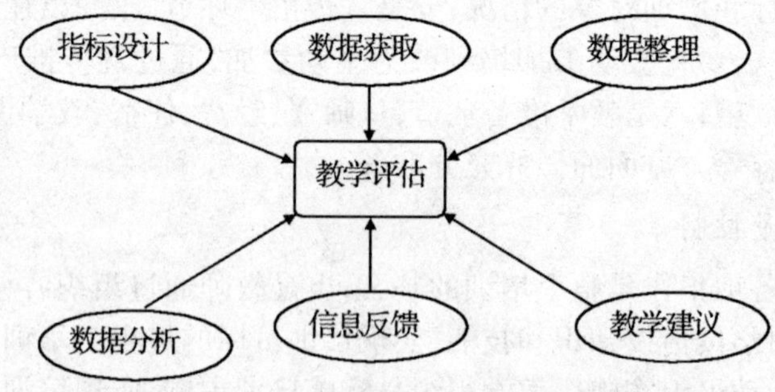

图 12－5　培训后期质量控制图

要使教学评估切实发挥作用，首先要设计好科学可行的评估指标体系和评估方法，可采取多属性评价、模糊评价、定性与定量相结合等评价方法，指标体系要科学系统，定性指标和定量指标结合使用；其次要组织好学员客观公正地参与评价活动，获取能够真实反映学员想法的数据，实事求是地对教学活动进行评价；再次要加强数据整理分析，利用数学建模技术及有关软件，减少各种人为操作错误的发生，减少干扰因素，从数据分析中发现问题；最后要进行综合评价，并提出改进意见，反馈给教师或组织者，反馈的渠道要畅通无阻，要理性对待，同时可结合有关奖惩措施，对教师和其他参与者加以激励。

第二节　公安培训质量控制实施

培训质量管理是当前公安培训管理的一个短板，无论是在培训质量管理理念、制度、方法等方面都严重滞后于培训工作，并阻碍了公安培训的快速发展。

一、制定培训质量管理制度

制定完善公安培训质量管理制度是加强培训质量控制的前提条件和实施保障。实践证明完善的制度具有系统的自我调节功能，可以使培训的参与者、组织者有明确的行动依据、努力方向、工作纪律、工作标准，便于他们自我管理，自我提高，自我完善，使培训的组织、准备、实施、反馈各个环节都有章可循，得到监督控制。

培训质量管理的制度包括：培训调查研究制度、培训需求分析制度、培训教师管理制度、培训基地管理制度、培训财务管理制度、培训后勤保障制度、学员管理制度、学员考核制度、培训评价与考核制度、奖惩激励制度、信息反馈制度等等。

二、成立培训质量监管委员会

公安培训质量监管委员会，主要负责对整个培训过程的质量监督与控制，制定完善各项管理标准，管理制度，实施有关管理措施。监管委员会应从公安机关培训管理部门、公安院校教学管理部门、公安技术专家和教育训练专家中抽取精干力量组成，实行交叉评审，回避制度，使评审在公平公正的环境下得以有序进行。监管主要按照三大主体四个过程的思路进行，三大主体就是主管部门、参训单位和民警个人，四个过程就是对培训需求分析—培训方案设计—培训实施—培训评估等四个过程进行监督管理。

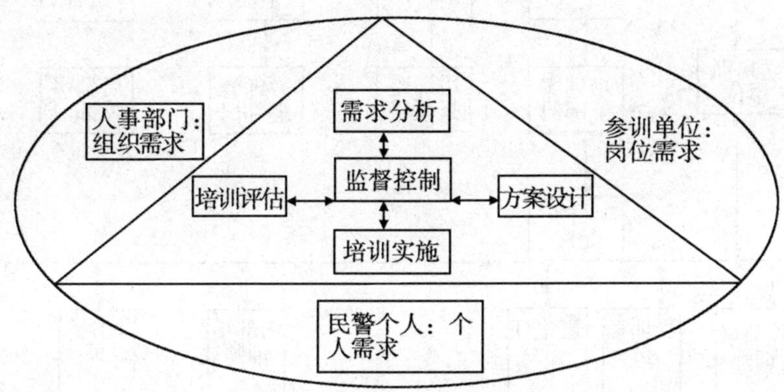

图 12－6　公安培训质量监督体系

需求分析监控着重监控是否从组织需求、岗位需求、个人需求三个层次上进行综合分析，获取的需求信息质量是否可靠，分析方法是否得当。培训设计监控主要检查是否将培训需求转化为培训目标以及设计培训项目的内容、教授、培训方式是否科学适用。培训实施过程监控则主要看教师授课的有效性、针对性、指导、互动，以及培训的组织、管理、服务工作是否合理。培训效果评估监控主要包括对受训者表面效果评估、知识技能和决策能力综合掌握程度评估以及实际工作能力提高程度评估。

三、引导树立正确的质量理念

公安培训的质量是一个复杂的命题，各个角度、各个层次在分析解决这个问题时所采取的态度和理念是不完全相同的，甚至是存在矛盾的。对同一个培训班，公安机关领导、公安科技主管部门、培训机构、教师、学员等不同人员在观察评价科技培训质量时，可能会得出不同的结论。因此有必要引导不同群体树立正确的质量理念。

(一)全面的理念，也就是全面质量管理的理念

对培训质量问题要从全方位来看，比如有的学员喜欢课堂活跃的气氛，有的喜欢知识的逻辑思维严密，有的喜欢简单易懂，有的喜欢轻松愉快，但是课程毕竟是要讲科学的，有的会很枯燥乏味，有的会很麻烦，有的会很抽象，这就要求学员要树立正确的理念，不能只按自己的爱好来进行主观评价，而要全面分析，从授课的内容、方法、效果等各个方面进行综合评价。同时，培训质量不仅仅是教师的事，而是涉及培训讲师、项目管理人员、培训管理部门、学员等全方位的管理。

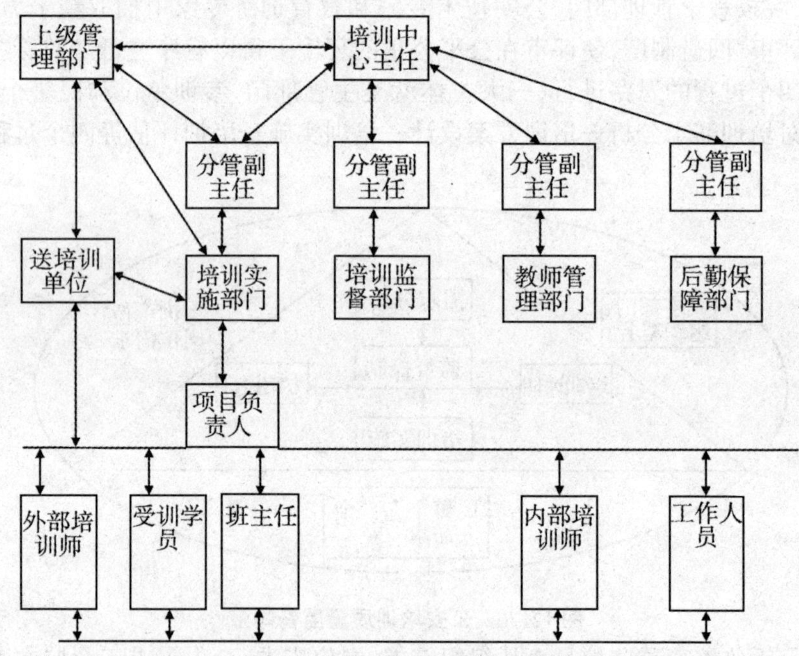

图 12－7　培训项目相关人员关系图

(二)动态的理念

有的培训并不能当即就看见效果，只能在将来的工作中潜移默化地对学员产生影响；有的培训却是直接产生效果的，教会你一种操作方法，一种技能，当即就能拿来用。所以在评价的时候，要站在动态的角度来看问题，不能局限于目前，要看学员的可持续发展能力。

（三）适宜的理念

公安培训并不是讲得越先进越好，讲得越深越好，讲得越艺术越好，关键是适宜。培训不是用来欣赏的工艺品，而是用来作战的实用品。能否通过培训，为我所用，切实指导工作，提高技能，增强战斗力，这才是关键。

第三节 公安培训效果评估体系

公安培训效果是一个综合的概念，它是由多种属性交织而成的一个综合体系。因此在评估时应采用多属性评价的方法，对课程设置、教学质量、学习质量以及培训组织水平都要进行全方位的衡量。

一、柯氏评估模型

具体评价方法可以参考柯氏评估模型：

评估层次	结果标准	评估重点
1 *	反应	学员满意度
2 * *	学习	学到的知识、技能、态度、行为
3 * *	行为	工作行为的改进
4* * * * * * *	结果	工作中导致的结果

反应层评估是指学员对培训项目的评价，如培训材料、培训师、培训内容、培训设备、培训方法及培训环境等。学习层评估是测量学员对知识、技术和技能的掌握程度。行为层是评估在培训中所学习的技能和知识的转化程度，表现为培训结束后，上级、同事、下属或群众观察学员行为差别，是否改进了工作绩效。结果层评估是在组织层面上的评估，是否因培训而获得了效益，如节省成本、改善工作态度、改进工作方法、提高团队士气、提高工作效率、提升公安机关形象等。

显然，这四个层次是递增的，底层的信息是更高层评估的基础，像金字塔一样，越往下越接近实际，评估时要获得的信息量也要求越大。

（一）反应层评估

学员反应评估是柯氏评估模型中三角形的最上端，用来评估学员对培训课程、培训教师和培训管理的喜好程度。评估反应就像评估顾客满意度一样，要使培训有效，首先是学员对培训有积极的反应，如果评价的信息显示大多数学员喜欢该项培训，则说明培训的内容是学员能够接受的。否则，学员就没有积极的动机与主动学习的态度参与培训，效果肯定不会很好。

学员反应评估可以从以下几个方面去开展。

1.对授课教师的反应

主要指对教师的授课态度、授课内容、教学方式、学员理解和接受程度、学习兴趣以及改进建议等方面进行评估。一般可用问卷法获取相关数据。

2.对培训项目的反应

主要包括对课程设计、教学内容、教学组织、教学效果等方面的反应。

3.对教学管理的反应

就是对辅助教学年工作的有关后勤保障、教学环境等方面的反应。包括资料配备、图书阅览、计算机、伤亡、食堂、住宿、医疗、车辆、文体娱乐活动,以及桌椅摆放、光线、温度、室内装饰、教学设备、噪音等方方面面的反应。

反应评估的方法主要采用培训评估问卷表的方式进行,其主要内容如下:

培训评估问卷表

请告诉我们您对本次培训的看法,您的评价将帮助我们改进这个培训,您可以不写名字作无记名的答复,希望您真实、客观地发表意见。

谢谢您的配合!

课程教师: 培训课程

1.总体评价(目的、内容、资料、接受程度、教师、板书或投影、讨论、环境、服务、气氛、收获等)

很差	较差	一般	较好	非常好
1	2	3	4	5

请简单说明您这样认为的理由:

2.总的来说,您觉得这次培训是否达到了您的预期目的

一点也没达到	较差	一般	较好地达到了预期目的	非常好地达到了预期目的
1	2	3	4	5

请简单说明您这样认为的理由:

3.总的来说,您对于培训教师的评价

很差	较差	一般	较好	非常好
1	2	3	4	5

（续表）

请根据下列项目对其评价					
	非常差	较差	一般	较好	非常好
陈述培训目标和培训					
调动课堂气氛激发学员兴趣					
沟通					
使用辅助设备					
态度					
课前准备					

4.总的来说,您觉得这次培训的设备

很差	较差	一般	较好	非常好
1	2	3	4	5

请简单说明您这样认为的理由：

5.总的来说,您觉得这次培训的时间安排

很差	较差	一般	较好	非常好
1	2	3	4	5

请简单说明您这样认为的理由：

(二)学习层评估

学习层评估主要测量学员在培训中学习到的知识、技能和态度,以及这些知识、态度和技能如何运用到公安实践中的。通常采用比较参加培训前后的知识、技能和态度的改变来进行学习效果的评估,也可以选择一个控制组进行比较。其评估内容包括以下方面。

1.知识层面的评估

看学员掌握显性知识情况,包括学员参与教学活动、完成课后作业、参加讨论、课程考核成绩等方面。一般采取书面考试(开卷或闭卷)、编写案例、撰写论文、情境模拟等形式进行评估。

2.理解层面的评估

主要看学员对所学知识的理解,并结合实际融会贯通的程度。一般可以采用开卷考试、演讲、讨论、角色扮演等方式考核学员对所学内容的掌握情况,这个评估会对学员产生一定的压力,督促他们认真学习,有利于增强学习动机。当然也会对教师产生压力,督促他们备好每一堂课。

当然在公安培训效果评估中,结合成人学习及公安科技应用的特点,应该减少闭卷考试的方式,更多地采用演示、实际操作,进行打分的办法,直到其完全掌握为止。具体包括:(1)科技技能测验:在开训和结训时,用同样的方式,先后做两次,把两次测验进行比较;(2)工作态度调查:也是分两次进行调查;(3)结训成绩综合评定。

3.应用层面的评估

主要评估学员应用所学知识解决实际问题的能力。目前常用的评估方式是组织学员进行项目研究,由教师设计出与所学知识有关的研究项目,将学员分成几个小组进行集体研究决策,从而解决所提出的问题。评估时主要看各小组制订方案的理论水平、可操作性、创新型以及答辩时的思维反应情况。

最后,进行加权平均。

学习层评估结果 = 知识层面评估 60% + 理解层面评估 10% + 应用层面评估 30%

(三)行为层评估

行为层评估测量的是学员在培训中所学习到的知识、技能和态度的迁移,主要评价学员在品德、领导力、专业技能等方面的典型变化。当然这种变化是比较难以测定的,因为学员行为的改变是需要一定条件的,而且很难预计何时会发生变化,影响改变的因素也会有许多,很难区分培训在其中所产生的作用有多大。

1.培训前学员行为评估

最好在培训之前对学员进行有关测试,可以采用调查问卷、专家评估或案例研究等方式,通过学员的直接领导、本人、下属等各个侧面详细了解学员的典型行为,并建立评估档案。

2.培训结束时的行为评估

培训结束后,对学员的行为再进行一次评估,以获取对比数据,进行分析,最后形成总的学员行为评估报告。

行为评估表

说明:以下陈述是为了帮助我们更好地了解公安科技培训的效果,请您根据您的真实情况作答。您的回答对我们改进课程会有很多帮助。谢谢您的配合。5 = 比过去多很多;4 = 比过去多一些;3 = 和过去一样多;2 = 比过去少一点;1 = 比过去少得多。

项目	和过去相比在这个方面所取得的进步				
观念和态度					
重视公安科技	5	4	3	2	1
主动学习接触公安科技知识	5	4	3	2	1
善于借助科技手段解决实际问题	5	4	3	2	1
具有一定的科技思维	5	4	3	2	1

（续表）

行为和效率					
使用设备得心应手	5	4	3	2	1
工作效率得到提高	5	4	3	2	1
办案质量大为改善	5	4	3	2	1
服务水平大有长进	5	4	3	2	1
潜力与后劲					
主动创新能力明显改观	5	4	3	2	1
兴趣日益浓厚	5	4	3	2	1

以上仅举一例加以说明，具体评估时需根据培训的主题和培训的目标进行详细的设计问卷，答卷可以由学员本人作答，也可以邀请学员的领导、同事、下属共同参与评估其行为，这样可以得到更多的信息，以做出正确的判断。

（四）结果层评估

结果层评估是最困难，也是最重要的，它要测量的是通过培训给公安机关带来了哪些改变，多大程度上提高了个人绩效和组织绩效。比如有没有使公安机关整体战斗力得到加强和改进，有没有真正提高公安机关的科技素质和科技能力，对实战工作产生何种影响，打防控能力是否得到有效发挥。

1.常用结果指标

在公安培训中，可以参照下列指标衡量培训效果情况。

(1)培训对公安机关的影响

表 12－1　　公安培训效果评价指标体系

办公自动化培训	刑事侦查科技培训	治安防控培训	交通指挥科技培训	消防科技培训	网络技术培训	技侦技术培训
1.文档编排效率 2.档案管理水平 3.报表准确率 4.办案速度	1.现场勘查准确率 2.破案率 3.情报搜集量 4.情报利用率	1.治安满意率 2.设备利用率 3.发案率 4.投诉量 5.办事效率	1.交通事故查处率 2.交通事故发生数 3.办事效率 4.处罚准确率	1.反应速度 2.灭火效率 3.器材使用熟练程度 4.现场指挥效率 5.预防能力	1.系统入侵频率 2.黑客攻击次数 3.杀毒能力 4.跟踪效率 5.追逃数量	1.信息搜集能力 2.调查取证能力 3.破案率 4.工作效率

培训结果评价是比较复杂的过程，其指标体系的设置也不是一日之功，需要在实践摸索中不断改进，探索寻找能够客观反映培训结果的指标，并逐渐完善。在这里，我们仅列出几个作为参考。

(2)培训对学员个人的影响

可以采用跟踪调查问卷或深度访谈，主要提问如下几个问题：与之前相比，自身行为改变表现在哪些方面？与之前相比，本部门绩效提高表现在哪些方面？个人在工作中运用了哪些培训收获？还有哪些因素制约了把培训收获运用到工作中？

2.多属性评价模型

培训结果的评价指标体系以定性分析居多,有许多指标很难进行量化处理,因此传统的评价方法都无法适应需要。在这里,我们推荐一种多属性评价的现代评估方法:模糊 AHP 综合评价模型。

这种评价模型将定性与定量评估结合起来,实现主观评估客观化,从系统的角度综合各种因素,提高了培训结果评估的准确性。其基本思路如下:

(1)确定评价指标及其权重和评价集

用 AHP(层次分析法)建立各评价指标的判断矩阵 U,通过专家、领导、学员、单位对培训效果评价因素打分,整理后得出各因素的相对重要程度矩阵 W,再利用层次分析法原理,计算出各权重。最后根据评价指标体系,建立评价集。$V = \{v_1, v_2, v_3, v_4, v_5\}$ = {优、良、中、差、很差}。

(2)建立隶属度矩阵

隶属度是评价指标隶属于评价等级的程度,需要用模糊统计法,通过专家对各因素进行评分,统计后并进行归一化处理,再把各因素的隶属度向量组合得到模糊隶属度矩阵 Rj。

(3)模糊综合评价

把各因素的权重矩阵 W 与模糊评价矩阵 Rj 进行模糊运算,得出模糊综合评价的效果为:

$Q = W \times R = \{q_1, q_2, \cdots\cdots q_m\}$

通过运用 AHP 和模糊评价相结合的方法,综合了各种影响因素系统地对培训效果进行评价,利用 AHP 建立了各种影响因素指标和权重,避免了确定权重时的主观片面性,同时采用模糊评价法,也解释了评价中模糊因素的度量。

二、CIRO 和 CIPP 评估模型

1.CIRO 是由伯德等人开发的在欧洲广泛采用的模型,主要从四个角度进行评估。

(1)情境评估,就是依据目前的环境背景以决定培训需求及目标,包括短期、中期和长期目标。

(2)输入评估,主要搜索有关培训资源方面的资料并据此决定培训开发的投入。

(3)反应评估,通过取得受训学员对方案的反应资料来了解培训效果,从而改进培训工作。

(4)输出评估,通过取得培训开发结果的资料并与前三个目标比较,为下次培训决策提供参考信息。

2.CIPP 模型。主要是对情境、投入、过程和产物四个方面进行评价。

(1)背景评估,主要确定培训需求、机会和目标。

(2)投入评估,决定培训资源使用方式及培训方案设计与规划。

(3)过程评估,主要培训方案的监督控制与回馈。

(4)产出评估,衡量培训目标达到的程度。

三、菲利普斯模型

主要对培训的五级回报率进行评价。

第一级:反应和活动。主要是看受训学员对培训过程的满意程度。这个满意程度主要体现在课堂反馈、课堂笔记、学习兴趣等方面。一般通过设计问卷调查,或者对受训者进行采访座谈获取他们对培训的意见。

第二级:学习。评估学员真正学到的知识。一般采用考试、考核的办法来进行评价。对于一些理论知识可以采取考试成绩评价,而对专业技能就要用更加复杂的方法进行评价,包括测试、技能实践、角色扮演、情境模拟、小组评估等方式。

第三级:运用。评估重点是学员应用培训知识后对工作的影响。对受训学员进行跟踪调查,观察了解他们经过培训后思维、观念、态度、行为等方面发生的变化。其方法有实地观察法、关键事件分析法、情境模拟法、环境迁移法等。

第四级:业务结果。主要是对受训民警工作质量、成本、效率以及群众满意度等业务活动的考察来评估培训的效果。主要将培训工作与民警工作绩效进行关联评价。

第五级:回报率。将培训工作投入的费用与培训结果的价值折算成货币方式进行评估。这对公共安全服务的价值折算是个考验,目前我们还没有找到一种合适的方法,能够将公共安全服务的结果折算成货币价值。其投资回报率主要体现在当地社会治安的变化、社会安全感、个人和组织社会生活安全成本的降低。

参考文献

一、著作类：

1.张培文.公安机关人民警察培训理论与实践.研究出版社,2008.

2.张小兵.美国联邦警察制度研究.中国人民公安大学出版社,2011.

3.孙燕.韩国警察与警务.群众出版社,2008.

4.夏敬华、金昕.知识管理.机械工业出版社,2003.

5.[美]彼得. F. 德鲁克.知识管理.中国人民大学出版社,1999.

6.杜映梅.职业生涯规划.对外经济贸易大学出版社,2005.

7.[美]雷蒙德·A.诺伊著,徐芳译.雇员培训与开发.中国人民大学出版社,2001.

8.凡禹.发现自我与设计自我.北京工业大学出版社,2003.

9.彭剑峰.人力资源管理概论.复旦大学出版社,2003.

10.涂水成.公安工作基础知识.中国人民公安大学出版社,2003.

11.李燕萍、吴欢伟.培训与发展.北京大学出版社,2007.

12.[美]雷蒙德·A.诺伊.人力资源管理:赢得竞争优势.中国人民大学出版社,2001.

13.韩立龙.移动网络学习.中国科学技术大学出版社,2006.

14.何克抗、李文光.教育技术学.北京师范大学出版社,2004.

15.钟志贤.信息化教学模式.北京师范大学出版社,2007.

16.马池珠、任剑锋.现代教育技术前沿概论.北京师范大学出版社,2009.

17.尹俊华.教育技术学导论.高等教育出版社,2006.

18.傅善钢、马红亮.网络远程教育.科学出版社,2007.

19.丁兴富.远程教育学.北京师范大学出版社,2001.

20.陈怀友.虚拟现实技术.清华大学出版社,2012.

21.刘向群.虚拟现实案例教程.中国铁道出版社,2010.

22.Bourg D.游戏开发中的人工智能.东南大学出版社,2006.

23.曾建超.虚拟显示的技术及其应用.清华大学出版社,1996.

24.冯忠国.美军网络中心战.国防大学出版社,2004.

25.徐芳.培训与开发理论及技术.复旦大学出版社,2011.

26.周志忍.现代培训评估.中国人事出版社,1999.

27.雷蒙德·A.诺伊.雇员培训与开发.中国人民大学出版社,2001.

28.[美]杰克·J.菲利普斯、罗恩·德鲁·斯通著,张少林译.如何评估培训效果:追踪六个关键因素的实用指南.北京大学出版社,2007.

二、论文类:

1.张峰.论警察在职培训观的转变.北京人民警察学院学报,2007(9).

2.韩春梅.澳大利亚联邦警察学院警察职业培训的摇篮.教育与职业,2012(4).

3.程煜.美国ICS模拟训练项目教学对我国警察培训的启示.江西警察学院学报,2012(6).

4.秦妍.欧美警察教育培训特点分析.吉林广播电视大学学报,2011(4).

5.范瑛.日本的警察教育与培训体制分析.长春师范学院学报,2012(5).

6.杜晋丰.香港警队高级警官培训的内容、方法与特色.公安教育,2008(4).

7.周志均、王彦吉.论新中国成立后公安教育培训发展的几个阶段.首都师范大学学报,2012(4).

8.陈永胜.德国警察的在职培训及启示.北京人民警察学院学报,2011(7).

9.张培文.公安培训制度改革创新研究.中国人民公安大学,2010(3).

10.黄涛.构建公安机关在职民警培训工作体系论略.经济研究导刊,2009(3).

11.程琳.土耳其、瑞典警察教育培训的启示.公安教育,2011(6).

12.胡丽萍、李蓉.基于知识管理的企业培训体系构建.现代情报,2008(10).

13.陈则谦.知识传播及其动力机制研究的国内外文献综述.情报杂志,2011(3).

14.杨洵、师萍.员工个人隐性知识扩散条件与激励.中国海洋大学学报,2005(4).

15.璐羽、张旭.国外知识经济发展简述.中国软科学,1998(5).

16.徐丽平、姜利群、赵亮.基于本体的知识管理系统研究.电脑应用技术,2007(69).

17.李存金、甘仞初.企业知识管理机制研究.北京理工大学学报,1999(11).

18.朱彬.基于知识特性的知识管理与创新研究.华东经济管理,2001(2).

19.宝贡敏、徐碧祥.国外知识共享理论研究述评.重庆大学学报,2007(2).

20.刘志胜.识管理研究综述.赤峰学院学报,2011(11).

21.彭学运.知识管理:21世纪信息管理的新发展.财经政法资讯,2001(5).

22.谢新.知识管理研究浅析.高校图书情报论坛,2004(9).

23.陶毅、徐福缘.E-learning、知识管理和企业培训.中国培训,2003(5).

24.何俊杰.知识管理系统模型设计研究.图书馆,2010(1).

25.刘希宋、张倩.知识管理与学习型组织互动性机理分析.工业技术经济,2005(12).

26.张妮.基于知识管理的企业远程培训系统的设计.软件导刊,2010(9).

27.汪轶、谢荷锋、王凯、徐青.论知识分享的七大研究视角.重庆大学学报,2008

(5).

28.倪延年.论知识传播事业的五大构成要素.江苏图书馆学报,2002(1).

29.刘玉、王素芬、张路佳.基于知识转化框架的企业培训系统模式的研究.东华大学学报,2005(2).

30.杜静、魏江.知识存量的增长机理分析.科学学与科学技术管理,2004(1).

31.李顺才、邹珊刚.知识流动机理的三维分析模式.研究与发展管理,2003(4).

32.王娟.职业生涯理论发展述评.社会科学学科研究,2011(1).

33.张欣.对公务员职业生涯规划的思考.公务员研究,2009(3).

34.周坤梅、刘耀中.从组织嵌入视角看职业生涯管理体系构建.中国人力资源开发,2011(11).

35.周文娟.基于组织职业生涯管理的企业培训体系构建.职教论坛,2008(11).

36.张明.知识经济时代组织职业生涯管理新视角.企业活力,2012(2).

37.徐乃龙.社会心理学视野下的警察职业生涯.江苏警官学院学报,2012(1).

38.佘玉春.论我国警察院校大学生职业生涯教育.公安教育,2012(7).

39.翁清雄、张存禄.论我军开展干部职业生涯管理的意义.长江论坛,2006(5).

40.蒋宁.试论企业培训与职业生涯管理的实施方略.现代管理科学,2006(12).

41.周满玲、张进辅、曾维希.职业发展的混沌理论.心理科学进展,2006(5).

42.沈漪文.西方职业发展的理论综述.产业与科技论坛,2008(5).

43.吕杰、徐延庆.无边界职业生涯研究演进探析与未来展望.外国经济与管理,2010(9).

44.陶国庆.政府公务员的职业生涯管理研究.生产力研究,2012(3).

45.徐玉明、卫莉莉、范如意.警察职业能力结构的实证性研究.中国人民公安大学学报(社会科学版),2002(4).

46.吴少屏.职业生涯管理与企业员工培训.现代企业教育,2011(10).

47.杜蕾、杜晓宏.试述各流派职业生涯发展及规划理论.赣南医学院学报,2010(10).

48.王本贤.西方职业生涯理论的发展脉络.中国职业技术教育,2006(9).

49.李宗波、王明辉.员工职业生涯韧性研究述评.心理研究,2012(5).

50.耿明松.警察职业生涯规划初探.甘肃警察职业技术学院学报,2006(6).

51.李强、傅惠丽.公安民警职业发展状况的调查与思考.公安学刊,2009(2).

52.钟国祥.基于网格的协同学习环境资源管理模型研究与实现.计算机科学,2012(6).

53.江雨燕.CSCW 环境下的协同学习系统.计算机科学与工程,2008(9).

54.麦红、钟旺伟.个性化协同学习环境领域本体模型的构建.江南大学学报,2012(6).

55.杨丽娜、颜志军、孟昭宽.虚拟学习社区有效学习发生影响因素实证研究.中国远程教育,2012(1).

56.姚凯、陈曼.基于胜任素质模型的培训系统构建.管理学报,2009(4).

57.何斌、孙笑飞.基于胜任力的培训需求分析及其应用.企业经济,2004(1).

58.吕绍忠.以人才需求引领公安院校培养模式的创新.公安教育,2012(3).

59.Smith M.S,Casserly CM.The promise of open educational resources.The Magazine of Higher Learning,2010,38(5):8-17.

60.Terrell R.L,Caudill J G.OPENCOURSEWARE:Open Sharing of Course Content and Design.J.Computing Sciences in Colleges,2011,27(3):38-42.

61.Renzi S.Steps toward computer-supported collaborative learning for large classes. Educational Technology & Society,2000,3(3):27-30.

62.Katia Passrrini, Mary J Granger. A developmental model for distance learning using the Internet. Computers & Education,2000,34:1-15.

63.王润楚.对如何提高现代教育技术培训质量的几点意见.现代教育技术,2012(3).

64.陈东会.企业培训的八种错误观念.人才培训,2010(7).

65.张香娟.基于企业培训效果提升的培训方法探讨.人力资源培训,2009(6).

66.肖华娟、黄玲.人性化培训模式与反人性化培训模式.石油教育,2012(1).

67.穆虹、高福辉、郭英杰.浅析教育培训方法与技术的创新.继续教育,2012(6).

68.陈亮.基于云计算的混合学习培训模式在高校教师教育技术培训中的应用.山东大学硕士研究生学位论文,2011.

69.叶为华.浅论现代信息技术条件下的技能培训.现代教育,2009(7).

70.田晓玲.现代教育技术下教学模式的变革.石家庄法商学院学报,2005(10).

71.董武绍.运用现代教育技术探索实践教学的新模式.中国电化教育,2001(9).

72.康健.职工培训方法介绍.西南农业大学学报,2011(10).

73.秦宇.开发移动学习应用的六种类型.培训杂志,2010(5).

74.于丽萍、吴建卫、陈岗.公安科技培训体系建立与实施措施研究.公安部软科学课题,2010.

75.李伟超、牛改芳.智能代理技术分析及应用.情报杂志》,2003(6).

76.陈孔艳.智能代理技术.工业控制计算机,2003(6).

77.孙金锋.基于网络的员工培训模式构建策略.沿海企业与科技,2008(3).

78.周亚杰.虚拟学习:网络时代的新型学习方式.现代教育技术,2007(10).

79.王靖亚.网络警察技能及发展研究.信息网络安全,2010(4).

80.赵秀萍.公安民警网络教育训练系统的构建与实施.北京警察学院学报,2011(5).

81.闫涛、黄燕滨.虚拟培训在军队职业技能鉴定中的应用.科技信息,2008(2).

82.杨曦宇.虚拟现实技术在企业技能培训中的应用.现代商业,2011(1).

83.陈晓莉、彭声泽.虚拟现实在教学中的应用.教师教育,2008(4).

84.熊宁.虚拟现实技术带来培训新变革.中国人力资源开发,2005(7).

85.赵晓亮.虚拟现实在教育培训中的应用探析.软件导刊,2009(5).

86.程萌萌、林茂松.智能手机上的虚拟学习系统研究与实现.中国医学教育技术,2012(2).

87.王靖、罗伟、周红.应用虚拟现实技术培训降低职业暴露的发生.中华医院感染学杂志,2012(4).

88.冯韶华.基于虚拟学习社区的成人学员学习研究.职教通讯,2012(4).

89.赵鹏程.虚拟现实技术在公安实践教学和培训工作中的应用研究.公安教育,2010(7).

90.聂晶.虚拟训练场在远程培训中的应用.中国校外教育,2012(1).

91.陈作聪、江开忠、袁洪广.虚拟现实技术在公安教育训练中的应用研究.上海公安高等专科学校学报,2005(12).

92.智丽娜、刘玉存、袁俊明.虚拟现实技术在反恐训练中的研究进展.计算机时代,2012(7).

93.吴亚东、蔡勇、韩永国.虚拟场景展示系统研究.系统仿真学报,2003(15).

94.王敬雷.谈反恐实战的影像训练技术.警察,2012(6).

95.朱艳美.培训需求信息管理系统.电脑知识与技术,2011(7).

96.黄文述、凌文辁.培训需求分析的三要素模型解析.人才资源开发,2006(2).

97.王同学.管理者胜任能力在培训需求分析中的应用.中国人民大学硕士论文.

98.付艳荣.培训效果量化评估方法比较研究.经营之友,2007(9).

99.彭胜峰.企业培训效果评估系统设计和应用.西北大学硕士论文,2007.

100.李玮.如何评估培训效果.人力资源管理,2009(3).

101.张荣芝.关于强化培训质量管理的思考.现代管理,2012(9).

102.仲玥.构建依照流程的培训管理信息系统.天津市经理学院学报,2011(10).

103.莫小容.以能力为本的澳洲职业教育与培训评估体系及其启示.继续教育研究,2009(7).

104.朱仁宏.以柯氏模型为导向的培训评估体系研究.胜利油田职业大学学报,2006(8).

105.李文胜.培训项目全面质量管理的应用研究.华北电力大学硕士学位论文,2008.

106.吴建卫.公安科技培训评价体系初探.现代企业教育,2010(12).

107.陈岗、于丽萍、吴建卫.公安科技培训体系建立与创新研究.公安部软科学课题,2008.

后 记

本书是我们开展山东省2012年度软科学课题“基于现代教育技术的公安培训体系完善与创新”研究的结晶。在此期间,我们对山东省基层公安机关进行广泛深入的调研,并大量走访请教基层公安机关具有丰富实战经验的专家和公安院校的学者教授。书稿的编辑出版得到了山东警察学院有关领导、省内外有关公安机关及专家同仁的大力支持。在此,我们要感谢山东省公安厅、济南市公安局历下区分局、平阴县公安局、郓城县公安局等有关部门为我们的调研工作提供的大量帮助,感谢山东警察学院、山东师范大学有关同志对书稿中的观点和理论体系提出的宝贵意见,感谢大量专家同仁发表的文献资料给我们提供的启发和帮助。虽然我们做出了很大的努力,但书中的观点还比较幼稚,理论也不尽完善,难免会出现各种各样的错误,衷心希望读者朋友批评指正。

作 者

2013年5月